“十三五”高等院校财务与会计规划教材

会计学基础教程

（第二版）

主　编　杨德利　谭春兰
副主编　王　严　陈　璇　陈　岳
温艳萍　周菁梅　施静欧
张　峰　徐　跃

立信会计出版社
LIXIN ACCOUNTING PUBLISHING HOUSE

图书在版编目(CIP)数据

会计学基础教程 / 杨德利，谭春兰主编. —2 版
. —上海：立信会计出版社，2021.1(2022.7 重印)
ISBN 978 - 7 - 5429 - 6725 - 1

Ⅰ. ①会… Ⅱ. ①杨… ②谭… Ⅲ. ①会计学—教材
Ⅳ. ①F230

中国版本图书馆 CIP 数据核字(2021)第 017898 号

策划编辑　方士华
责任编辑　方士华
封面设计　南房间

会计学基础教程(第二版)
KUAIJIXUE JICHU JIAOCHENG

出版发行	立信会计出版社		
地　　址	上海市中山西路 2230 号	邮政编码	200235
电　　话	(021)64411389	传　　真	(021)64411325
网　　址	www.lixinaph.com	电子邮箱	lixinaph2019@126.com
网上书店	http://lixin.jd.com		http://lxkjcbs.tmall.com
经　　销	各地新华书店		

印　　刷	上海万卷印刷股份有限公司		
开　　本	787 毫米×1092 毫米	1/16	
印　　张	21.75		
字　　数	516 千字		
版　　次	2021 年 1 月第 2 版		
印　　次	2022 年 7 月第 2 次		
印　　数	2 101—3 200		
书　　号	ISBN 978 - 7 - 5429 - 6725 - 1/F		
定　　价	48.00 元		

前言

《会计学基础教程》(第二版)是按照《中华人民共和国会计法》、财政部最新颁发的企业会计基本准则和一系列具体会计准则,结合最新税收改革业务等编写而成的。本教材经第一版四年的使用后,进行了此次修订。它作为会计学专业学生的启蒙教材,力求使初学者通过本教材的学习,了解会计学基本理论,掌握会计核算方法,熟悉我国会计管理的相关法规,使学生初步具备对会计基本业务的操作技能,为"财务会计""成本会计""财务管理"以及"审计"等后续课程的学习打下良好基础。

本教材根据会计学专业教学规律,遵循会计核算基本程序,应用典型业务,注重理论与实践相结合。

全书共分十二章。第一章导论部分,主要阐述了会计学的含义、会计发展简史、会计的对象、会计方法、会计核算的基本假设和会计信息质量要求以及会计计量属性与会计基础等内容。第二章到第十一章分别讲解了设置账户、复式记账、填制和审核会计凭证、登记账簿、成本计算、财产清查以及编制会计报表等会计核算的七种方法。其中第四章和第六章主要通过制造业企业发生的典型经济业务和对会计账户的系统分类,帮助学生更好地理解和应用账户和复式记账等会计核算方法。第十二章主要介绍会计工作的组织与管理。

本书融合了教材编写组承担的省部级重点课程建设的成果,可以作为高等院校"会计学基础"或"基础会计学"课程的教材使用,也可以为会计从业人员学习参考。

为方便学生学习和教师教学,本教材每章配备了课后练习题和参考答案。为检验学生对本教材(课程)的学习效果和方便期末备考,教材的最后部分还配备了四套模拟试题和答案。

本教材由十位老师参与编写。其中杨德利编写了第一章,谭春兰编写了第二章和第十一章，温艳萍编写了第三章，陈璇编写了第四章，陈岳编写了第五章，王严编写了第六章和第七章，周菁梅编写了第八章，施静欧编写了第九章，徐跃编写了第十章，张峰编写了第十二章。

全书由杨德利和谭春兰组织策划、统稿和审核。

书中不当之处，恳请指正。

编　者

2021年1月

目录

第一章

导 论

第一节 会计的含义

一、会计定义

学习会计，从事会计工作，首先要弄清楚什么是会计。

关于会计，马克思在《资本论》中有一段明确的论述："过程越是按社会的规模进行，越是失去纯粹个人的性质，作为对过程的控制和观念总结的簿记就越是必要。"这里马克思所说的"过程"是指生产过程。对"过程的控制和观念总结"一般理解为对经济活动的监督和反映。所说的"簿记"就是我们通常所说的会计。可见，马克思把会计概括为"对过程的控制和观念的总结"。

美国注册会计师协会名词委员会 1941 年发表的会计名词第 1 号公报指出："会计是以货币形式记录、分类和汇总经济业务并说明其结果的技术。"

美国会计学会（The American Accounting Association，AAA）于 1966 年把会计定义为："会计是鉴定、计量和传送经济信息的方法，并使信息的使用者有可能据以作出有根据的判断与决策。"

美国西德尼·戴维森主编的《现代会计手册》（1977 年）则明确指出："会计是一个信息系统。它旨在向利害攸关的各个方面传输一家企业或其他个体的富有意义的经济信息"。

我国会计学界对会计的概念，曾经有过多种表述。归结起来主要有以下三种观点。

（一）管理工具论

管理工具论认为，会计是服务于不同社会经济管理的一种工具。例如，1963 年我国出版的高等财经院校试用教材《会计原理》第一章中，特别强调"会计就是反映和监督生产过程的一种方法，是管理经济的一种工具"。1973 年财政部发布《国营企业会计工作条例》（试行草稿）明确规定："会计是经营管理必不可少的一种工具。"1978 年国务院发布《会计人员职权条例》，在总则中指出"会计是管理国民经济必不可少的工具，社会主义经济越发展，会计越重要"。

管理工具论片面强调会计就是记账、算账和报账，它本身不具有管理的职能，而只能为管理服务，从而埋没了会计在经济活动中的地位、职能和作用。这种管理工具论从 20 世纪 50 年代到 70 年代，在我国会计领域居于主导地位，现在已被大多数会计学者所否定。

（二）信息系统论

信息系统论认为，会计是一个信息系统，其主要作用是向企业内、外的信息使用者提供反映企业财务状况和经营成果的有用信息，以便信息使用者制定各种经济决策时使用。

信息系统论起源于西方，并在20世纪70年代从美国流行起来。从20世纪80年代开始，我国有些会计学者在西方会计影响下，放弃上述管理工具论，接受并推广信息系统论。信息系统论对我国会计界产生的影响是重大的，因为它明确了现代会计的基本作用。

(三) 管理活动论

管理活动论认为，会计的本质是管理，是一种管理活动，是经济管理的重要组成部分。管理活动论这一命题主要是从企业内部信息使用者的角度出发，即会计人员向企业内部管理者提供其经营决策有用的信息。这一论点是我国著名会计学家杨纪琬教授、阎达五教授在20世纪80年代初首先提出的。它强调了会计的重要职能。

可以说，上述三种论点是在不同的社会经济环境下，基于人们对会计的不同认识而提出来的。在人类已进入21世纪的今天，根据现代会计的特征及其在经济管理中的职能和作用，我们可以把会计定义为：会计是以货币为主要计量单位，采用专门的方法，对一定主体的经济活动进行连续、系统、全面、综合的核算和监督，旨在提高经济效益的一种管理活动。

二、会计的特点

基于上述定义，可以总结出会计有以下三个方面的主要特点。

(一) 以货币为主要计量单位进行综合核算

会计采用的计量单位有三种，即实物计量单位(如台、件、千克、立方米等)、劳动计量单位(如工时、工作日)和货币计量单位(如元、角、分等)。其中，实物计量单位和劳动计量单位具有局限性，它不能综合反映各种不同的经济活动。为了综合地记录和反映各种不同的经济活动及其结果，必须在采用实物量度和劳动量度的同时，以货币作为统一计量单位进行核算。这样，才能从价值方面对经济活动进行有效的核算和监督，为经济管理提供综合价值指标。

(二) 以凭证为依据全面、连续、系统地进行核算

为了保证会计资料的真实、可靠和可验证，会计必须以记录经济业务的凭证为依据。这就要求对发生的任何一项经济业务，都必须取得或填制真实、正确、合法的凭证。同时，为了提供经济管理所需的各种核算指标，对经济活动必须进行全面、连续、系统地核算和监督。

(三) 运用一系列专门方法进行核算

会计方法是用来核算和监督经济活动，完成会计目标的手段。由于这些方法是专门用来进行会计核算和监督的，因而也就体现了会计的一个特点。关于会计方法，将在本章第四节和后续的有关章节中阐述。

上述会计的三个特点，主要体现在会计核算方面。因此，通常把会计的特点称为会计核算的特点。

三、会计的基本职能

会计的职能是指会计在经济管理中所具有的功能。它说明会计能发挥什么作用。马克思曾指出，会计是对生产“过程的控制和观念的总结”，这句话概括了会计的含义和会计的职能。所谓“观念的总结”一般理解为核算。所谓“控制”一般理解为监督。会计具有多种职能，但核算和监督经济活动是会计的两个基本职能。

（一）会计核算职能

会计核算职能是指会计能综合反映经济活动情况及其结果，为经济管理提供信息的功能。

会计核算以货币为主要计量单位对各单位的经济活动进行确认、计量、记录和报告，提供经济管理所需的各种价值指标。

会计核算严格以凭证为依据，全面、连续、系统地进行。企业的经济活动是错综复杂的，如款项的收付、财物的收发、债权债务的发生和结算、费用的发生和成本计算、收入的取得、利润的形成及分配等，这些都是会计所要核算的内容。这就要求会计必须严格以凭证为依据，全面、连续、系统地进行核算，这样才能提供真实、可靠、全面、系统的会计信息，同时满足有关各方考核、分析、加强经济管理以及决策的需要。

会计核算不仅能反映已经发生或已经完成的经济业务，而且可以通过对会计资料的进一步加工整理，预测经济业务前景，进行事前反映，参与经营决策，以加强经济管理的预见性和计划性。

（二）会计监督职能

会计监督职能是指会计按照一定的目标和要求利用核算资料，对经济活动全过程进行审查、考评、调节和控制，使之符合规定的要求，达到预期目的的功能。

会计监督的主要形式是审查、考评、调节和控制经济活动。

会计监督以国家的财经政策、法规和本单位的计划、预算为依据，对经济活动的合法性、合理性、合规性和效益性进行审查、考评，并加以调节或控制。

会计监督主要是通过价值指标来进行。这是因为经济活动一般都表现为价值运动，即价值量的增减变化。

会计监督有事前监督、事中监督和事后监督。事前监督是对将要发生的经济活动所进行的监督，如审查将要发生的经济活动是否符合有关政策、法规，审查计划，参与决策等；事中监督是对正在运行中的经济活动所进行的监督；事后监督是对已发生的经济活动所进行的监督。可见，会计监督贯穿于经济活动的全过程。

（三）会计两个基本职能之间的关系

会计核算职能与会计监督职能是紧密相连的，会计核算是会计监督的前提，没有会计核算就无法进行会计监督；会计监督是会计核算的继续，如果只核算而不监督，会计核算就不能发挥应有的作用。

四、会计的目标

会计目标是会计工作所要达到的目的。由于会计是经济管理的重要组成部分，所以会计的目标决定于经济管理的需要，或者说会计的目标决定于经济管理的目标。

经济管理的总目标是提高经济效益。提高经济效益，通俗地讲，就是少投入多产出，或者是在产出的价值量一定的情况下，尽量减少投入的价值量。作为经济管理组成部分的会计，也应以提高经济效益作为总目标。为了实现这一总目标，必须把提高经济效益落实到实处，确定会计的具体目标。

会计的具体目标是向投资者、债权人、企业经营者和职员以及政府有关部门提供会计信息，以满足各自的需要。

会计的具体目标可分为三个层次：第一层次是满足本企业加强经济管理的需要；第二层次是满足投资者和债权人等进行投资决策和信贷决策的需要；第三层次是满足国家加强经济管理和宏观调控的需要。

综上所述，会计的服务对象是与会计主体有利害关系的有关各方，包括会计主体内部和外部的会计信息使用者。服务内容是提供会计信息。所谓会计信息，可以理解为以价值量表现的会计主体财务状况、经营成果、现金流量和所有者权益变动等方面的数据资料。

需要指出的是，会计（或会计核算）以提供信息为主，同时利用会计信息来对经济活动进行会计监督。这样才能保证会计信息的质量，即保证会计信息的有用性和真实性。关于会计信息的质量要求，最基本的要求是对决策有用，即对投资者的投资决策、债权人的信贷决策、企业经营者的经营决策和国家宏观调控有用。

第二节 会计发展简史

一、会计的产生

会计作为一种管理活动，是人类生产活动的衍生物。人类的生产活动是最基本的实践活动。在生产活动中，人们总是力求以较少的劳动耗费，取得尽可能多的劳动成果。为此，必须对生产过程的劳动耗费和劳动成果进行记录和计算，进行比较和分析，于是就产生了会计。

在人类社会的早期，就有了会计的萌芽。据考证，在远古的印度公社中，已经有了农业记账员。在那里，簿记已经独立成为一个公社官员的专职工作。埃及在公元前3世纪左右，就有了相当详细的会计记录。

我国的会计历史悠久，源远流长。据《周礼》记载，早在西周时代，周王朝已设立了专门的会计官吏，执掌会计事务，“司会”为计官之长，负责组织会计工作，主管财政经济收支的会计核算与出纳事务。

西汉时期，官府和民间都已有了会计账簿，中式簿记开始逐步发展完善。

唐宋时期创造了“四柱结算法”，奠定了中式簿记的基本原理，并在官厅会计中正式推广，逐步形成了中国的会计方法体系。

中式簿记中按"四柱"计算编制本日或本期结存的一种表册被称为四柱清册。四柱指"旧管"或"元管"（即上期结存）、"新收"（即本期收入）、"开除"或"已支"（即本期支出）和"实在"或"见在"（即本期结存）。四柱中"旧管"加"新收"减"开除"等于"实在"，相当于现代会计中"期初结存"加"本期收入"减"本期支出"等于"期末结存"。

四柱之间客观上存在的平衡关系，可用公式表示：

旧管＋新收＝开除＋实在

或：旧管＋新收－开除＝实在

相当于现代的：上期结存＋本期收入－本期支出＝本期结存

四柱清册原用于官吏移交钱粮所交代的清单，产生于唐代，宋代运用较广。

明清时代又产生了"龙门账""四脚账"等中式复式簿记，使我国的会计方法有了很大发展。

龙门账是我国最早的复式记账法。它是明末清初由山西豪商傅青山（又称富山）参考当时的官厅会计设计出来的一种记账方法。它的要点是将全部账户划分为四大类，即"进"（全部收入）、"缴"（全部支出）、"存"（资产并包括债权）、"该"（负债并包括业主投资）这四大类。其相互关系是：

进－缴＝存－该

每当年度决算时，可运用上述关系验算等式两边差额是否相等，并借此确定当年盈亏。这种双轨计算盈亏并验查账户平衡关系的方法称"合龙门"。"龙门账"也由此得名。

龙门账法的基本程序如图 1-1 所示。

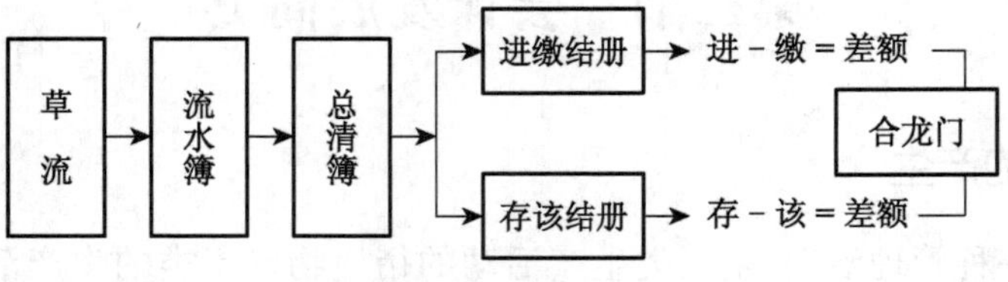

图 1-1 龙门账法的基本程序

二、会计的发展

13～15 世纪，由于地中海沿岸城市商业和手工业以及信贷业务的迅速发展，促进了会计在欧洲的发展，其主要标志是：

第一，利用货币计价，进行价值核算。

第二，广泛采用复式记账法，从而形成近代会计的基本特征和发展基石。

1494 年，意大利数学家卢卡·帕乔利（Lucas Pasioli）通过其著作《数学大全》中的《算术·几何·比与比例概要》（Summa de Arithmetica，Geometria，Proportioni et Proportionalita）系统介绍了复式记账方法，成为近代会计的奠基人。

复式簿记是文艺复兴时代的产物，备受推崇。世界文学巨匠、德国诗人、哲学家歌德(Goethe,1749—1832年)形容复式簿记是"人类智慧的绝妙创造之一,每一个精明的商人从事经营活动都必须利用它"。

美国会计学家利特尔顿和齐默尔曼指出:"牢记1494年,会计人员应当不会感到困难,因为这个年代紧靠1492年。而1492年是哥伦布发现新大陆的一年。在会计的发展史上,1494年是一个具有重要意义的年代——不是因为它表示簿记的产生而是因为在这一年意大利出版了第一部有关簿记的论著。"

18世纪60年代开始的英国产业革命为英国会计的产生和发展创造了条件,之后在世界其他国家得到了推广,并与后来居上的美国会计相结合,称为"英美派会计"体系。此外,德、法等国也结合本国的国情创立了"大陆派会计"体系,成为近代会计发展史的两大支柱。

20世纪以来,近代会计逐步分离为以外向服务为主的财务会计(financial accounting)和着重于内部管理的管理会计(managerial accounting)。进入20世纪70年代后,会计活动范围进一步扩大,出现了从宏观上对整个国民经济进行干预和调控的社会会计(social accounting);出现了为从事跨国经营的业务而进行的会计工作,对不同国家会计工作所进行的比较和协调以及为实现各国会计的标准化进行的研究和探讨的国际会计(international accounting);出现了运用比较的方法,分析世界范围内不同国家的会计,不同时期的会计,本国不同部门、不同行业会计之间的区别与联系,寻找本国会计与外国会计之异同和优劣的比较会计(comparative accounting);出现了对特定历史成本信息进行调整,以消除因通货膨胀而引起的会计反映偏差的通货膨胀会计(inflation accounting);出现了旨在核算人力投资的价值及其成果,对企业或社会内的个别人员或群体进行财务性评估,从而更有效地挖掘人力资源潜能的人力资源会计(human resource accounting)等。总之,会计学正向纵深发展,出现了许多崭新的领域,同时,正朝着现代化、多元化、国际化和标准化的方向发展。

第三节 会计的对象

一、会计的一般对象

会计的对象是指会计所要核算和监督的内容。马克思关于会计是对生产"过程的控制和观念的总结"这一著名论述,清楚地说明会计要核算和监督的是生产过程。生产过程一般表现为社会再生产过程,它以生产为中心,包括生产、交换、分配、消费四个环节的经济活动过程。社会再生产各环节的经济活动是多种多样的,有些能用货币形式表现,有些则不能用货币形式表现。作为经济管理组成部分的会计,要对经济活动进行连续、系统、特别是综合地核算和监督,只能借助于货币量度。所以,会计的一般对象是社会再生产过程中能用货币表现的经济活动。

二、会计对象的具体内容

能用货币表现的经济活动作为会计的对象,只是对会计对象的一般描述,比较抽象。为了便于确认、计量、记录和报告，以及为了适应不同会计主体的要求，还要利用会计要素的形式，把会计对象加以具体化。

会计要素是会计对象具体内容按其经济特征所做的基本分类，是会计确认和计量的依据，也是确定财务报表结构和内容的基础。

会计要素按照其性质分为资产、负债、所有者权益、收入、费用和利润，通常称为会计六要素。其中资产、负债和所有者权益要素侧重于反映企业的财务状况，收入、费用和利润要素侧重于反映企业的经营成果。会计要素的界定和分类可以使财务会计系统更加科学严密，为投资者、债权人、企业管理者及政府管理部门等财务报告使用者提供更加有用的信息。

(一) 资产

1. 资产的定义

资产是指企业过去的交易或者事项形成的，由企业拥有或者控制的，预期会给企业带来经济利益的资源。

从资产的这一定义来看，资产具有如下的特征：

(1) 作为一项资产，它通常是由过去的交易或事项形成的。即资产必须是现实的资产，而不是预期的资产。例如，已发生的固定资产购买交易会形成企业的资产，而计划中的固定资产购买交易则不会形成企业的资产。

(2) 作为一项资产，必须是企业拥有或控制的资源。即企业的资产不仅包括企业拥有所有权的部分，还包括企业可以控制使用的部分。一项经济资源是否为企业的资产，通常要看其所有权是否属于该企业，但这不是确认资产的绝对标准，某些经济资源，企业虽不拥有其所有权，但为企业所实际控制，在会计上也将其列入企业资产，如以融资租赁方式租入的固定资产。

(3) 作为一项资产，它必须预期会给企业带来经济利益。资产之所以成为资产，就在于其能够为企业带来经济利益，如果某项资源不能给企业带来经济利益，那么就不能确认为企业的资产。例如，货币资金可以用于购买所需的商品或用于利润分配；厂房、场地、机器设备、原材料等可用于生产经营过程，制造商品或提供劳务出售后收回货款，货款即为企业所获得的经济利益。

2. 资产的分类

资产的种类繁多，为了提供有意义的概括性的资产数据，可以按照不同的标准对资产进行分类。

通常的分类标准是资产的变现能力和流动性。按此标准可将资产划分为流动资产和非流动资产。

(1) 流动资产。流动资产是指可以在 1 年或者超过 1 年的一个营业周期内变现或耗用的资产。所谓营业周期，是指企业投入现金—购买材料—制成产品—销售产品—再收回现金的过程。大部分企业 1 年有几个营业周期，则其资产按年划分为流动资产和非流动资产。而某些特殊的企业，如造船、大型机械制造等，其营业周期往往超过 1 年，其资产应按营业周期划分为流动资产和非流动资产，而不能把 1 年内变现作为流动资产的标志。

流动资产主要包括库存现金、银行存款、交易性金融资产、应收账款、预付款项、存货等。这类资产在企业生产经营过程中可以迅速、全部地转移到产品成本或费用中去，流动性强是它的主要特征。

(2) 非流动资产。非流动资产是指需要经过 1 年或者超过 1 年的一个营业周期以上才能变现或耗用的资产，即流动资产以外的资产。非流动资产主要包括可供出售金融资产、持有至到期投资、长期应收款、长期股权投资、固定资产、投资性房地产以及无形资产等。

(二) 负债

1. 负债的定义

负债是指由过去的交易、事项形成的，预期会导致经济利益流出企业的现时义务。

从负债的这一定义来看，它具有以下特征：

(1) 负债是一种由过去的交易或事项形成的义务。负债是过去已经发生的交易或事项所产生的结果，是现实的义务。只有过去发生的交易或事项才能增加或减少企业的负债，而不能根据谈判中的交易(或事项)或计划中的经济业务来确认负债。例如，银行借款是因为企业接受了银行贷款而形成的，如果企业没有接受贷款，则不会发生银行借款这项负债；应付账款是因为企业采用信用方式购买商品或接受劳务而形成的，在购买商品或接受劳务发生之前，相应的应付账款并不存在。

(2) 负债是企业承担的现时义务。它是由于过去发生的交易或事项引起的、企业目前实际所承担的经济责任。企业预计将来会发生的交易或事项形成的义务，不属于现实义务，不应当确认为负债。例如，企业接受了银行的贷款后就形成了银行借款这项负债；反之如果企业仅仅是计划向银行借款，实际上还没有付诸行动，则企业就不存在负债。

(3) 负债预期会导致经济利益流出企业。负债的清偿预期会导致经济利益流出企业。清偿负债导致经济利益流出企业的形式多种多样，如用现金偿还、以实物资产偿还、以提供劳务偿还等。

2. 负债的分类

负债按其偿还期的长短可分为流动负债和非流动负债。

(1) 流动负债。流动负债是指将在 1 年或者超过 1 年的一个营业周期内偿还的债务，包括短期借款、应付账款、预收款项、应付职工薪酬、应交税费、应付利润(股利)、其他应付款等。

(2) 非流动负债。非流动负债是指偿还期在 1 年或者超过 1 年的一个营业周期以上的债务，包括长期借款、应付债券、长期应付款等。

(三) 所有者权益

1. 所有者权益的定义

所有者权益是指企业资产扣除负债后由所有者享有的剩余权益。

所有者权益有以下特征：

(1) 除非发生减资、清算或分派股利，企业不需要偿还给所有者。

（2）企业清算时，只有在清偿所有的负债后，所有者权益才返还给所有者。

（3）所有者凭借所有者权益参与利润分配。

所有者权益在性质上体现所有者对企业资产的剩余权益，在数量上也就体现为资产减去负债后的余额。

2. 所有者权益的分类

所有者权益包括企业所有者投入的资本、直接计入所有者权益的利得和损失、留存收益等。

（1）所有者投入的资本是指所有者所有投入企业的资本部分，它既包括构成企业注册资本或者股本部分的金额，也包括投入资本超过注册资本或者股本部分的金额，即资本溢价或者股本溢价。这部分投入资本在我国企业会计准则体系中被计入了资本公积，并在资产负债表中的资本公积项目下反映。

（2）直接计入所有者权益的利得和损失是指不应计入当期损益、会导致所有者权益发生增减变动的、与所有者投入资本或者向所有者分配利润无关的利得或者损失。其中，利得是指由企业非日常活动所形成的、会导致所有者权益增加的、与所有者投入资本无关的经济利益的流入。损失是指由企业非日常活动所发生的、会导致所有者权益减少的、与向所有者分配利润无关的经济利益的流出。直接计入所有者权益的利得和损失主要包括可供出售金融资产的公允价值变动额、权益法下被投资单位其他所有者权益的变动、与计入所有者权益项目相关的所得税以及固定资产等转为投资性房地产时的公允价值变动等。

（3）留存收益是企业历年实现的净利润留存于企业的部分，主要包括累计计提的盈余公积和未分配利润。

（四）收入

1. 收入的定义

收入是指企业在日常活动中形成的、会导致所有者权益增加的、与所有者投入资本无关的经济利益的总流入。

收入具有以下特征：

（1）收入是企业在日常经营活动形成的。所谓日常活动是指企业为完成其经营目标所从事的经常性活动以及与之相关的活动。例如，商业企业从事商品销售活动、工业企业制造和销售产品等。企业所进行的有些活动并不是经常发生的，例如工业企业出售作为原材料的存货，这些活动虽然不是经常发生的，但因与日常活动有关，也属于收入。但是有些交易或事项虽然也能为企业带来经济利益，由于不属于企业的日常经营活动，所以，其流入的经济利益不属于收入，如工业企业出售固定资产的净收益、无法支付的应付账款以及罚没收入等。明确界定日常活动是为了将收入与利得相区分，因为企业非日常活动所形成的经济利益的流入不能确认为收入，而应当计入利得。

（2）收入会导致企业所有者权益的增加。与收入相关的经济利益的流入会导致所有者权益的增加，不会导致所有者权益增加的经济利益流入不符合收入的定义。例如企业向银行借款，尽管也导致企业经济利益的流入，但该流入不会导致所有者权益增加，反而使企业承担了一项现时义务。企业对于因借款所导致的经济利益流入的增加，不应确认为收入,应当确认为一项负债。

(3) 收入是与所有者投入资本无关的经济利益的总流入。收入应当会导致经济利益的流入,从而导致资产的增加。例如,企业销售商品,应当收到现金或者在未来有权收到现金,才表明该交易符合收入的定义。但在实务中,经济利益的流入有时是所有者投入资本的增加所导致的,所有者投入资本的增加不应当确认为收入,应将其直接确认为所有者权益。

2. 收入的分类

按照日常活动在企业中所处的地位,收入可分为主营业务收入和其他业务收入。其中,主营业务收入是企业为完成其经营目标而从事的日常活动中的主要项目,如工商企业销售商品、银行的贷款和办理结算取得的收入。其他业务收入是主营业务以外的其他日常活动,如工业企业销售材料、提供非工业性劳务等取得的收入。

(五) 费用

1. 费用的定义

费用是指企业在日常活动中发生的、会导致所有者权益减少的、与向所有者分配利润无关的经济利益的总流出。

费用具有以下特征:

(1) 费用是企业在日常活动中形成的。费用必须是企业在其日常活动中所形成的,这些日常活动的界定与收入定义中涉及的日常活动的界定相一致。因日常活动所产生的费用通常包括销售成本(营业成本)、职工薪酬、折旧费、无形资产摊销等。将费用界定为日常活动所形成的,目的是为了将其与损失相区分。企业非日常活动所形成的经济利益的流出不能确认为费用,而应当计入损失,如由于出售固定资产发生的净损失和企业发生的罚没支出等。

(2) 费用将引起所有者权益的减少。与费用相关的经济利益的流出应当会导致所有者权益的减少。不会导致所有者权益减少的经济利益的流出不符合费用的定义,不应确认为费用。如归还银行借款的本金,这项业务虽然会使企业经济利益流出,但并不会导致企业所有者权益减少,所以该项业务支出不能计入费用。

(3) 费用是与向所有者分配利润无关的经济利益的总流出。费用的发生会导致经济利益的流出,从而导致资产的减少或者负债的增加(最终也会导致资产的减少)。其表现形式包括现金的流出,存货、固定资产和无形资产等资产的流出或者消耗等。鉴于企业向所有者分配利润也会导致经济利益的流出,而该经济利益的流出显然属于所有者权益的抵减项目,不应确认为费用,应当将其排除在费用的核算范围之外。

2. 费用的分类

按照费用与收入的关系,费用可以分为营业成本和期间费用。其中,营业成本是指所销售商品或提供劳务的成本。营业成本按照其所销售商品或提供劳务在企业日常活动中的地位可以分为主营业务成本和其他业务成本等。期间费用是指本期发生的、不直接或间接归入某种产品成本,应直接计入当期损益的各项费用,包括销售费用、管理费用、财务费用。销售费用是企业在销售商品、提供劳务等日常活动中发生的除营业成本以外的各项费用以及专设销售机构的各项经费,如企业发生的广告费、为销售产品无偿提供的包装物所结转的成本等;管理费用是企业行政管理部门为组织和管理生产活动而发生的各项费用,如企业行政管理部门发生的办公费、企业行政管理部门使用的固定资产折旧费等;财务费用是企业筹集生产经营所需资金或接受银行等金融机构服务等而发生的费用,如企业在生产经营中向银行等金融机构支付的短期借款利息等。

(六) 利润

利润是指企业在一定会计期间的经营成果。

利润包括收入减去费用后的净额、直接计入当期利润的利得和损失等。其中,收入减去费用后的净额反映的是企业日常活动的业绩,直接计入当期利润的利得和损失反映的是企业非日常活动的业绩。直接计入当期利润的利得和损失是指应当计入当期损益、最终会引起所有者权益发生增减变动的、与所有者投入资本或者向所有者分配利润无关的利得或者损失,如营业外收入和营业外支出。

企业应当严格区分收入和利得、费用和损失,以更加全面地反映企业的经营业绩。

第四节　会计方法概述

一、会计方法概述

会计方法是指用来核算和监督会计对象,实现会计目标的手段。

从会计产生和发展历史来看,会计方法是人们在长期的会计工作实践中创立的,其随着科学技术的进步、会计核算和监督内容的日趋复杂,以及人们对经济管理要求的提高,经历了由简单到复杂,由不完善到逐步完善的过程。

会计方法的构成内容与会计内容的构成紧密相连。人们一般认为,会计是由会计核算、会计分析和会计检查三部分组成的。所以,会计的方法也包括会计核算方法、会计分析方法和会计检查方法三部分。

会计核算方法是对经济业务进行全面、连续、系统的记录和计算,为经营管理提供必要信息所应用的方法。

会计分析方法是利用会计核算资料和其他有关资料,对企业的经营过程及其经营成果进行比较、考核、评定所运用的方法。

会计检查方法是利用会计核算资料,检查经济活动的合法性、合理性、合规性以及会计资料的正确性和完整性的方法。

上述会计方法是由各种相对独立又相互联系的各种专门方法所组成的有机整体,它们共同构成会计方法体系。其中会计核算方法是会计的基本方法,是建立其他会计方法的基础。

二、会计核算方法

会计核算方法是会计方法体系的一个重要组成部分。会计核算方法体系是由设置账户、复式记账、填制和审核会计凭证、登记账簿、成本计算、财产清查、编制会计报表七种专门方法组成。

(一) 设置账户

账户是对会计对象的具体内容进行分类核算和监督的一种工具。会计对象的具体内容是各种各样的，它既包括各项资产、负债和所有者权益的增减变动情况，又包括各项资金的周转、耗费与收回等。设置账户就是根据会计对象具体内容的不同特点和经济管理的不同要求，对其进行科学分类，并在此基础上进行分类核算和监督的一种专门方法。

(二) 复式记账

复式记账是对每项经济业务都以相等的金额同时在两个或两个以上相互联系的账户中进行登记的一种记账方法。任何一项经济业务的发生，都有其来龙去脉，都必然涉及两个或两个以上的账户。复式记账能系统地反映每项经济业务的全貌，便于了解和掌握经济业务的内容，检查账户记录的正确性。

(三) 填制和审核会计凭证

凭证即会计凭证，是记录经济业务，明确经济责任并作为记账依据的书面证明。为了使会计核算资料真实可靠，保证会计资料的质量，对于发生的每项经济业务都必须取得或填制会计凭证，并对其进行严格审核。

(四) 登记账簿

账簿由具有一定格式的账页所组成，用以记录和反映经济业务的簿籍。登记账簿(简称记账)是在账簿中全面、连续、系统地记录经济业务的一种专门方法。账簿必须以合法的凭证为依据，运用账户和复式记账法进行登记，并定期地进行对账和结账，以便利用会计资料进行日常监督，并为编制会计报表提供完整而系统的资料。

(五) 成本计算

各种费用归集到一定的对象上，就成为各种对象的成本。成本计算是把企业在经营过程中发生的各种费用，按各种不同的对象进行归集和分配，借以确定各该对象的总成本和单位成本的一种专门方法。不同类型的企业其成本计算内容是不同的，其中工业企业成本计算的内容主要包括材料采购成本计算、产品生产成本计算和产品销售成本计算三个方面。成本计算可为考核成本计划的执行情况、控制企业的耗费水平、制定成本计划、财产计价以及正确计算盈亏，提供数据资料。

(六) 财产清查

财产清查是通过对实物的盘点、往来款项的核对等，确定各项财产物资和资金实有数额，并查明账实是否相符的一种专门方法。财产清查中，如果发现账实不符，应及时查明原因，明确责任，调整账簿记录，以做到账实相符，并按规定审批处理。因此，财产清查是保证会计核算资料正确性的重要手段。此外，财产清查还可以为加强财产物资的保管和合理使用提供依据。

(七) 编制会计报表

会计报表是综合反映企业在一定期间内发生的经济活动和财务收支情况的书面报

告。编制会计报表是定期地对分散的日常核算资料(主要是账簿资料)进行进一步整理和汇总,提供经济管理所需会计信息的一种专门方法。企业应定期地编制会计报表并按规定期限报送投资人、债权人、企业经营者以及国家有关部门,以便为投资决策、信贷决策、经营决策和宏观调控提供有用的会计信息。

上述七种会计核算专门方法是相互联系、密切配合的,它们共同构成了一个完整的会计核算方法体系。在会计工作中,必须密切地配合在一起加以运用。会计核算方法之间的关系归纳如下:对于日常发生的经济业务要填制和审核凭证;按照规定的账户对经济业务进行分类,并运用复式记账法在有关账簿中进行登记;对于企业在生产经营过程中发生的各项费用,按一定的对象进行归集和分配,进行成本计算;对于账簿记录,通过财产清查加以核实,做到账实相符;在保证账实相符的基础上,根据账簿记录定期地编制会计报表。会计核算方法之间的关系,可用图 1-2 表示。

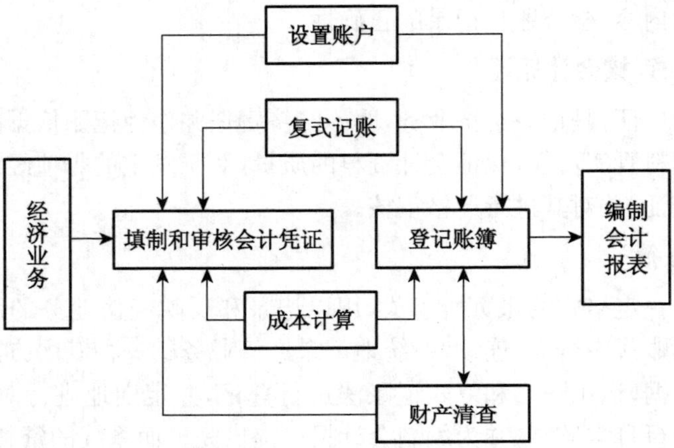

图 1-2　会计核算方法之间的关系

在每一个会计期间内,要依次运用上述会计核算各种专门方法。在连续的会计期间,周而复始地运用会计核算各种专门方法的过程,称为会计循环。一个会计期间成为一个会计循环。上述会计核算方法之间的关系,也就表达了会计循环的基本过程。

第五节　会计核算的基本假设和会计信息质量要求

一、会计核算的基本假设

会计基本假设是企业会计确认、计量和报告的前提,是对会计核算所处时间、空间环境等所作的合理设定。

会计核算所面对的社会经济环境是极为复杂和变化不定的,在这种情况下,会计人员有必要对会计核算所处的这种经济环境作出合理的判断。会计核算对象的确定、会计政策的选择、会计数据的搜集都要以会计核算的基本假设为依据。人们在长期的会计实践中,通过不断认识和实践,总结并形成了会计核算四个基本假设,即会计主体、持续经营、会计分期和货币计量。它们也被称为会计核算的基本假设。

(一) 会计主体

会计主体是指会计核算和监督的特定单位或组织，它界定了从事会计工作和提供会计信息的空间范围。

会计工作的目的是反映一个单位的财务状况、经营成果和现金流量，为包括投资者在内的各个方面作出决策服务。会计所要反映的总是特定的对象，只有明确规定会计核算的对象，将会计所要反映的对象与包括所有者在内的其他经济实体区别开来，才能保证会计核算工作的正常开展，实现会计的目标。

在会计主体前提下，会计核算应当以企业发生的各项交易或事项为对象，记录和反映企业本身的各项生产经营活动。会计主体基本假设，为会计人员在日常的会计核算中对各项交易或事项作出正确判断、对会计处理方法和会计处理程序作出正确选择提供了依据。

首先，明确会计主体，才能划定会计所要处理的各项交易或事项的范围。在会计核算工作中，只有那些影响会计主体本身经济利益的各项交易或事项才能加以确认和计量，那些不影响会计主体本身经济利益的各项交易或事项则不能加以确认和计量。会计核算工作中通常所讲的资产、负债的确认、收入的取得、费用的发生，都是针对特定会计主体而言的。

其次，明确会计主体，才能将会计主体的交易或者事项与会计主体所有者的交易或者事项以及其他会计主体的交易或者事项区分开来。例如，企业所有者的经济交易或者事项不属于企业所有者主体所发生的交易或者事项，不应纳入企业会计核算的范围。但是企业所有者投入到企业的资本或者企业向所有者分配的利润，则属于会计主体所发生的交易或者事项，应当纳入企业会计核算的范围。

会计主体不同于法律主体。一般来说，法律主体必然是一个会计主体。例如一个企业作为一个法律主体，应当建立财务会计系统，独立反映其财务状况、经营成果和现金流量等情况。但是，会计主体不一定是法律主体。例如，在企业集团的情况下，一个母公司拥有若干子公司，母子公司虽然是不同的法律主体，但是母公司对子公司拥有控制权，为了全面反映企业集团的财务状况、经营成果和现金流量，就有必要将企业集团作为一个会计主体，编制合并财务报表。企业集团是一个会计主体，但不是一个独立的法律主体。还有个人独资企业或合伙企业不是一个法律主体，但在会计核算上必须将其作为一个会计主体。

(二) 持续经营

持续经营是指在可以预见的将来，企业将会按当前的规模和状态继续经营下去，不会停业，也不会大规模削减业务。

在持续经营前提下，会计核算应当以企业持续、正常的生产活动为前提。因此，要求会计人员以会计主体持续正常的经营活动为前提，并在此前提下选择确定会计原则及会计处理方法，进行会计核算。持续经营前提为企业的财产计价和收益的确定提供了理论依据。例如，对于企业经营活动中长期使用的房屋、机器设备等固定资产的核算，就是以企业持续经营为前提的，假定这些固定资产会在持续经营的生产经营过程中长期发挥作用，并服务于生产经营过程，固定资产就可以根据历史成本进行记录，并采用折旧的方法，将历史成本分摊到各个会计期间或相关产品的成本中。如果判断企业不会持续经营，固定资产就不应采用历史成本进行记录并按期计提折旧。

由于持续经营是根据企业发展的一般情况所作的假定，而任何企业都存在破产、清算的风险。也就是说，企业不能持续经营的可能性总是存在的。为此，需要企业定期对其持续经营基本假设作出分析和判断。如果可以判断企业不会持续经营，就应当改变会计核算的原则和方法，并在企业财务会计报告中作充分披露。如果一个企业在不能持续经营时还假定企业能够持续经营，并仍按持续经营基本假设选择会计确认、计量和报告的原则与方法，就不能客观地反映企业的财务状况、经营成果和现金流量，会误导会计信息使用者的经济决策。所以，企业一旦进入破产清算，这一假设为前提的会计核算原则和方法便不再适用，应改为以清算为基础的会计核算原则和会计方法。

（三）会计分期

会计分期是指将一个企业持续经营的生产经营活动划分为一个个连续的、长短相同的期间。

会计分期的目的是将持续经营的生产经营活动划分成连续、相等的期间，据以结算盈亏，按期编报财务会计报告，从而及时向各方面提供有关企业财务状况、经营成果、现金流量和所有者权益变动等信息。

会计分期假设是持续经营假设的一个必要的补充。根据持续经营基本假设，一个企业将要按当前的规模和状态持续经营下去。要最终确定企业的生产经营成果，只能等到一个企业在若干年后歇业的时候核算一次盈亏。但是，企业的生产经营活动和投资决策要求及时的信息，不能等到歇业时一次性地核算盈亏。因此，就需要将企业持续经营的生产经营活动划分为一个个连续的、长短相同的期间，分期核算和反映。明确会计分期基本前提对会计核算有着重要影响。由于会计分期，才产生了当期与其他期间的差别，从而出现权责发生制和收付实现制的区别，才使不同类型的会计主体有了记账的基准，进而出现了应收、应付、折旧、待摊和预提等会计处理方法。

在会计分期前提下，会计核算应当划分会计期间，分期结算账目和编制财务会计报告。会计期间通常分为年度和中期。中期是指短于一个完整的会计年度的报告期间。最常见的会计期间是 1 年，以 1 年确定的会计期间称为会计年度，按年度编制的财务会计报告也称为年报。在国外，不少国家将每年的 4 月 1 日至第二年的 3 月 31 日，或者每年的 7 月 1 日至第二年的 6 月 30 日作为基本会计期间的划分。在我国，会计年度自公历每年的 1 月 1 日起至 12 月 31 日止。为满足人们对会计信息的需要，也要求企业按短于一个完整的会计年度的期间编制财务报告，如月报、季报和半年报等。

（四）货币计量

货币计量是指会计主体在会计核算过程中采用货币作为计量单位，计量、记录和报告会计主体的生产经营活动。

在会计核算过程中之所以选择货币作为计量单位，是由货币的本身属性决定的。

货币是商品的一般等价物，是衡量一般商品价值的共同尺度，具有价值尺度、流通手段、贮藏手段和支付手段等特点。其他的计量单位，如重量、长度、容积、台、件等，只能从一个侧面反映企业的生产经营情况，无法在量上进行汇总和比较，不便于管理和会计计量。所以，为全面反映企业的生产经营、业务收支等情况，会计核算就选择了货币作为计量单位。当然，统一采用货币尺度也有不利之处，因为影响财务状况和经营成果的因素并不是都能用货币来计量的。例如，企业经营战略、研发能力、市场竞争力、在消费者当中的信誉度等，往往难以用货币来计量，但这些信息对于使用者决策来讲也很重要，企业可以在财务报告中补充披露有关非财务信息来弥补上述缺陷。

遵照《中华人民共和国会计法》(简称《会计法》)规定，企业的会计核算以人民币为记账本位币。业务收支以人民币以外的货币为主的企业，可以采用某种外币作为记账本位币，但是编报的财务会计报告应当折算为人民币。在境外设立的中国企业向国内报送的财务会计报告，应当折算为人民币。

会计上把货币作为计量单位，同时假设货币的内在价值是稳定的，即使有所变动，应不足以影响会计计量和会计信息的正确性。恶性通货膨胀环境下，货币价值的波动给会计计量带来巨大的困难，按常规方法编制的会计报表会严重失实，引起报表使用者的误解，在这种情况下，就需要采用通货膨胀会计来解决。在我国，会计核算以人民币作为记账本位币，同时也假定货币内在价值是稳定不变的。

二、会计信息质量要求

会计信息质量要求是对企业财务报告中所提供会计信息质量的基本要求，是使财务报告中所提供会计信息对投资者等使用者决策有用应具备的基本特征，它主要包括可靠性、相关性、可理解性、可比性、实质重于形式、重要性、谨慎性和及时性等。

(一) 可靠性

可靠性要求企业应当以实际发生的交易或者事项为依据进行确认、计量和报告。如实反映符合确认和计量要求的各项会计要素及其他相关信息，保证会计信息真实可靠、内容完整。

会计信息要有用，必须以可靠为基础。如果财务报告所提供的会计信息是不可靠的，就会给投资者等使用者的决策产生误导甚至损失。为了贯彻可靠性要求，企业应当做到以下两点：

第一，企业应当以实际发生的交易或者事项为依据进行确认、计量，将符合会计要素定义及其确认条件的资产、负债、所有者权益、收入、费用和利润等如实反映在财务报表中，不得根据虚构的、没有发生的或者尚未发生的交易或者事项进行确认、计量和报告。

第二，企业应当在符合重要性和成本效益原则的前提下，保证会计信息的完整性，其中包括应当编报的报表及其附注内容等应当保持完整，不能随意遗漏或者减少应予披露的信息，与使用者决策相关的有用信息都应当充分披露。

(二) 相关性

相关性要求企业提供的会计信息应当与投资者等财务报告使用者的经济决策需要

相关，有助于投资者等财务报告使用者对企业过去、现在或者未来的情况作出评价或者预测。

会计信息是否有用，是否具有价值，关键是看其与使用者的决策需要是否相关，是否有助于决策或者提高决策水平。相关的会计信息应当能够有助于使用者评价企业过去的决策，证实或者修正过去的有关预测，因而具有反馈价值。相关的会计信息还应当具有预测价值，有助于使用者根据财务报告所提供的会计信息预测企业未来的财务状况、经营成果和现金流量。例如，区分收入和利得、费用和损失，区分流动资产和非流动资产、流动负债和非流动负债以及适度引入公允价值等，都可以提高会计信息的预测价值，进而提升会计信息的相关性。

会计信息质量的相关性要求，需要企业在确认、计量和报告会计信息的过程中，充分考虑使用者的决策模式和信息需要。但是，相关性是以可靠性为基础的，两者之间并不矛盾，不应将两者对立起来。也就是说，会计信息在可靠性前提下，尽可能地做到相关性，以满足投资者等财务报告使用者的决策需要。

（三）可理解性

可理解性要求企业提供的会计信息应当清晰明了，便于投资者等财务报告使用者理解和使用。

企业编制财务报告、提供会计信息的目的在于使用，而要使使用者有效使用会计信息，应当能让其了解会计信息的内涵，弄懂会计信息的内容，这就要求财务报告所提供的会计信息应当清晰明了，易于理解。只有这样，才能提高会计信息的有用性，实现财务报告的目标，满足向投资者等财务报告使用者提供决策有用信息的要求。

会计信息毕竟是一种专业性较强的信息产品，在强调会计信息的可理解性要求的同时，还应假定使用者具有一定的有关企业经营活动和会计方面的知识，并且愿意付出努力去研究这些信息。对于某些复杂的信息，如交易本身较为复杂或者会计处理较为复杂，但其与使用者的经济决策相关，企业就应当在财务报告中予以充分披露。

（四）可比性

可比性要求企业提供的会计信息应当相互可比。

可比性主要包括两层含义：

第一，纵向可比，即同一企业不同时期可比。为了便于投资者等财务报告使用者了解企业财务状况、经营成果和现金流量的变化趋势，比较企业不同时期的财务报告信息，分期、客观地评价过去、预测未来，从而作出决策。会计信息质量的可比性要求同一企业不同时期发生的相同或者相似的交易或者事项，应当采用一致的会计政策，不得随意变更。但是满足会计信息可比性要求，并非表明企业不得变更会计政策，如果按照规定或者在会计政策变更后可以提供更可靠、更相关的会计信息，可以变更会计政策。有关会计政策变更的情况，应当在附注中予以说明。

第二，横向可比，即不同企业相同会计期间可比。为了便于投资者等财务报告使用者评价不同企业的财务状况、经营成果和现金流量及其变动情况，会计信息质量的可比性要求不同企业同一会计期间发生的相同或者相似的交易或者事项，应当采用规定的会计政策，确保会计信息口径一致、相互可比，以使不同企业按照一致的确认、计量和报告要求提供有关会计信息。

（五）实质重于形式

实质重于形式要求企业应当按照交易或者事项的经济实质进行会计确认、计量和报告，不仅仅以交易或者事项的法律形式为依据。

企业发生的交易或事项在多数情况下，其经济实质和法律形式是一致的。但在有些情况下，会出现不一致。例如，以融资租赁方式租入的资产虽然从法律形式来讲企业并不拥有其所有权，但是由于租赁合同中规定的租赁期相当长，接近于该资产的使用寿命；租赁期结束时承租企业有优先购买该资产的选择权；在租赁期内承租企业有权支配资产并从中受益等，因此从其经济实质来看，企业能够控制融资租入资产所创造的未来经济利益，在会计确认、计量和报告上就应当将以融资租赁方式租入的资产视为企业的资产，列入企业的资产负债表。

（六）重要性

重要性要求企业提供的会计信息应当反映与企业财务状况、经营成果和现金流量有关的所有重要交易或者事项。

在实务中，如果会计信息的省略或者错报会影响投资者等财务报告使用者据此作出决策的，该信息就具有重要性。重要性的应用需要依赖职业判断，企业应当根据其所处环境和实际情况，从项目的性质和金额大小两方面加以判断。

例如，我国上市公司要求对外提供季度财务报告，考虑到季度财务报告披露的时间较短，从成本效益原则的考虑，季度财务报告没有必要像年度财务报告那样披露详细的附注信息。因此，中期财务报告准则规定，公司季度财务报告附注应当以年初至本中期末为基础编制，披露自上年度资产负债表日之后发生的、有助于理解企业财务状况、经营成果和现金流量变化情况的重要交易或者事项。这种附注披露就体现了会计信息质量的重要性要求。

（七）谨慎性

谨慎性要求企业对交易或者事项进行会计确认、计量和报告应当保持应有的谨慎，不应高估资产或者收益、低估负债或者费用。

在市场经济环境下，企业的生产经营活动面临着许多风险和不确定性，如应收款项的可收回性、固定资产的使用寿命、无形资产的使用寿命、售出存货可能发生的退货或者返修等。会计信息质量的谨慎性要求，需要企业在面临不确定性因素的情况下作出职业判断时，应当保持应有的谨慎，充分估计到各种风险和损失，既不高估资产或者收益，也不低估负债或者费用。例如，要求企业对可能发生的资产减值损失计提资产减值准备等，就体现了会计信息质量的谨慎性要求。

谨慎性的应用也不允许企业设置秘密准备，如果企业故意低估资产或者收益，或者故意高估负债或者费用，将不符合会计信息的可靠性和相关性要求，损害会计信息质量，扭曲企业实际的财务状况和经营成果，从而对使用者的决策产生误导，这是会计准则所不允许的。

(八) 及时性

及时性要求企业对于已经发生的交易或者事项，应当及时进行确认、计量和报告，不得提前或者延后。

会计信息的价值在于帮助所有者或者其他方面作出经济决策，具有时效性。即使是可靠、相关的会计信息，如果不及时提供，就失去了时效性，对于使用者的效用就大大降低甚至不再具有实际意义。在会计确认、计量和报告过程中贯彻及时性，一是要求及时收集会计信息，即在经济交易或者事项发生后，及时收集整理各种原始单据或者凭证；二是要求及时处理会计信息，即按照会计准则的规定，及时对经济交易或者事项进行确认或者计量，并编制财务报告；三是要求及时传递会计信息，即按照国家规定的有关时限，及时地将编制的财务报告传递给财务报告使用者，便于其及时使用和决策。

第六节　会计计量与会计基础

一、会计计量

(一) 会计计量要求

会计计量是指根据一定的计量标准和计量方法，将符合确认条件的会计要素登记入账并列报于会计报表及其附注时确定其金额的过程。

企业应当按照规定的会计计量属性进行计量，确定其金额。

(二) 会计计量属性的内容

计量属性是指所予计量的某一要素的特性方面，如桌子的长度、铁矿的重量、楼房的高度等。从会计角度，计量属性反映的是会计要素金额的确定基础，主要包括历史成本、重置成本、可变现净值、现值和公允价值等。

1. 历史成本

历史成本又称实际成本，是指取得或制造某项财产物资时所实际支付的现金或者其他等价物。

在历史成本计量下，资产按照购置时支付的现金或者现金等价物的金额，或者按照购置资产时所付出的对价的公允价值计量。负债按照因承担现时义务而实际收到的款项或者资产的金额，或者承担现时义务的合同金额，或者按照日常活动中为偿还负债预期需要支付的现金或者现金等价物的金额计量。

2. 重置成本

重置成本又称现行成本，是指按照当前市场条件，重新取得同样一项资产所需支付的现金或现金等价物金额。

在重置成本计量下，资产按照现在购买相同或者相似资产所需支付的现金或者现金等价物的金额计量。负债按照现在偿付该项债务所需支付的现金或者现金等价物的金额计量。

3. 可变现净值

可变现净值是指在正常生产经营过程中以预计售价减去进一步加工成本和销售所必须的预计税金、费用后的净值。

在可变现净值计量下，资产按照其正常对外销售所能收到现金或者现金等价物的金额扣减该资产至完工时估计将要发生的成本、估计的销售费用以及相关税费后的金额计量。

4. 现值

现值是指对未来现金流量以恰当的折现率进行折现后的价值，是考虑货币时间价值因素等的一种计量属性。

在现值计量下，资产按照预计从其持续使用和最终处置中所产生的未来净现金流入量的折现金额计量。负债按照预计期限内需要偿还的未来净现金流出量的折现金额计量。

5. 公允价值

公允价值是指在公平交易中，熟悉情况的交易双方自愿进行资产交换或者债务清偿的金额。

在公允价值计量下，资产和负债按照在公平交易中，熟悉情况的交易双方自愿进行资产交换或者债务清偿的金额计量。

（三）会计计量属性的应用原则

企业在对会计要素进行计量时，应当严格按照规定选择相应的计量属性。

企业在对会计要素进行计量时，一般应当采用历史成本。例如，企业购入存货、建造厂房、生产产品等，都应当以资产发生的实际成本作为资产计量的金额。在某些情况下，为了提高会计信息质量，实现财务报告目标，企业会计准则允许采用重置成本、可变现净值、现值、公允价值计量的，应当保证所确定的会计要素金额能够取得并可靠计量，如果这些金额无法取得或者可靠地计量的，则不允许采用其他计量属性。

二、会计基础

会计基础是确定收入和费用归属期间的标准，包括权责发生制和收付实现制两种。

权责发生制就是以权利获得和责任发生作为确定一项收入和费用归属期间标准的制度。按此制度，凡是当期已经实现的收入和已经发生或应当负担的费用，无论款项是否收付，都应当作为当期的收入和费用，计入利润表；凡是不属于当期的收入和费用，即使款项已在当期收付，也不应当作为当期的收入和费用。

在实务中，企业交易或者事项的发生时间与相关货币收支时间有时并不完全一致。例如，款项已经收到，但销售并未实现；或者款项已经支付，但并不是为本期生产经营活动而发生的。

按《企业会计准则——基本准则》规定，企业会计的确认、计量和报告应当以权责发生制为基础。

收付实现制是与权责发生制相对应的另一种会计基础。它是以收到或支付的现金作为确认收入和费用归属期间标准的制度。收付实现制要求，凡是当期实际收到的款项和实际付出的费用，不论是否属于当期，均作为当期的收入和费用，计入利润表；凡是当期未实际收到的款项和未实际付出的费用，即使属于当期，也不作为当期的收入和费用。

目前，我国的行政单位会计采用收付实现制，事业单位会计除经营业务可以采用权责发生制外，其他大部分业务采用收付实现制。

对于权责发生制和收付实现制，可以通过案例来进一步理解。如 AB 公司 2021 年 1 月 10 日向 CD 公司赊销了一批价格为 1 000 000 元的产品。2021 年 3 月 10 日实际收到货款并存入银行。请问这 1 000 000 元货款算 AB 公司 1 月份的收入，还是算 AB 公司 3 月份的收入？

答案应该是：按权责发生制进行确认，这 1 000 000 元则应该属于 AB 公司 1 月份的收入，因为 AB 公司在 1 月份虽然没有收到货款，但取得了收取货款的权利；按收付实现制进行确认这 1 000 000 元则应该属于 AB 公司 3 月份的收入，因为 AB 公司 1 月份虽然取得收取货款的权利，但 3 月份才收到货款。

第七节　会计法规体系

我国企业财务会计法规体系主要由会计法、企业会计准则等组成。

一、会计法

《中华人民共和国会计法》(以下简称《会计学》)是我国会计核算的根本大法，是我国会计工作的母法。《会计法》就我国会计核算的主要方面作出了规定，涉及我国会计核算的所有领域，是包括企业会计核算法规在内的所有会计法规制定的基本依据。

《会计法》在 1985 年 1 月 21 日第六届全国人民代表大会常务委员会第九次会议通过，1999 年 10 月 31 日由第九届全国人民代表大会常务委员会第十二次会议审议通过了第二次修订草案，并于 2000 年 7 月 1 日正式实行。全文共有 7 章 52 条，分别为总则，会计核算，公司、企业会计核算的特别规定，会计监督，会计机构和会计人员，法律责任，附则。

《会计法》制定的目的在于规范和加强会计工作，保障会计人员依法行使职权，发挥会计工作在维护社会主义市场经济秩序，加强经济管理，提高经济效益中的作用。

(一) 总则部分

明确国家机关、社会团体、公司、企业、事业单位和其他经济组织必须依照《会计法》办理会计事务。各单位必须依法设立会计账簿，并保证其真实、完整。各单位负责人对会计资料的真实性、完整性负责。会计机构、会计人员和其他人员必须依法办理会计事务，进行会计核算，实行会计监督。任何单位和个人不得授意、指示、强令会计机构、会计人员伪造、编造会计资料，不得对依法履行职责的会计人员打击报复。总则还对会计工作的管理权限作了规定，明确财政部是全国会计工作的管理机构，县以上人民政府财政部门管理本行政区域内的会计工作。国家实行统一的会计制度，国家统一的会计制度由国务院财政部制定。国务院有关部门可以依照《会计法》和国家统一会计制度对会计核算和会计监督有特殊要求的行业，制定实施国家统一会计制度的具体办法或者补充规定，并须报国务院财政部门审核批准。

（二）会计核算部分

明确了必须办理会计手续，进行会计核算的经济业务事项。对会计年度和记账本位币作了规定。同时就会计凭证、会计账簿、财务会计报告等的填列、编制、审核、报送、保管，以及会计处理方法的选用原则等方面的问题提出了基本要求。

（三）公司、企业会计核算的特别规定部分

明确提出公司、企业进行会计核算时不得发生下列行为：随意改变资产、负债、所有者权益的计量标准或者计量方法，虚列、多列、不列或者少列资产、负债和所有者权益；虚列或者隐瞒收入，推迟或者提前确认收入；随意改变费用、成本的确认标准或者计算方法，虚列、多列、不列或者少列费用、成本；随意调整利润计算方法、分配方法，编造虚假利润或者隐瞒利润；违反国家统一会计制度规定的其他行为。

（四）会计监督部分

分别对单位内部会计监督、社会监督和国家监督作出了具体规定。要求各单位应当按照职责明确、相互分离、相互制约、相互监督的一系列法律要求建立、健全本单位内部会计监督制度，规定了单位内部会计监督的要求、对象、内容、方法、程序。与此同时，强调对本单位会计资料的外部监督检查，配合财政、审计、税务、人民银行、证券监管、保险监管等行政机关依法对本单位会计资料的真实性和完整性实施监督检查；配合会计中介机构对本单位的会计资料及有关情况进行的审计、验资和其他业务工作。

（五）会计机构和会计人员部分

就会计人员的从业资格及从业资格证书的管理、单位会计机构负责人的资格要求、总会计师的设置、会计机构内部稽核制度的建立、会计人员的职业道德、会计人员的工作交接、会计人员继续教育等有关方面作了规定。

（六）法律责任部分

就违反《会计法》的有关行为作了规定，并对不同的违法行为和不同的违法程度所应承担的不同法律责任作了界定。明确单位负责人对依法履行职责、抵制违法行为的会计人员进行打击报复所应承担的法律责任，和财政部门及有关行政部门滥用职权、玩忽职守、徇私舞弊等违法乱纪行为所应承担的法律责任。

（七）附则部分

对《会计法》中所涉及的用语作了解释。

二、企业会计准则

我国多年来一直重视会计准则的建设，尤其是改革开放以来，会计制度不断改革创新，从改革开放初期为了吸引外资而建立的外商投资企业会计制度，到后来为了适应股份制改革而建立的股份制企业会计制度，再到后来建立的不分行业、不分所有制的统一的会计制度，即《企业会计制度》《金融企业会计制度》和《小企业会计制度》，适应了我国改革开放和市场经济发展的需要。

1992 年我国发布了第一项会计准则，即《企业会计准则》，随后先后发布了包括关联方关系及其交易的披露、现金流量表、非货币性交易、投资、收入、或有事项、资产负债表日后事项、会计政策、会计估计变更和会计差错更正、借款费用、债务重组、固定资产、无形资产、存货、中期财务报告等在内的 16 项具体准则。

之后，为适应我国市场经济发展和经济全球化的需要，按照立足国情、国际趋同、涵盖广泛、独立实施的原则，财政部对上述准则作了系统性的修改，并制定了一系列新的准则，于 2006 年发布了包括《企业会计准则——基本准则》（以下简称基本准则）和 38 项具体准则在内的企业会计准则体系。2014 年又新制定发布了《公允价值计量》《合营安排》和《在其他主体中权益的披露》3 项具体会计准则。截至 2019 年 10 月，我国共制定并发布了 1 项企业会计基本准则和 41 项企业会计具体准则。

我国企业会计准则体系由基本准则、具体准则、会计准则应用指南和解释公告等组成。其中，基本准则在整个企业会计准则体系中扮演着概念框架的角色，起着统驭作用；具体准则是在基本准则的基础上，对具体交易或者事项会计处理的规范；应用指南是对具体准则的一些重点难点问题作出的操作性规定；解释公告是随着企业会计准则的贯彻实施，就实务中遇到的实施问题而对准则作出的具体解释。

在我国现行企业会计准则体系中，基本准则规范了包括财务报告目标、会计基本假设、会计信息质量要求、会计要素的定义及其确认、计量原则、财务报告等在内的基本问题，是会计准则制定的出发点，是制定具体准则的基础。其作用主要表现为两个方面：

一方面是统驭具体准则的制定。随着我国经济迅速发展，会计实务问题层出不穷，会计准则需要规范的内容日益增多，体系日趋庞杂，在这样的背景下，为了确保各项准则的制定建立在统一的理念基础之上，基本准则就需要在其中发挥核心作用。我国基本准则规范了会计确认、计量和报告等一般要求，是准则的准则，可以确保各具体准则的内在一致性。为此，我国基本准则第三条明确规定，“企业会计准则包括基本准则和具体准则，具体准则的制定应当遵循本准则（即基本准则）”。在企业会计准则体系的建设中，各项具体准则也都严格按照基本准则的要求加以制定和完善，并且在各具体准则的第一条中作了明确规定。

另一方面是为会计实务中出现的、具体准则尚未规范的新问题提供会计处理依据。在会计实务中，由于经济交易事项的不断发展、创新，具体准则的制定有时会出现滞后的情况，会出现一些新的交易或者事项在具体准则中尚未规范但又急需处理，这时，企业不仅应当对这些新的交易或者事项及时进行会计处理，而且在处理时应当严格遵循基本准则的要求，尤其是基本准则关于会计要素的定义及其确认与计量等方面的规定。因此，基本准则不仅扮演着具体准则制定依据的角色，也为会计实务中出现的、具体准则尚未作出规范的新问题提供了会计处理依据，从而确保了企业会计准则体系对所有会计实务问题的规范作用。

在我国现行企业会计准则体系中，具体准则包括存货、投资性房地产、固定资产等 42 项准则（截至 2019 年 10 月），如表 1-1 所示。

表 1-1　中国企业会计准则

企业会计准则第 1 号	存货
企业会计准则第 2 号	长期股权投资
企业会计准则第 3 号	投资性房地产
企业会计准则第 4 号	固定资产
企业会计准则第 5 号	生物资产
企业会计准则第 6 号	无形资产
企业会计准则第 7 号	非货币性资产交换
企业会计准则第 8 号	资产减值
企业会计准则第 9 号	职工薪酬
企业会计准则第 10 号	企业年金
企业会计准则第 11 号	股份支付
企业会计准则第 12 号	债务重组
企业会计准则第 13 号	或有事项
企业会计准则第 14 号	收入
企业会计准则第 15 号	建造合同
企业会计准则第 16 号	政府补助
企业会计准则第 17 号	借款费用
企业会计准则第 18 号	所得税
企业会计准则第 19 号	外币折算
企业会计准则第 20 号	企业合并
企业会计准则第 21 号	租赁
企业会计准则第 22 号	金融工具确认和计量
企业会计准则第 23 号	金融资产转移
企业会计准则第 24 号	套期保值
企业会计准则第 25 号	原保险合同
企业会计准则第 26 号	再保险合同
企业会计准则第 27 号	石油天然气开采
企业会计准则第 28 号	会计政策、会计估计变更和差错更正
企业会计准则第 29 号	资产负债表日后事项
企业会计准则第 30 号	财务报表列报
企业会计准则第 31 号	现金流量表
企业会计准则第 32 号	中期财务报告

（续表）

企业会计准则第 33 号	合并财务报表
企业会计准则第 34 号	每股收益
企业会计准则第 35 号	分部报告
企业会计准则第 36 号	关联方披露
企业会计准则第 37 号	金融工具列报
企业会计准则第 38 号	首次执行企业会计准则
企业会计准则第 39 号	公允价值计量
企业会计准则第 40 号	合营安排
企业会计准则第 41 号	在其他主体中权益的披露

第八节　会计学科体系

会计学是系统地研究会计的理论、方法和会计工作规律的一门经济科学。它来自会计实践，是长期会计实践经验的积累。随着经济的发展，科学技术的进步，人们对经济管理要求的不断提高以及人们对会计的进一步认识，会计学还将进一步发展。

研究会计学的目的是为了更好地指导会计工作实践。

会计学属于经济学，因为会计概念和方法的建立离不开一系列经济理论和范畴；会计学属于管理科学，因为它分担经济管理的一个特定方面，即分担资金管理和成本管理；会计与数学的关系很密切，因为会计的一些方法和技术离不开数学。

会计学按其研究的内容，主要包括会计学基础、财务会计、成本会计、管理会计和审计学等分支学科。

会计学基础（亦称会计学原理、基础会计），主要阐述会计的基本理论、基本知识和基本方法。重点介绍设置账户、复式记账、填制审核、设置和登记账簿、成本计算、财产清查和编制会计报表等会计核算七种方案。是研究和学习其他会计分支学科的基础。

财务会计，具体阐述如何利用会计学基础中所学习的会计核算方法，确认、计量和报告资产、负债、所有者权益以及收入、费用和利润的会计要素及其特殊事项。

成本会计，具体阐述成本预测、计划、计算、分析、控制和决策的基本理论和方法，为提高经济效益提供各种成本信息。

管理会计，阐述如何结合企业经营管理、利用企业内部会计信息和有关外部信息，对企业未来的经济活动进行预测、决策、控制和考核的基本理论和方法。它主要提供未来经济活动的预测信息，以供企业的经营者作出经营决策时参考。

审计学阐述如何运用会计资料对经济活动的合法性、合理性、合规性、效益性以及会计资料的正确性进行检查、监督的基本理论和方法。它主要包括财务审计、经济效益审计、财经法纪审计等。

此外，会计学的分支学科还有：研究会计方法和会计工作组织原则及形式的“会计制度设计”，研究会计产生和发展历史的“会计史”等。

课后练习题

一、名词解释

会计　会计核算职能　会计监督职能　会计要素　资产　负债　所有者权益　收入　费用　利润　会计假设　会计主体　持续经营　会计分期　货币计量　权责发生制　收付实现制　历史成本　重置成本　可变现净值　现值　公允价值

二、单项选择题

1. 会计是以(　　)为主要计量单位。
   A. 实务　　B. 工作量　　C. 货币　　D. 产量
2. 会计的基本职能包括(　　)。
   A. 会计计划与会计决策　　B. 会计核算与会计监督
   C. 会计预测与会计决策　　D. 会计控制与会计决策
3. (　　)界定了从事会计工作和提供会计信息的空间范围。
   A. 会计主体假设　　B. 持续经营假设
   C. 会计分期假设　　D. 货币计量假设
4. (　　)作为会计的基本假设，就是将一个会计主体持续经营的生产活动划分为若干个相等的会计期间。
   A. 会计主体　　B. 持续经营　　C. 会计分期　　D. 会计年度
5. 在我国根据《中华人民共和国会计法》和《企业会计基本准则》规定，会计期间分为年度、半年度、季度和月度，它们均按(　　)确定。
   A. 农历起始日期　　B. 公历起始日期
   C. 4 月起始日期　　D. 7 月起始日期
6. 企业资产以历史成本计价而不以现行成本或清算价格计价，所依据的会计基本假设是(　　)。
   A. 会计主体假设　　B. 持续经营假设
   C. 会计分期假设　　D. 货币计量假设
7. 采用权责发生制时，下列业务中不能确认为当期收入的是(　　)。
   A. 销售商品，尚未收到货款　　B. 销售商品，同时收到货款
   C. 收到以前月份赊销的货款　　D. 收到当月的销售款
8. 企业通过融资租赁方式租入的固定资产，按自有固定资产核算。这是遵循了(　　)会计信息质量的要求。
   A. 可比性　　B. 相关性
   C. 实质重于形式　　D. 重要性
9. (　　)要求企业对交易或者事项进行会计确认、计量和报告应当保持应有的谨慎，不应高估资产或者收益、低估负债或者费用。
   A. 可比性　　B. 可靠性　　C. 实质重于形式　　D. 谨慎性
10. 会计核算方法具体包括设置账户、复式记账等(　　)种方法。
   A. 2　　B. 4　　C. 6　　D. 7

三、多项选择题

1. 会计方法包括(　　)。

A. 会计核算方法　　B. 会计分析方法

C. 会计检查方法　　D. 会计管理方法

2. 会计的计量尺度有(　　)。

A. 货币量度　　B. 劳动强度　　C. 实物量度　　D. 时间量度

E. 劳动量度

3. 会计的基本职能包括(　　)。

A. 核算职能　　B. 分析职能　　C. 监督职能　　D. 决策职能

E. 预测职能

4. 下列属于会计核算的方法有(　　)。

A. 复式记账　　B. 登记账簿　　C. 成本计算　　D. 核算监督

E. 财产清查

5. 根据权责发生制原则,应计入本期收入和费用的有(　　)。

A. 本期实现的收入并已收取款项　　B. 本期实现的收入但尚未收取款项

C. 属于本期的费用但尚未支付款项　　D. 属于以后各期的费用但已支付款项

6. 根据收付实现制原则,应计入本期收入和费用的有(　　)。

A. 本期实现的收入并已收取款项　　B. 本期实现的收入但尚未收取款项

C. 属于本期的费用但尚未支付款项　　D. 属于以后各期的费用但已支付款项

7. 收入的取得会引起(　　)。

A. 负债的增加　　B. 资产的增加

C. 负债的减少　　D. 资产的减少

8. 下列属于流动资产的项目有(　　)。

A. 应收账款　　B. 预收款项　　C. 预付款项　　D. 应付账款

9. 下列属于所有者权益要素的项目有(　　)。

A. 应交税费　　B. 实收资本

C. 盈余公积　　D. 未分配利润

10. 会计核算的基本假设包括(　　)。

A. 会计主体　　B. 持续经营　　C. 会计分期　　D. 货币计量

四、判断题

1. 资产是企业所拥有或控制的,能以货币计量并具有实物形态的经济资源。(　　)
2. 收入可能表现为资产的增加,但并非所有的资产的增加都是收入。(　　)
3. 法律主体一定是会计主体,但会计主体不一定是法律主体。(　　)
4. 货币计量包含着币值稳定的假设。(　　)
5. 由于会计是综合反映特定会计主体的经济业务,因此只用货币计量。(　　)
6. 我国会计年度自公历1月1日起至12月31日止。(　　)
7. 可比性原则解决的不仅是企业之间横向可比问题,也包括同一企业纵向可比问题。(　　)
8. 谨慎性原则是指会计核算中应尽量低估企业可能发生的损失和费用。(　　)
9. 会计方法就是指会计核算方法。(　　)
10. 由于会计分期,才产生了权责发生制和收付实现制。(　　)

五、简答题

1. 什么是会计？如何理解会计这一概念？
2. 会计有哪些特点？
3. 会计有哪两个基本职能？其关系如何？
4. 试述会计目标的基本概念和内容。
5. 简述会计产生和发展的历史。
6. 什么是会计要素？各种会计要素的基本含义是什么？
7. 会计核算包括哪些具体方法？各种方法之间关系如何表述或表示？
8. 我国会计核算中有哪些基本假设？简要说明其基本内容。
9. 会计信息质量要求有哪些？如何理解各项会计信息质量要求的内容？
10. 会计计量属性有哪些？简要阐述其含义和应用原则。
11. 如何理解权责发生制与收付实现制？
12. 我国目前已发布了哪些具体会计准则？

第二章

会计科目和账户

第一节　会 计 等 式

一、会计等式概述

会计等式是表明各个会计要素之间基本关系的恒等式。它又分为静态会计等式和动态会计等式。

(一) 静态会计等式

企业经营的主要目的是获取经营利益。为了获取利润,必须具有供企业经营活动使用的资产。企业的资产必有其来源。原始的资产都是由投资者投资而来,则全部资产代表投资者的权益,表示投资者对企业资产的求偿权。

企业除了从投资者处获得经营所需的资产外,还可以通过向债权人借款等方式取得所需资产,债权人对企业的资产同样获得求偿权,而且债权人的权益优先于投资者。

显而易见,企业的资产不外乎来自投资者的投资和向债权人的借款。因此,投资者和债权人对企业的资产拥有权益,这种权益代表资产的来源。资产与权益是同一事项的两种说法,反映同一事项的两个方面,所以两者的金额必定相等。即:

$$资产 = 权益$$

权益一般分为两部分:一部分是由债权人提供,如短期借款、应付账款、应付票据等。这类权益属于债权人权益,又称负债。负债在偿付之前是企业资金的一种来源。另一部分权益是由投资人投入的,称为所有者权益,它是企业资金的主要来源。因此,会计等式又可表示为:

$$资产 = 债权人权益 + 所有者权益 = 负债 + 所有者权益$$

这一等式反映了会计静态要素之间的数量关系,因此也称为静态会计等式。

(二) 动态会计等式

企业运用债权人和投资者所提供的资产,经过生产经营而获取收入,并以支付费用为代价。将一定期间实现的收入与支付的费用比较后,就能确定该期间企业的经营成果。当收入大于费用时,表示企业实现利润;当收入小于费用时,则意味着企业发生亏损。收入、费用和利润的关系,用公式表示如下:

$$收入 - 费用 = 利润(或亏损)$$

上述等式是从某个会计期间考察企业的最终经营成果而形成的恒等关系。这表明,从动态考察某一期间的利润是已实现的收入减去费用的差额。因此,我们称之为动态会计等式。

如上所述,凡是收入都能使资产增加或负债减少,同时使所有者权益相应增加;凡是费用都能使资产减少或负债增加，同时使所有者权益相应减少。对于因收入、费用而发生的所有者权益的增减变化，应先在收入、费用两大会计要素中进行记载，然后在特定的结账日，将收入与费用比较的结果，即利润或亏损，转化（增加或减少）为所有者权益。因此，收入、费用与资产、负债及所有者权益的关系，又可以用下列等式表示：

资产＝负债＋所有者权益＋（收入－费用）＝负债＋所有者权益＋利润

这是会计等式的一种转化形式。待期末结账，利润归入所有者权益项目后，则会计等式又恢复到基本形式。即：

资产＝负债＋所有者权益

这一等式是会计基本等式。

会计等式是设置账户、复式记账以及编制会计报表的理论依据。

二、会计事项以及对会计等式的影响

（一）会计事项

企业在生产经营过程中发生的经济活动在会计上称为会计事项。会计事项通常是指使企业资产、负债和所有者权益发生增减变动的经济事项，又称为交易事项或经济业务。

会计事项可分为对外会计事项和内部会计事项两大类。凡是会计事项是以企业个体为中心而与外界所发生的交易行为，涉及企业本身以外的个体，即为对外会计事项。例如，向供货方购货，向购货方销售、向银行借款、向投资者融资等。反之，凡是不涉及企业本身以外个体的会计事项，即为内部会计事项。内部会计事项主要是指企业内部费用成本的耗用或应计事项的调整，是对于企业内部已认定的各要素之间的调整冲转，如经营过程中物料的耗用、机器设备的折旧、应收账款的坏账备抵等。

（二）会计事项对会计等式的影响

随着各项经济业务的不断发生，必然引起有关会计要素发生增减变动。但是，无论企业的经济业务引起各项会计要素发生怎样的数量变动，都不会破坏会计等式的数量平衡关系，资产总额总是等于权益总额。下面举例予以说明：

【例 2-1】 中央商场投资 200 000 元开设一家售后服务维修中心，专门从事各种家用电器维修，修配业务。该中心于 2020 年 1 月 1 日成立，1 个月后开始营业，其发生的业务分析如下：

［业务 1］ 售后服务维修中心于 2020 年 1 月 1 日收到中央商场投入资本 200 000 元，存入银行。

这笔业务使售后服务维修中心获得银行存款资产 200 000 元，而中央商场因这一投资，对售后服务维修中心的资产拥有 200 000 元的索偿权，即代表所有者权益的实收资本也因此增加 200 000 元。这也表明，企业最初一切资产都是由投资者投资而来的。

这笔业务的会计等式如表 2-1 所示。

表 2-1 收到中央商场投入资本 200 000 元 单位：元

资产	金额	=负债	金额	+所有者权益	金额
银行存款	200 000			实收资本	200 000
总 计	200 000	=	0	+	200 000

［业务 2］ 2020 年 1 月 13 日，售后服务维修中心购入营业用修配材料一批，价值 10 000 元，货款用银行存款支付。

这笔业务使售后服务维修中心增加一项修配材料资产——存货，同时也使售后服务维修中心的另一项资产——银行存款减少，两者金额都是 10 000 元。这笔业务对会计等式的影响如表 2-2 所示。

表 2-2 购入营业用修配材料 10 000 元 单位：元

资产	金额	=负债	金额	+所有者权益	金额
银行存款	190 000			实收资本	200 000
存货	10 000				
总 计	200 000	=	0	+	200 000

［业务 3］ 2020 年 1 月 28 日，售后服务维修中心从银行取得短期借款 100 000 元，存入银行。

这笔业务使售后服务维修中心的银行存款增加 100 000 元，但该维修中心也因此增加了一项短期借款的负债，金额是 100 000 元。这笔业务对会计等式的影响如表 2-3 所示。

表 2-3 从银行取得短期借款 100 000 元 单位：元

资产	金额	=负债	金额	+所有者权益	金额
银行存款	290 000	短期借款	100 000	实收资本	200 000
存货	10 000				
总 计	300 000	=	100 000	+	200 000

［业务 4］ 2020 年 2 月 10 日，售后服务维修中心向美丽公司赊购修配材料 20 000 元。

这笔业务使售后服务维修中心存货资产增加，同时使售后服务维修中心增加了一项应付账款这样的负债，两者的金额都是 20 000 元。这笔业务对会计等式的影响如表 2-4 所示。

表 2-4 向美丽公司赊购修配材料 20 000 元 单位：元

资产	金额	=负债	金额	+所有者权益	金额
银行存款	290 000	短期借款	100 000	实收资本	200 000
存货	30 000	应付账款	20 000		
总 计	320 000	=	120 000	+	200 000

［业务5］ 2020年2月15日，售后服务维修中心用银行存款8 000元偿还2月10日所欠美丽公司部分货款。

这笔业务使售后服务维修中心的银行存款这一资产减少了8 000元，而属于负债的应付账款也相应减少8 000元。这笔业务对于会计等式的影响如表2-5所示。

表2-5 用银行存款8 000元偿还所欠美丽公司部分货款 单位：元

资产	金额	＝负债	金额	＋所有者权益	金额
银行存款	282 000	短期借款	100 000	实收资本	200 000
存货	30 000	应付账款	12 000		
总 计	312 000	＝	112 000	＋	200 000

［业务6］ 2020年2月20日，售后服务维修中心开出票据一张交给美丽公司，约定3个月后归还所欠其余12 000元货款，且一并支付利息。

这笔业务使售后服务维修中心增加了一项应付票据负债，同时减少了一项应付账款负债，两者金额均为12 000元。这笔业务对会计等式的影响如表2-6所示。

表2-6 开出票据交给美丽公司3个月后归还所欠12 000元货款及利息 单位：元

资产	金额	＝负债	金额	＋所有者权益	金额
银行存款	282 000	短期借款	100 000	实收资本	200 000
存货	30 000	应付票据	12 000		
总 计	312 000	＝	112 000	＋	200 000

［业务7］ 2020年2月22日，经商议，中央商场代售后服务维修中心偿还80 000元的银行借款，以此作为中央商场对售后服务维修中心的追加投资。有关手续已办妥。

这笔业务使售后服务维修中心的短期借款负债减少80 000元，而中央商场对售后服务维修中心的投资因此增加了80 000元，则实收资本增加了80 000元，这笔业务对会计等式的影响如表2-7所示。

表2-7 中央商场代为偿还80 000元银行借款 单位：元

资产	金额	＝负债	金额	＋所有者权益	金额
银行存款	282 000	短期借款	20 000	实收资本	280 000
存货	30 000	应付票据	12 000		
总 计	312 000	＝	32 000	＋	280 000

［业务8］ 2020年2月25日，中央商场委托售后服务维修中心代为偿还一笔20 000元货款，作为对售后服务维修中心投资的减少。有关手续已办妥，售后服务维修中心尚未还款。

这笔业务使售后服务维修中心增加了应付账款负债20 000元，同时又使中央商场对该维修中心投资减少20 000元。这笔业务对会计等式的影响如表2-8所示。

表 2-8　代为偿还中央商场 20 000 元货款　　单位:元

资产	金额	=负债	金额	+所有者权益	金额
银行存款	282 000	短期借款	20 000	实收资本	260 000
存货	30 000	应付票据	12 000		
		应付账款	20 000		
总　计	312 000	=	52 000	+	260 000

[业务 9]　2020 年 2 月 27 日,在办理有关手续后,中央商场从售后服务维修中心抽回投资 200 000 元,售后服务维修中心以银行存款支付。

这笔业务使售后服务维修中心的银行存款资产减少 200 000 元,同时使售后服务维修中心所有者权益中的实收资本减少 200 000 元,这笔业务对会计等式的影响如表 2-9 所示。

表 2-9　中央商场抽回投资 200 000 元　　单位:元

资产	金额	=负债	金额	+所有者权益	金额
银行存款	82 000	短期借款	20 000	实收资本	60 000
存货	30 000	应付票据	12 000		
		应付账款	20 000		
总　计	112 000	=	52 000	+	60 000

[业务 10]　2020 年 2 月 28 日,中央商场将其对售后服务维修中心投资的 60 000 元,转让给明华公司,有关转让手续已办理。

这笔业务使中央商场对售后服务维修中心的净资产的索偿权减少 60 000 元,而明华公司对售后服务维修中心的投资增加了 60 000 元,这表示售后服务维修中心在一项所有者权益增加的同时,也使另一项所有者权益以相同的金额减少。

这笔业务对会计等式的影响如表 2-10 所示。

表 2-10　中央商场转让 60 000 元投资　　单位:元

资产	金额	=负债	金额	+所有者权益	金额
银行存款	82 000	短期借款	20 000	实收资本	60 000
存货	30 000	应付票据	12 000		
		应付账款	20 000		
总　计	112 000	=	52 000	+	60 000

售后服务维修中心两个月的经济业务可按照会计等式汇总如表 2-11 所示。

表 2-11　售后服务维修中心经济业务汇总表　　　单位:元

资产		=负债		+所有者权益	
银行存款	+存货	=短期借款	+应付账款	+应付票据	+实收资本
(1) +200 000					+200 000
(2) −10 000	+10 000				
(3) +100 000		+100 000			
(4)	+20 000		+20 000		
(5) −8 000			−8 000		
(6)			−12 000	+12 000	
(7)		−80 000			+80 000
(8)			+20 000		−20 000
(9) −200 000					−200 000
(10)					−60 000 +60 000
82 000	+30 000	=20 000	+20 000	+12 000	+60 000

通过对上述汇总表分析不难看出,一个企业在经营过程中所发生的经济业务是多种多样的,但从它们对企业会计要素,即资产、负债、所有者权益的影响来看,可以概括为四大类,并可具体分为以下几种类型:

第一大类是一项资产增加,另一项资产减少,增减金额相等,如[例 2-1]中的业务 2。

第二大类是一项权益增加,另一项权益减少,增减金额相等。由于权益分为负债和所有者权益两个部分,所以这一大类又可具体分为以下四种类型:

(1) 一项负债增加,另一项负债减少,如[例 2-1]中的业务 6。

(2) 一项所有权益增加,另一项所有者权益减少,如[例 2-1]中的业务 10。

(3) 一项负债增加,一项所有者权益减少,如[例 2-1]中的业务 8。

(4) 一项所有者权益增加,一项负债减少,如[例 2-1]中的业务 7。

第三大类是资产与权益同时增加,双方增加金额相等。这一大类可具体分为以下两种类型:

(1) 一项资产增加,一项负债增加,如[例 2-1]中的业务 3、业务 4。

(2) 一项资产增加,一项所有者权益增加,如[例 2-1]中的业务 1。

第四大类是资产与权益同时减少,双方减少金额相等。这一大类可具体分为以下两种类型:

(1) 一项资产减少,一项负债减少,如[例 2-1]中的业务 5。

(2) 一项资产减少,一项所有者权益减少,如[例 2-1]中的业务 9。

综上所述，每项经济业务的发生，必然会引起会计等式某一会计要素增加的同时另一要素等额的减少，或者引起会计等式左右两方同时发生等额的增减变化。而无论怎样变化都不会破坏会计等式的平衡关系，会计等式两端的金额永远保持相等。

第二节 会计科目

一、会计科目的意义

会计科目是对会计要素的具体内容进行分类核算所规定的项目。

设置会计科目具有重要的意义。设置会计科目将会计要素具体构成内容进行分类，使其成为具体的会计核算项目，不设置会计科目就无法进行会计核算工作；设置会计科目使复杂的经济业务变为有规律、容易识别的会计信息资料，为进一步进行会计分析、考核等打下基础；设置会计科目是设置账户、明确账户核算内容的依据。目前，各企业会计科目的设置要执行国家的会计制度，以便于核算标准口径的一致、会计资料的汇总和监督检查。

二、设置会计科目的原则

为了提供连续、系统、全面的会计信息，设置会计科目应遵循以下原则。

1. 设置会计科目，必须结合会计对象的特点，能全面反映会计对象的内容，具有全面性

设置会计科目是对会计对象分类管理的需要，应对各会计要素作全面反映，形成一个科学完整的体系，包括分别设置核算和监督资产、负债、所有者权益、收入、费用、利润等若干会计科目，不能有任何遗漏。同时，会计科目的设置又要以会计对象的特点为依据，根据不同行业经济业务的主要性质特征，有针对性的设置，既要设置反映各行业共同业务的运用科目，又要设置反映某行业本身特点的专门科目。例如，工业企业和商品流通企业在会计核算中均要设置一系列反映资产、负债和所有者权益会计要素的共同性会计科目，但由于工业企业要反映生产过程的经济业务，而商品流通企业没有生产环节，因此对前者需要专门设置“生产成本”“制造费用”等科目，对后者则不需要设置。

2. 设置会计科目，必须符合经济管理和业务发展的需要，具有适用性

设置会计科目应充分考虑各有关方面对会计信息的需求，不仅要满足企业内部经济管理的需要，也要满足投资者、债权人和其他有关方面的需要，还要符合国家宏观经济管理的需要。如为了加强宏观经济调控，反映利润的取得、分配和税金上交情况，需要设置“本年利润”“利润分配”“应付股利”“应交税费”等科目。企业内部经济管理与企业外部有关方面对会计信息需求不尽相同，这就要求设置既能够提供总括核算指标的会计科目，以满足企业外部有关方面的信息需要，又要设置能够提供明细核算指标的明细科目，以满足企业内部经营管理的需要。同时，会计科目的设置，应保持相对稳定，以保持会计信息的可比性、连贯性，有利于提高工作效率。

3. 设置会计科目，既要符合政府有关部门规定，又要与单位具体情况相结合，具有统一性与灵活性

所谓统一性，是指在设置会计科目时应根据提供会计信息的要求，按照《企业会计准则》对一些主要会计科目的设置及其核算内容进行统一的规定，以保证会计核算指标在一个部门，以至能够在全国范围内进行综合汇总和分析利用。所谓灵活性，是指在保证提供统一核算指标的前提下，各企业单位可以根据本单位的具体情况和经济管理要求，对统一规定的会计科目，作必要的增补或合并。例如，统一规定的会计科目，没有"废品损失"和"停工损失"科目，工业企业如果需要，可以增设"废品损失"和"停工损失"科目。

4. 设置会计科目，必须概念清楚，通俗易懂，具有明晰性

每一个会计科目都应有特定的核算内容，各科目之间既要有联系，又要有明显的界限。所以在设置会计科目时，对每一个科目的特定核算内容必须严格、明确地界定。这就要求会计科目的名称应与其核算的内容相一致，并要含义明确，通俗易懂。科目的数量和细粗程度应根据企业规模的大小、业务的难易和管理需要而定。在此基础上，还要对会计科目进行分类、编号。

三、会计科目的分类

为了了解会计科目体系及其内部联系，正确掌握和运用会计科目，有必要对会计科目进行分类。会计科目的分类标准主要有两个：一是按其核算的经济内容分类；二是按其提供的核算指标的详略程度分类。

（一）按经济内容分类

按照经济内容划分，会计科目可以分为资产类、负债类、共同类、成本类、所有者权益类和损益类。这种分类，有助于了解和掌握各会计科目核算的内容以及会计科目的性质，正确运用各会计科目提供的信息资料。

1. 资产类科目

资产类科目包括"库存现金""银行存款""交易性金融资产""应收账款""原材料""库存商品""长期股权投资""固定资产""无形资产"等科目。

2. 负债类科目

负债类科目包括"短期借款""应付账款""应付职工薪酬""应交税费""长期借款"等科目。

3. 共同类科目

共同类科目包括"清算资金往来""货币兑换""衍生工具""套期工具"和"被套期工具"等科目。

4. 所有者权益类科目

所有者权益类科目包括"实收资本（或股本）""资本公积""盈余公积""本年利润"和"利润分配"等科目。

5. 成本类科目

成本类科目包括"生产成本""制造费用""劳务成本"和"研发支出"等科目。

6. 损益类科目

损益类科目包括“主营业务收入”“主营业务成本”“管理费用”“销售费用”“财务费用”“其他业务收入”“其他业务支出”等科目。

(二)按提供核算指标的详略程度分类

企业在设置会计科目时,应同时兼顾企业内部和外部两个方面对会计信息的需要,对会计科目进行适当分级。会计科目按提供核算指标的详略程度,可以分为总分类科目、子目和明细分类科目。

1. 总分类科目

总分类科目也称总账科目,或称一级科目,它是对会计要素的具体内容进行总括分类的科目,如为总括反映企业固定资产情况而设置的“固定资产”科目。设置总分类科目,可以对具有不同特点的各类会计对象进行总体上的核算与监督,直接对某一类会计要素的具体项目进行管理。总分类科目的名称、编号和核算内容由会计制度统一规定。

2. 子目

子目也称二级科目。当某一总分类科目下属的明细分类科目较多时,可以在总分类科目和明细分类科目之间增设二级科目,并设置相应的二级账户。子目所提供的核算指标,比总分类科目详细,比细目概括。事实上,并不是每个总分类科目都要下设子目,只有在总分类科目所统驭的细目比较多时,才需要设置子目。如工业企业的固定资产,因为细目比较多,就需要按固定资产的大类设置子目,如在“固定资产”总账科目和“A 设备”明细科目之间设置一个“生产用固定资产”或“管理用固定资产”子目。

3. 明细分类科目

明细分类科目也称明细科目,或称细目,是对某一总分类科目核算内容所作的进一步详细分类的科目,如为详细反映企业固定资产情况而在“固定资产”总账科目下面设置的“A 设备”科目。企业可以在总分类科目下,根据本企业的实际情况和经济管理的需要自行设置明细科目。在会计核算上,企业应按照明细分类科目设置明细分类账户,所进行的核算称为明细分类核算,所提供的核算指标是某类会计要素有关项目较为具体和详细的指标。

综上所述,会计科目按提供核算指标的详细程度一般地分为总分类科目(一级科目)、子目(二级科目)、明细科目(三级科目)。总分类科目、子目和明细科目共同对某类会计要素的有关项目进行详细程度不同的分类核算,它们之间的关系是前者统驭后者,后者从属于前者。

四、会计科目表

会计科目表是指包括一个企业所使用的全部会计科目的目录。为了便于掌握和运用会计科目,保证会计核算工作正常、及时地进行,对常用会计科目一般由有关部门规定一个统一的会计科目表。表 2-12 是由我国财政部制定的《企业会计准则——应用指南》规定的会计科目表。

会计科目表为企业科学地组织会计核算工作提供了便利条件,广大会计人员可以一目了然地了解会计科目的数目、各科目所属类别及其性质。企业单位的财会人员应该熟练地掌握会计科目表，为经济管理提供系统化和标准化的核算资料。

表 2-12 会计科目表

编号	会计科目名称	会计科目适用范围说明
一、资产类		
* 1001	库存现金	
* 1002	银行存款	
1003	存放中央银行款项	银行专用
1011	存放同业	银行专用
* 1012	其他货币资金	
1021	结算备付金	证券专用
1031	存出保证金	金融共用
* 1101	交易性金融资产	
1111	买入返售金融资产	金融共用
* 1121	应收票据	
* 1122	应收账款	
* 1123	预付款项	
1201	应收代位追偿款	保险专用
1211	应收分保账款	保险专用
1212	应收分保合同准备金	保险专用
* 1221	其他应收款	
* 1231	坏账准备	
1301	贴现资产	银行专用
1302	拆出资金	
1303	贷款	银行和保险共用
1304	贷款损失准备	银行和保险共用
1311	代理兑付证券	银行和证券共用
1321	代理业务资产	
* 1401	材料采购	
* 1402	在途物资	
* 1403	原材料	
* 1404	材料成本差异	
* 1405	库存商品	

（续表）

编号	会计科目名称	会计科目适用范围说明
1406	发出商品	
1407	商品进销差价	
1408	委托加工物资	
1411	周转材料	
1421	消耗性生物资产	农业专用
1431	贵金属	银行专用
1441	抵债资产	金融共用
1451	损余物资	保险专用
1461	融资租赁资产	租赁专用
1471	存货跌价准备	
1501	持有至到期投资	
1502	持有至到期投资减值准备	
1503	可供出售金融资产	
*1511	长期股权投资	
1512	长期股权投资减值准备	
1521	投资性房地产	
1531	长期应收款	
1532	未实现融资收益	
1541	存出资本保证金	保险专用
*1601	固定资产	
*1602	累计折旧	
1603	固定资产减值准备	
1604	在建工程	
1605	工程物资	
*1606	固定资产清理	
1611	未担保余值	租赁专用
1621	生产性生物资产	农业专用
1622	生产性生物资产累计折旧	农业专用
1623	公益性生物资产	农业专用
1631	油气资产	石油天然气开采专用
1632	累计折耗	石油天然气开采专用

（续表）

编号	会计科目名称	会计科目适用范围说明
*1701	无形资产	
1702	累计摊销	
1703	无形资产减值准备	
1711	商誉	
1801	长期待摊费用	
1811	递延所得税资产	
1821	独立账户资产	保险专用
*1901	待处理财产损溢	
	二、负债类	
*2001	短期借款	
2002	存入保证金	金融共用
2003	拆入资金	金融共用
2004	向中央银行借款	银行专用
2011	吸收存款	银行专用
2012	同业存放	银行专用
2021	贴现负债	银行专用
2101	交易性金融负债	
2111	卖出回购金融资产款	金融共用
*2201	应付票据	
*2202	应付款项	
*2203	预收款项	
*2211	应付职工薪酬	
*2221	应交税费	
*2241	其他应付款	
2251	应付保单红利	保险专用
2261	应付分保账款	保险专用
2311	代理买卖证券款	证券专用
2312	代理承销证券款	证券和银行共用
2313	代理兑付证券款	证券和银行共用

（续表）

编号	会计科目名称	会计科目适用范围说明
2314	代理业务负债	
2401	递延收益	
*2501	长期借款	
*2502	应付债券	
2601	未到期责任准备金	保险专用
2602	保险责任准备金	保险专用
2611	保户储金	保险专用
2621	独立账户负债	保险专用
*2701	长期应付款	
2702	未确认融资费用	
2711	专项应付款	
2801	预计负债	
2901	递延所得税负债	
	三、共同类	
3001	清算资金往来	银行专用
3002	货币兑换	金融共用
3101	衍生工具	
3201	套期工具	
3202	被套期项目	
	四、所有者权益类	
*4001	实收资本	
*4002	资本公积	
*4101	盈余公积	
4102	一般风险准备	金融共用
*4103	本年利润	
*4104	利润分配	
4201	库存股	
	五、成本类	
*5001	生产成本	
*5101	制造费用	
5201	劳务成本	

（续表）

编号	会计科目名称	会计科目适用范围说明
5301	研发支出	
5401	工程施工	建造承包商专用
5402	工程结算	建造承包商专用
5403	机械作业	建造承包商专用
	六、损益类	
* 6001	主营业务收入	
6011	利息收入	金融共用
6021	手续费及佣金收入	金融共用
6031	保费收入	保险专用
6041	租赁收入	租赁专用
* 6051	其他业务收入	
6061	汇兑损益	金融专用
6101	公允价值变动损益	
* 6111	投资收益	
6201	摊回保险责任准备金	保险专用
6202	摊回赔付支出	保险专用
6203	摊回分保费用	保险专用
* 6301	营业外收入	
* 6401	主营业务成本	
6402	其他业务成本	
* 6403	税金及附加	
6411	利息支出	金融共用
6421	手续费及佣金支出	金融共用
6501	提取未到期责任准备金	保险专用
6502	提取保险责任准备金	保险专用
6511	赔付支出	保险专用
6521	保户红利支出	保险专用
6531	退保金	保险专用
6541	分出保费	保险专用
6542	分保费用	保险专用
* 6601	销售费用	

（续表）

编号	会计科目名称	会计科目适用范围说明
*6602	管理费用	
*6603	财务费用	
6604	勘探费用	
6701	资产减值损失	
*6711	营业外支出	
*6801	所得税费用	
6901	以前年度损益调整	

注：*为常用会计科目。

第三节　账　　户

一、账户的意义

账户是在账簿中开设的，用来分类记录经济业务内容，具有一定格式和结构的记账实体。设置账户是会计核算的一种专门方法

由于会计科目仅仅是对会计要素分类核算的项目或名称，而核算指标的具体数据资料，则要通过账户记录来取得。因此，在设置了会计科目以后，还必须根据规定的会计科目开设一系列反映不同经济内容的账户，用以对各项经济业务进行分类记录。

会计科目是账户的名称，账户是会计科目的运用，它们都是对会计要素的具体分类。会计科目反映的经济内容，就是账户登记的内容，两者分类的口径一致，分类的方法和结果也是一致的。因此，在实际工作中经常有人把会计科目和账户当作一回事，这是不科学的。事实上，两者相比，会计科目只是经济业务分类核算的项目或标志，本身没有什么结构；账户则可具体记录经济业务内容，可以提供具体的数据资料，具有登记增减变化的相应结构。

二、账户的结构

账户的结构是指账户应由哪几个部分组成，以及如何在账户中记录会计要素的增加、减少及其余额情况等。

由于经济业务所引起的会计要素的变动，从数量上看不外乎增加和减少两种情况。因此用来记录经济业务的账户，在结构上也应该分为两个基本部分：一部分反映会计要素增加的数额；另一部分反映会计要素减少的数额。因此，账户的基本结构通常划分为左、右两方，每一方再根据一定的需要细分成具体的栏目，用来分类登记经济业务及其涉及的会计要素的增加和减少，以及增减变动后的结果。

无论何种记账方法，何种性质的账户，左、右两方的增减意义都是相反的，也就是如果左方记增加，则右方记减少；反之，如果左方记减少，则右方记增加。一个完整账户的

结构，一般包括如下内容：

(1) 账户的名称，即会计科目。

(2) 日期和说明经济业务内容的摘要。

(3) 增加和减少的金额及余额。

(4) 账户记录所依据的会计凭证号数。

账户基本结构如表 2-13 所示。

表 2-13　账户名称(会计科目)　　　　第　页

年		凭证号数	摘要	借方	贷方	借或贷	金额
月	日						

作为一个账户，所记录的金额提供四项核算指标，即期初余额、本期增加额、本期减少额和期末余额。

期初余额是指本期初始数额。它是上期期末余额转入本期所形成的。

本期增加额也称本期增加发生额，是指一定时期(月、季或年)内账户登记的增加金额的合计数。

本期减少额也称本期减少发生额，是指一定时期(月、季或年)内账户所登记的减少金额的合计数。

期末余额，在没有期初余额的情况下是指本期增加发生额和本期减少发生额相抵后的差额。在有期初余额的情况下，期末余额应是期初余额加上本期增加发生额之和，与本期减少发生额相抵后的差额。四个核算指标之间的数量关系可以用如下公式表示：

$$本期期末余额 = 期初余额 + 本期增加发生额 - 本期减少发生额$$

为了简便，我们常常把账户的结构简化为“丁”字形(又叫 T 字账)，如图 2-1 所示，这和账户结构含义是一样的。

(左方)	**账户名称(会计科目)**	(右方)

图 2-1　“丁”字形账户结构

设置账户是会计核算方法体系的重要组成部分，它可以为会计核算与监督提供定期与日常相结合、总括与明细相结合、静态与动态相结合的数据资料。

课后练习题

一、名词解释

会计等式　会计科目　总分类科目　明细分类科目　子目　账户

二、单项选择题

1. 预付款项属于会计要素中的(　　)。

A. 资产　　B. 负债　　C. 费用　　D. 所有者权益

2. 企业在银行的借款直接偿还应付购货款,属于(　　)类型变化业务。

A. 资产项目之间此增彼减　　B. 负债项目之间此增彼减

C. 资产项目和负债项目同增　　D. 资产项目和负债项目同减

3. 会计科目是(　　)。

A. 会计要素的名称　　B. 会计报表的项目名称

C. 账簿的名称　　D. 账户的名称

4. 下列会计科目属于损益类的是(　　)。

A. "主营业务收入"　　B. "生产成本"

C. "应收账款"　　D. "应付利润"

5. 下列会计科目按反映的经济业务内容,属于资产类的是(　　)。

A. "主营业务收入"　　B. "生产成本"

C. "应收账款"　　D. "应付利润"

6. 下列会计科目按反应的经济业务内容,属于负债类的是(　　)。

A. "主营业务收入"　　B. "生产成本"

C. "应收账款"　　D. "应付账款"

7. 下列会计科目按反应的经济业务内容,属于成本类的是(　　)。

A. "主营业务收入"　　B. "生产成本"

C. "应收账款"　　D. "应付账款"

8. 下列会计科目按提供信息的详略程度,属于总分类科目的是(　　)。

A. "B设备"　　B. "管理用固定资产"

C. "固定资产"　　D. "应收A企业账款"

9. 下列会计科目按提供信息的详略程度,属于子目的是(　　)。

A. "B设备"　　B. "管理用固定资产"

C. "固定资产"　　D. "应收A企业账款"

10. 账户基本结构通常分为(　　)。

A. 左右两方　　B. 上下两部分

C. 发生额和余额两部分　　D. 前后两部分

三、多项选择题

1. 下列经济业务中,不会引起会计等式左、右两边同时发生增减变动的有(　　)。

A. 收到前期销货款并存入银行　　B. 购进材料尚未付款

C. 从银行提取现金　　D. 从银行取得借款直接偿还应付账款

2. 设置会计科目应遵循的原则有(　　)。
A. 全面性　　B. 适用性
C. 统一性　　D. 灵活性
E. 明晰性
3. 一个完整账户的结构,一般包括(　　)内容。
A. 账户的名称　　B. 日期和说明经济业务内容的摘要
C. 增加和减少的金额及余额　　D. 账户记录所依据的会计凭证号数
4. 下列符合我国会计制度统一规定会计账户名称的有(　　)。
A. "原材料"　　B. "固定资产"
C. "存货"　　D. "货币资金"
5. 会计科目按提供核算指标的详细程度一般地分为(　　)。
A. 总分类科目(一级科目)　　B. 子目(二级科目)
C. 明细科目(三级科目)　　D. 资产类科目
6. 会计科目与会计账户之间的关系有(　　)。
A. 会计科目是会计账户的名称
B. 会计科目就是会计账户
C. 账户是按着会计科目所做的分类来记录会计交易或事项
D. 企业可以根据规定的会计科目有选择的开设账户
E. 明细账户是按子目或明细科目开设的
7. 会计科目按着反映的经济内容分类可以分为(　　)。
A. 资产类科目　　B. 负债类科目
C. 共同类科目　　D. 成本类科目
E. 损益类账户和所有者权益类科目
8. 下列会计科目中,属于损益类会计科目的有(　　)。
A. "主营业务成本"　　B. "管理费用"
C. "主营业务收入"　　D. "生产成本"
E. "销售费用"
9. 下列会计科目中,属于成本类科目的有(　　)。
A. "主营业务成本"　　B. "制造费用"
C. "税金及附加"　　D. "生产成本"
E. "劳务成本"
10. 下列会计科目中,属于负债类科目的有(　　)。
A. "应收账款"　　B. "应付账款"
C. "短期借款"　　D. "银行贷款"
E. "税金及附加"

四、判断题

1. "资产+费用=收入+所有者权益+利润"是会计的基本等式。(　　)
2. 会计等式揭示了会计六要素之间的关系,因而它是设置账户、复式记账和编制会计报表的理论依据。(　　)
3. 会计科目与会计账户是同义词,两者没有什么区别。(　　)
4. 无论发生任何经济业务,都不会破坏会计等式的平衡关系。(　　)

5. 会计科目按着反映的经济内容进行分类，可分为总分类科目、明细分类科目和子目。 （ ）

五、简答题

1. 什么是会计等式、静态会计等式、动态会计等式？
2. 什么是会计事项？会计事项对会计等式的影响可以划分哪几种基本类型？
3. 什么是会计科目？设置会计科目应遵循哪些原则？
4. 什么是账户？如何理解会计科目和账户之间的关系？
5. 会计科目按经济内容如何分类？
6. 会计科目按提供核算指标详略程度如何分类？
7. 试说明账户的基本结构及一个完整的账户结构应包括的内容。

六、业务题

业务题一

（一）目的：了解资产与权益的内容。

（二）资料：有以下会计要素的具体项目，库存现金、实收资本、应付账款、银行存款、短期借款、资本公积、交易性金融资产、应付票据、无形资产。

（三）要求：指出哪些项目属于资产，哪些项目属于负债或所有者权益。

业务题二

（一）目的：熟悉会计要素的内容。

（二）资料：某企业20××年3月31日财务状况如下：

1. 库存的现金9 800元。
2. 向银行借入的短期借款1 000 000元。
3. 在银行的存款余额1 630 000元。
4. 办公室的文件柜等家具价值68 200元。
5. 应付给某公司的欠款500 000元。
6. 应向某公司收取的账款370 000元。
7. 库存的各种材料价值22 000元。
8. 机器设备等价值320 000元。
9. 运输用的各种车辆价值880 000元。
10. 投资者投入的资金1 800 000元。

（三）要求：

1. 根据上述资料分别确定所属的会计要素类别。
2. 分别加计资产、负债及所有者权益总额，并对结果作简要说明。

业务题三

（一）目的：熟悉资产、负债和所有者权益的内容及其划分。

（二）资料：某制造公司20××年7月31日资产、负债和所有者权益资料如表2-14所示。

表2-14 资产、负债和所有者权益资料 单位：元

序号	项目	金额	资产	负债	所有者权益
1	仓库中存放的产成品	160 000			
2	尚未缴纳的税金	46 000			

（续表）

序号	项目	金额	资产	负债	所有者权益
3	还在加工中的产品	380 000			
4	从银行取得的短期借款	540 000			
5	制造产品用的车间厂房	480 000			
6	运输用的汽车	260 000			
7	仓库中的原材料	340 000			
8	国家对本公司的投资	1 800 000			
9	财会部门用的电脑	130 000			
10	生产用的机器设备	1 000 000			
11	欠红星工厂的材料价款	220 000			
12	外单位对本公司的投资	800 000			
13	办公楼	420 000			
14	存入银行的资金	340 000			
15	本月实现的利润	242 000			
16	库存现金	1 600			
17	出租包装物收取的押金	5 600			
18	采购人员预借的差旅费	2 000			
19	尚未收回的外单位欠款	140 000			

要求：将上列各项按所属会计要素类别填入相关栏内，并分别计算其合计数。

业务题四

（一）目的：熟悉经济业务类型。

（二）资料：某企业20××年×月份发生下列经济业务：

1. 用银行存款购买原材料。
2. 用银行存款归还长期借款。
3. 用银行存款偿付前欠某单位货款。
4. 收到投资人甲投入的设备。
5. 从某单位购进一批材料，用银行存款支付货款。
6. 向银行借入长期借款，存入银行存款户。
7. 将盈余公积转作实收资本。

（三）要求：分析上列各项经济业务的类型，填入表2-15。

表 2-15　经济业务类型

类　型	经济业务序号
1. 一项资产增加,另一项资产减少	
2. 一项所有者权益增加,另一项所有者权益减少	
3. 一项资产增加,一项负债增加	
4. 一项资产增加,一项所有者权益增加	
5. 一项资产减少,一项负债减少	

业务题五

(一) 目的:练习会计基本等式。

(二) 资料:

某工厂 20××年 7 月初的资产、负债及所有者权益情况如表 2-16 所示。

表 2-16　资产、负债和所有者权益各项目增减变化表　　单位:元

资　产	金　额	负债及所有者权益	金　额
库存现金	2 000	负债:	
银行存款	126 000	短期借款	200 000
应收账款	28 000	应付账款	50 000
其他应收款	4 000	应付职工薪酬	10 000
原材料	200 000	所有者权益:	
生产成本	290 000	实收资本	1 200 000
库存商品	50 000	盈余公积	100 000
固定资产	900 000	未分配利润	40 000
合　计	1 600 000	合　计	1 600 000

该厂 7 月份发生下列经济业务:

1. 向甲公司购入原材料一批,价款 50 000 元,材料已验收入库,货款尚未支付。
2. 向银行借入短期借款 100 000 元,款项直接存入银行。
3. 生产车间领用原材料 60 000 元,投入产品生产。
4. 用银行存款偿还前欠甲公司材料款 50 000 元。
5. 用现金暂付职员陈玲差旅费 1 000 元。
6. 收到某单位投入的资本 300 000 元,存入银行。
7. 收回乙公司以前所欠的货款 15 000 元,存入银行。
8. 从银行提取现金 2 000 元,作零星开支备用。
9. 用银行存款支付职工工资 10 000 元。
10. 用银行存款购入电脑一台,价款 8 000 元。

(三) 要求:将资产、负债和所有者权益各项目的 7 月初金额和月份内增减变化的金额填入表 2-17,同时计算各项目的期末余额和合计数(为简化手续,暂不使用"材料采购"和"应交税费"科目)。

表 2-17　资产、负债和所有者权益各项目增减变化

资产	期初数	本月增加数	本月减少数	月末余额	负债及所有者权益	期初数	本月增加数	本月减少数	月末余额
库存现金					负债：				
银行存款					短期借款				
应收账款					应付账款				
其他应收款					应付职工薪酬				
原材料					负债合计				
生产成本					所有者权益：				
库存商品					实收资本				
固定资产					盈余公积				
					未分配利润				
					所有者权益合计				
总　计					总　计				

业务题六

（一）目的：熟悉经济业务对会计等式的影响。

（二）资料：某工业企业本月份发生的五笔经济业务已列示在以下等式中，如表 2-18 所示。

表 2-18　五笔经济业务列示

	资　产				＝负债	＋所有者权益
	库存现金	银行存款	原材料	固定资产	应付账款	实收资本
期初：	800	7 900	2 800	16 500	14 000	14 000
业务 1		－40 000		＋40 000		
业务 2		－1 000			－1 000	
业务 3				＋6 000		＋6 000
业务 4					－8 500	＋8 500
业务 5		－2 000	＋3 600		＋1 600	

（三）要求：

1. 根据上述资料，用文字说明该工业企业本月份发生的五笔经济业务内容。

2. 计算并说明五笔经济业务对资产、负债及所有者权益增减变动的影响。

业务题七

（一）目的：熟悉会计科目按提供指标详细程度的分类。

（二）资料：某制造公司现用的部分会计科目、子目和细目如下：

1. 原材料 2. 短期借款 3. B产品生产成本 4. 应收乙公司货款 5. 原料及主要材料 6. 辅助材料 7. 应付丙工厂货款 8. 应付账款 9. 应付子公司货款	10. 固定资产 11. 甲材料 12. 乙材料 13. 生产成本 14. 基本生产成本 15. 润滑油 16. 运输工具 17. 生产用房 18. 生产用固定资产	19. A产品生产成本 20. 机器设备 21. 应收账款 22. 辅助生产成本 23. 应收甲公司货款 24. 应交增值税 25. 应交税费

（三）要求：以上会计科目中哪些属于一级科目？哪些属于二级科目？哪些属于明细科目？将它们列示于表2-19。

表2-19　会计科目表分级

一级总账科目	二级子目	三级细目

第三章

复式记账

第一节　记账方法概述

一、记账方法的概念和种类

记账方法是根据一定的原理、记账符号、记账规则，采用一定的计量单位，利用文字和数字记录经济业务的一种专门方法。

为了系统地记录和反映各项经济业务，不仅需要设置会计科目，而且还必须根据会计科目开设账户。但是，账户仅仅是记录和反映经济业务的一种工具，要系统地记录和反映各项经济业务的发生情况及其结果，还必须运用一定的记账方法把经济业务记入账户。

作为一种科学的记账方法，一般包括以下几个方面的内容：记账原理、记账符号、账户结构、记账规则和账户记录的试算平衡方法等。

记账方法按其记录经济业务的方式不同，分为单式记账法和复式记账法两大类。

二、单式记账法

单式记账法是指对每项经济业务一般只在一个账户中进行登记的记账方法。

单式记账法，除应收款、应付款的现金收付业务在两个或两个以上账户中登记外，对于其他业务，只在一个账户中进行登记。例如，企业用库存现金 900 元偿还了前欠某公司的货款，一方面在“应付账款”账户中登记偿还数，另一方面在“库存现金”账户中登记一笔支出数。又如，企业以现金 260 元支付水电费，只在“库存现金”账户中登记一笔支出数。

单式记账法不能全面、系统、相互联系地反映每项经济业务的来龙去脉，也不便于检查账户记录的正确性和完整性，特别是不利于实行会计监督。

三、复式记账法

复式记账法是指对任何一项经济业务都必须以相等的金额在两个或两个以上的账户中相互联系地进行登记，借以反映会计对象具体内容增减变化的记账方法。

资金运动的增减变化规律是复式记账法的理论依据。每项经济业务发生以后，可能会影响到两个或两个以上会计要素的增减变化，也可能是同一会计要素中的两个或两个以上项目的增减变化。这种增减变化可分为四种类型：资产要素与权益要素同增或同减，增减金额相等；资产要素或权益要素内部有增有减，增减金额相等。例如，某企业用银行存款 60 000 元偿还以前所欠的货款，一方面在“银行存款”账户中登记减少，另一方面冲减企业的“应付账款”。又如，某企业用银行存款支付，购买了 100 000 元的固定资产，一方面在“银行存款”账户中登记减少，另一方面在“固定资产”账户中登记增加。

采用复式记账法时，应遵循以下基本原则：

(1) 必须以会计等式作为基础。

(2) 对每项经济业务必须在两个或两个以上相互联系的账户中等额记录。

(3) 必须按经济业务影响会计等式的四种类型进行记录。

(4) 定期汇总的全部账户记录的发生额、余额必须各自平衡。

由于每项经济业务的发生都有其来龙去脉，都会引起两个或两个以上会计要素具体项目的增减变化，因而采用复式记账法能客观地反映每项经济业务。

复式记账法按记账原理不同可分为借贷记账法、增减记账法和收付记账法等多种方法。目前，世界各国普遍采用的复式记账法是借贷记账法。我国《企业会计准则》规定，所有企业一律采用借贷记账法。

第二节 借贷记账法

借贷记账法是以“借”和“贷”作为记账符号，对每项经济业务都要在两个或两个以上的账户中相互联系地进行全面登记的一种记账方法。

借贷记账法起源于13世纪左右资本主义萌芽的意大利。当时意大利的商品经济特别是沿海城市的海上贸易有了很大发展，随后出现了银行业。借贷记账法就是为了适应商业资本和借贷资本经济发展的需要而产生的。“借”“贷”二字的最初含义是用来表示借贷资本家（银行业主）债权、债务增减变化的。借贷资本家把收进的存款记在贷主的名下，表示债务（即应付款）的增加；把放出的贷款记在借主名下，表示债权（即应收款）的增加。后来，随着商品货币经济的发展，经济活动内容日益复杂，记账内容也逐渐扩大到资本、商品、现金和经营损益等方面，加之借贷记账法被其他行业所采用，这就使“借”“贷”二字失去了原意，演变成为纯粹的记账符号，用来记录和反映增加数和减少数。到了15世纪七八十年代，借贷记账法由单式发展为复式，并在此后的几百年始终处于不断改进和完善之中。

一、账户结构

在借贷记账法下，账户的基本结构分为“借方”和“贷方”两方，分别用来登记增加数和减少数。究竟用哪一方登记增加数，用哪一方登记减少数，取决于账户的性质，即账户反映的经济内容。其中，资产类和费用类账户用借方登记增加数，贷方登记减少数，如果有余额登记在借方（费用类账户在期末时一般没有余额）。负债类、所有者权益类、收入类和利润类账户用贷方登记增加，借方登记减少数，如果有余额登记在贷方（收入类账户在期末时一般没有余额）。在账户中，余额的方向一般与账户登记增加数的方向是一致的。双重性质账户一般是指在同一个账户中既用来核算资产等要素内容，同时又用来核算负债等要素内容的账户。即在账户的某一方中，既用来登记一种要素的增加数，也用来登记另一种要素的减少数，另一方也是如此。这类账户的结构相当于两种不同性质账户结构的叠加，期末余额方向应根据计算结果确定，或为借方余额，或为贷方余额。

“借”“贷”二字表示的经济内容，如图3-1所示。

借方	贷方
资产增加 成本增加 费用增加 负债、所有者权益减少 收入减少或转销	资产减少 成本转销 费用减少或转销 负债、所有者权益增加 收入增加 利润增加

图 3-1 “借”和“贷”表示的经济内容

(一) 资产类账户的结构

资产类账户的结构是:借方登记资产的增加数,贷方登记资产的减少数,余额一般在借方。例如“库存现金”账户,借方登记库存现金的收入数,贷方登记库存现金的支出数,余额在借方,如图 3-2 所示。

借方	贷方
期初余额 本期增加数	本期减少数
本期发生额 期末余额	本期发生额

图 3-2 资产类账户结构

一定期间(月、季、年)内每个账户所登记的借方金额合计,称为借方本期发生额;所登记的贷方金额合计,称为贷方本期发生额。

资产类账户的期末余额计算公式如下:

借方期末余额 = 借方期初余额 + 借方本期发生额 − 贷方本期发生额

(二) 负债及所有者权益类账户的结构

负债及所有者权益统称为权益,两者的账户结构是相同的,贷方登记增加数,借方登记减少数,余额一般在贷方。例如,“短期借款”账户,贷方登记短期借款的借入数,借方登记短期借款的归还数,余额在贷方。

负债及所有者权益类账户的结构如图 3-3 所示。

借方	贷方
本期减少数	期初余额 本期增加数
本期发生额	本期发生额 期末余额

图 3-3 负债类、所有者权益类账户结构

负债及所有者权益类账户的期末余额计算公式如下:

贷方期末余额 = 贷方期初余额 + 贷方本期发生额 − 借方本期发生额

（三）成本类账户

“生产成本”“制造费用”“劳务成本”等账户，是用来核算企业在产品生产过程中发生的成本。这些成本，实质上是处在转化或形成过程中的资产，随着产品的制造完工入库，生产过程中发生的成本将转化为产成品这项资产。所以这些账户的性质与资产类账户相近，结构与资产类账户基本相同，即借方登记成本的增加数，贷方登记成本的转销数，期末一般无余额。如有余额，则在借方，表示期末尚未制造完工的在产品成本，其计算公式与资产类账户的期末余额计算公式相同，如图 3-4 所示。

借方	贷方
期初余额 本期增加数	本期转销数
本期发生数 期末余额	本期发生额

图 3-4　成本类账户结构

（四）损益类账户的结构

1. 收入类账户的结构

企业取得的各种收入，不仅是已发生费用的补偿来源，而且也是所有者权益增加的一个主要因素。因此收入类账户的性质与所有者权益类账户相近，其结构与所有者权益类账户基本相同，即账户的贷方登记收入的增加数，借方登记收入的减少数或转销数，期末没有余额，如图 3-5 所示。

借方	贷方
本期减少数或转销数	本期增加数
本期发生额	本期发生额

图 3-5　收入类账户结构

2. 费用类账户的结构

费用类是指企业在日常生活中发生的、会导致所有者权益减少的经济利益流出。因此费用类账户的结构与所有者权益类账户相反，即借方登记增加数，贷方登记减少数或转销数，期末没有余额，如图 3-6 所示。

借方	贷方
本期增加数	本期减少数或转销数
本期发生额	本期发生额

图 3-6　费用类账户结构

为了便于掌握各类账户的结构，把各类账户借、贷两方登记的经济内容及余额方向归纳如表 3-1 所示。

表 3-1　各类账户借贷两方登记的经济内容及余额方向

账户名称		账户结构		
		借方	贷方	余额方向
资产类账户		增加数	减少数	借方
负债类账户		减少数	增加数	贷方
所有者权益类账户		减少数	增加数	贷方
成本类账户		增加数	转销数	借方
损益类账户	收入类账户	减少或转销数	增加数	无
	费用类账户	增加数	减少或转销数	无

二、记账规则

借贷记账法的记账规则是:有借必有贷,借贷必相等。其具体含义是指:每项经济业务都有记入借方的账户,也都必然有记入贷方的账户,并且记入借方账户的数额与记入贷方账户的数额必然相等。

运用借贷记账法的记账规则记录经济业务时,应当考虑以下两个方面的问题:

首先,分析经济业务的内容,即明确经济业务的来龙去脉,确定它所涉及的账户及其类别。

其次,根据账户的结构,确定记账方向(借方或贷方),并确定应记金额。

【例 3-1】 以 ABC 公司 2020 年 3 月份发生的经济业务为例,说明借贷记账法的记账规则。

[业务 1]　从银行取得短期借款 40 000 元,存入银行。

这是一项资产和负债同时增加的经济业务,它涉及"银行存款"(资产类)账户和"短期借款"(负债类)账户,两者都增加了 40 000 元。

根据资产类账户的结构,银行存款的增加应记入"银行存款"账户的借方;根据负债类账户的结构,短期借款的增加应记入"短期借款"账户的贷方。应记入这两个账户的金额都是 40 000 元。

根据上述分析,把这项经济业务记入有关账户的结果如图 3-7 所示。

借方	银行存款	贷方
期初余额		
(1)　40 000		

借方	短期借款	贷方
		期初余额
		(1)　40 000

图 3-7　登账(一)

[业务 2]　收到国家投资 50 000 元,存入银行。

这是一项资产和所有者权益同时增加的经济业务,它涉及"银行存款"(资产类)账户和"实收资本"(所有者权益类)账户,两者都增加 50 000 元。

根据资产类账户的结构,银行存款的增加应记入"银行存款"账户的借方;根据所有者权益类账户的结构，实收资本的增加应记入“实收资本”账户的贷方。应记入这两个账户的金额都是 50 000 元。

根据上述分析，把这项经济业务记入有关账户的结果如图 3-8 所示。

借方	银行存款	贷方
期初余额		
(2)　50 000		

借方	实收资本	贷方
		期初余额
		(2)　50 000

图 3-8　登账(二)

［业务 3］　用银行存款 30 000 元归还已到期的银行短期借款。

这是一项资产和负债同时减少的经济业务，它涉及“银行存款”(资产类)账户和“短期借款”(负债类)账户，两者都减少 30 000 元。

根据资产类账户的结构，银行存款的减少应记入“银行存款”账户的贷方；根据负债类账户的结构，短期借款的减少，应记入“短期借款”账户的借方。应记入这两个账户的金额都是 30 000 元。

根据上述分析，把这项经济业务记入有关账户的结果如图 3-9 所示。

借方	银行存款	贷方
期初余额		
		(3)　30 000

借方	短期借款	贷方
		期初余额
(3)　30 000		

图 3-9　登账(三)

［业务 4］　用银行存款 98 000 元购进新机器一台(不考虑增值税问题)。

这是一项资产内部项目有增有减的经济业务，它涉及“银行存款”和“固定资产”这两个资产类账户，前者减少 98 000 元，后者增加 98 000 元。

根据资产类账户的结构，银行存款的减少应记入“银行存款”账户的贷方；固定资产的增加应记入“固定资产”账户的借方。应记入这两个账户的金额都是 98 000 元。

根据上述分析，把这项经济业务记入有关账户的结果如图 3-10 所示。

借方	银行存款	贷方
期初余额		
		(4)　98 000

借方	固定资产	贷方
期初余额		
(4)　98 000		

图 3-10　登账(四)

［业务 5］　从银行取得短期借款 45 000 元，直接偿还前欠某单位的货款。

这是一项负债内部项目有增有减的经济业务，它涉及“短期借款”和“应付账款”这两个负债类账户，前者增加 45 000 元，后者减少 45 000 元。

根据负债类账户的结构，短期借款的增加应记入“短期借款”账户的贷方；应付账款的减少应记入“应付账款”账户的借方。应记入这两个账户的金额都是 45 000 元。

根据上述分析，把这项经济业务记入有关账户的结果如图 3-11 所示。

［业务 6］　经双方商定，把应付三星公司的货款 85 000 元转作该公司的投资。

短期借款

借方	贷方
	期初余额
	(5)　45 000

应付账款

借方	贷方
	期初余额
(5)　45 000	

图 3-11　登账(五)

这是一项负债减少、所有者权益增加的经济业务,它涉及“应付账款”(负债类)账户和“实收资本”(所有者权益类)账户,前者减少 85 000 元,后者增加 85 000 元。

根据负债类账户的结构,应付账款的减少应记入“应付账款”账户的借方;根据所有者权益类账户的结构,实收资本的增加应记入“实收资本”账户的贷方。应记入这两个账户的金额都是 85 000 元。

根据上述分析,把这项经济业务记入有关账户的结果如图 3-12 所示。

应付账款

借方	贷方
	期初余额
(6)　85 000	

实收资本

借方	贷方
	期初余额
	(6)　85 000

图 3-12　登账(六)

[业务 7]　生产 A 产品领用甲材料 8 000 元。

这是一项直接生产费用增加、资产减少的经济业务,它涉及“生产成本”(成本类)账户和“原材料”(资产类)账户,前者增加 8 000 元,后者减少 8 000 元。

根据成本类账户的结构,直接生产费用的增加,应记入“生产成本”账户的借方;根据资产类账户的结构,原材料的减少,应记入“原材料”账户的贷方。应记入这两个账户的金额都是 8 000 元。

根据上述分析,把这项经济业务记入有关账户的结果如图 3-13 所示。

原材料

借方	贷方
期初余额	
	(7)　8 000

生产成本

借方	贷方
(7)　8 000	

图 3-13　登账(七)

[业务 8]　销售 A 产品一批,货款 72 000 元,存入银行(不考虑增值税)。

这是一项收入和资产同时增加的经济业务,它涉及“主营业务收入”(收入类)账户和“银行存款”(资产类)账户,两者都增加 72 000 元。

根据损益类账户中收入类账户的结构,产品销售收入的增加,应记入“主营业务收入”账户的贷方;银行存款的增加,应记入“银行存款”账户的借方。应记入这两个账户的金额都是 72 000 元。

根据上述分析,把这项经济业务记入有关账户的结果如图 3-14 所示。

银行存款

借方	贷方
期初余额	
(8)　72 000	

主营业务收入

借方	贷方
	(8)　72 000

图 3-14　登账(八)

上述八笔经济业务，代表八种类型的经济业务。从上述说明中可以看出，采用借贷记账法记录任何一种类型的经济业务，都会有记入某一账户的借方和记入某一账户的贷方，而且记入借、贷方账户的金额必然相等，即任何一项经济业务都会体现"有借必有贷，借贷必相等"的记账规则。

我们把每项经济业务的发生所引起的有关账户之间应借、应贷的账户关系叫做账户对应关系。把存在对应关系的账户叫做对应账户。例如，企业用银行存款 50 000 元购入材料这项经济业务，涉及"银行存款""原材料"这两个资产类账户，材料的增加应记入"原材料"账户的借方，银行存款的减少应记入"银行存款"账户的贷方。这样"原材料"账户与"银行存款"账户就发生相互对应的关系，这两个账户也就成为对应账户。

确定账户对应关系是正确登记账户的前提条件，如果弄错了账户对应关系，账户记录肯定是错误的。同时，通过确定的账户对应关系，可以了解经济业务的内容，可以检查经济业务的处理是否合理合法，以及账户记录是否正确。因此，掌握账户对应关系具有十分重要的意义。

为了保证账户记录的正确性，在把经济业务记入有关账户之前，应根据经济业务的内容，首先编制会计分录，然后再根据会计分录登记有关账户。所谓会计分录，是根据经济业务的内容，在登记有关账户之前预先确定应当登记的账户名称、账户登记方向（借方或贷方）和登记金额的一种记录。在实际工作中，会计分录是按照一定的格式要求填写在记账凭证上的。

【例 3-2】 现以[例 3-1]列举的八笔经济业务为例，说明会计分录的编制方法。

[业务 1] 从银行取得短期借款 40 000 元，存入银行。

(1) 借：银行存款	40 000	
贷：短期借款		400 000

[业务 2] 收到国家投资 50 000 元，存入银行。

(2) 借：银行存款	50 000	
贷：实收资本		50 000

[业务 3] 用银行存款 30 000 元归还已到期的银行短期借款。

(3) 借：短期借款	30 000	
贷：银行存款		30 000

[业务 4] 用银行存款 98 000 元购进不需要安装的新机器一台。

(4) 借：固定资产	98 000	
贷：银行存款		98 000

[业务 5] 从银行取得短期借款 45 000 元，直接偿还前欠货款。

(5) 借：应付账款	45 000	
贷：短期借款		45 000

[业务 6] 经双方商定，把应付三星公司的货款 85 000 元转作该公司的投资。

(6) 借：应付账款　　85 000
　　贷：实收资本　　85 000

［业务 7］ 生产 A 产品领用材料 8 000 元。

(7) 借：生产成本　　8 000
　　贷：原材料　　8 000

［业务 8］ 销售 A 产品一批，货款 72 000 元，存入银行（不考虑增值税）。

(8) 借：银行存款　　72 000
　　贷：主营业务收入　　72 000

会计分录按所涉及的账户多少可分为简单分录和复合分录两种。简单分录是由两个账户组成的会计分录，即一个借方账户与一个贷方账户相对应组成的分录。上述分录都是简单会计分录。复合分录是由两个以上账户组成的分录。复合会计分录有三种：一种是"一借多贷"的分录，一种是"一贷多借"的分录，另一种是"多借多贷"的分录。

【例 3-3】 下面举例说明复合分录的编制方法（以下业务均不考虑增值税问题）。

［业务 9］ DEF 公司购进材料 70 000 元，其中 50 000 元用银行存款支付，其余 20 000元尚未支付。

这是一项原材料增加 70 000 元、银行存款减少 50 000 元和应付账款增加 20 000 的经济业务。它涉及"原材料""银行存款""应付账款"三个账户。

材料的增加，应记入"原材料"账户的借方，银行存款的减少，应记入"银行存款"账户的贷方；根据负债类账户的结构，应付账款的增加，应记入"应付账款"账户的贷方。这项经济业务应编如下会计分录：

(9) 借：原材料　　70 000
　　贷：银行存款　　50 000
　　　　应付账款　　20 000

［业务 10］ DEF 公司销售产品一批，货款 60 000 元，其中 45 000 元存入银行，其余 15 000 尚未收到。

这是一项产品销售收入增加 60 000 元、银行存款增加 45 000 元和应收账款增加 15 000 元的经济业务。它涉及"银行存款""应收账款""主营业务收入"三个账户。

银行存款的增加应记入"银行存款"账户的借方；应收账款的增加应记入"应收账款"账户的借方；产品销售收入的增加，应记入"主营业务收入"账户的贷方。这项经济业务应编制如下会计分录：

(10) 借：银行存款　　45 000
　　　　应收账款　　15 000
　　贷：主营业务收入　　60 000

复合分录实际上是由几个简单分录组成的。例如，根据第 9 笔业务编制的复合会计分录，实际上是由两个简单分录组成的：

(9-1) 借：原材料　　50 000
　　贷：银行存款　　50 000

(9-2) 借：原材料　　20 000

　　贷：应付账款　　20 000

又如，根据第 10 笔业务编制的复合分录实际上是由以下两个简单分录组成的：

(10-1) 借：银行存款　　45 000

　　贷：主营业务收入　　45 000

(10-2) 借：应收账款　　15 000

　　贷：主营业务收入　　15 000

复合分录可以集中、全面地反映一项经济业务的全部内容，可以简化记账手续。但是，通常不允许把不同性质的经济业务合并在一起，编制“多借多贷”的复合分录。

三、试算平衡

试算平衡是指根据“资产＝负债＋所有者权益”这一会计等式的平衡原理，按照“有借必有贷，借贷必相等”记账规则的要求，通过汇总、计算和比较，来检查账户记录正确性、完整性而采用的一种技术方法。借贷记账法的试算平衡包括总分类账户试算平衡和明细分类账户试算平衡两个方面，是在月末结算所有账户的本期借、贷方发生额和余额的基础上，根据账户本期发生额和期末余额，通过编制“试算平衡表”的方法进行的。

这一节只阐述总分类账户的试算平衡方法，明细分类账户的试算平衡方法将在本章第三节中阐述。

总分类账户的试算平衡包括本期发生额试算平衡和余额试算平衡两方面，通过编制总分类账户“试算平衡表”来进行试算平衡。

(一) 总分类账户本期发生额的试算平衡方法

总分类账户本期发生额的试算平衡是根据所有总分类账户的本期借、贷方发生额，通过编制“总分类账户本期发生额试算平衡表”来进行的，其目的是检验本期发生额的登记是否正确。

【例 3-4】 现根据前面列举的 ABC 公司 2020 年 3 月份总分类账户为例，说明总分类账户本期发生额的试算平衡方法。

该公司 3 月份登记的总分类账户，如图 3-15 所示。

借方　　银行存款　　贷方

借方		贷方	
期初余额	39 000		
(1)	40 000		
(2)	50 000		
		(3)	30 000
		(4)	98 000
(8)	72 000		
本期发生额	162 000	本期发生额	128 000
期末余额	73 000		

借方　　原材料　　贷方

借方		贷方	
期初余额	71 000		
		(7)	8 000
本期发生额		本期发生额	8 000
期末余额	63 000		

借方	固定资产		贷方
期初余额	87 000		
(4)	98 000		
本期发生额	98 000		
期末余额	185 000		

借方	短期借款		贷方
		期初余额	2 000
		(1)	40 000
(3)	30 000	(5)	45 000
本期发生额	30 000	本期发生额	85 000
		期末余额	57 000

借方	应付账款		贷方
		期初余额	135 000
(5)	45 000		
(6)	85 000		
本期发生额	130 000		
		期末余额	5 000

借方	生产成本		贷方
(7)	8 000		
本期发生额	8 000		
期末余额	8 000		

借方	实收资本		贷方
		期初余额	60 000
		(2)	50 000
		(6)	85 000
		本期发生额	135 000
		期末余额	195 000

借方	主营业务收入		贷方
		(8)	72 000
		本期发生额	72 000
		期末余额	72 000

图 3-15　ABC 公司总分类账户

月末，根据总分类账户本期发生额编制的"总分类账户本期发生额试算平衡表"如表 3-2 所示。

表 3-2　总分类账户本期发生额试算平衡表

2020 年 3 月　　　　单位:元

账户名称	本期发生额	
	借方	贷方
银行存款	162 000	128 000
原材料		8 000
固定资产	98 000	

（续表）

账户名称	本期发生额	
	借方	贷方
短期借款	30 000	85 000
应付账款	130 000	
生产成本	8 000	
实收资本		135 000
主营业务收入		72 000
合　计	428 000	428 000

表 3-2 中所有账户的借方本期发生额合计与贷方本期发生额合计相等，证明总分类账户本期发生额的登记是基本正确的。发生额试算平衡公式是：

全部账户借方本期发生额合计 = 全部账户贷方本期发生额合计

（二）总分类账户余额的试算平衡方法

总分类账户期末余额的试算平衡是根据所有总分类账户的期末借方余额与贷方余额，通过编制“总分类账户余额试算平衡表”来进行的，其目的是检查期末余额的计算是否正确。

【例 3-5】 现以 ABC 公司 2020 年 3 月份总分类账户为例，说明总分类账户余额的试算平衡方法。

ABC 公司 3 月末编制的“总分类账户余额试算平衡表”如表 3-3 所示。

表 3-3　总分类账户余额试算平衡表

2020 年 3 月　　　　单位:元

账户名称	借方余额	贷方余额
银行存款	73 000	
原材料	63 000	
固定资产	185 000	
短期借款		57 000
应付账款		5 000
生产成本	8 000	
实收资本		195 000
主营业务收入		72 000
合　计	329 000	329 000

表 3-3 中所有账户的期末借方余额合计与贷方余额合计相等，证明总分类账户期末余额的计算是基本正确的。总分类账户余额试算平衡公式是：

全部账户借方余额合计 = 全部账户贷方余额合计

上述“总分类账户本期发生额试算平衡表”和“总分类账户余额试算平衡表”可以合并为一张试算平衡表，即“总分类账户本期发生额及余额试算平衡表”，用以同时进行发生额和余额的试算平衡。这种合并的试算平衡表如表 3-4 所示。

表 3-4　总分类账户本期发生额及余额试算平衡表

2020 年 3 月　　单位：元

账户名称	期初余额		本期发生额		期末余额	
	借方	贷方	借方	贷方	借方	贷方
银行存款	39 000		162 000	128 000	73 000	
原材料	71 000			8 000	63 000	
固定资产	87 000		98 000		185 000	
短期借款		2 000	30 000	85 000		57 000
应付账款		135 000	130 000			5 000
生产成本			8 000		8 000	
实收资本		60 000		135 000		195 000
主营业务收入				72 000		72 000
合　计	197 000	197 000	428 000	428 000	329 000	329 000

需要指出的是：试算平衡表只是通过计算借、贷方金额是否平衡来检验账户记录是否正确的。如果借、贷方金额不平衡，可以肯定账户记录或计算有错误；如果借、贷方金额平衡，只能断定账户记录或计算基本正确。因为有些错误并不影响借、贷方金额的平衡。例如，一笔经济业务的会计分录全部重记或漏记，或根据编制错误（如账户用错）的会计分录记错了账户等。因此，需要对会计分录和账户记录进行日常或定期的复核，然后再进行试算平衡，以保证账户记录的正确性。

第三节　总分类账户与明细分类账户

一、设置总分类账户和明细分类账户的意义

为了满足企业内部经济管理和企业外部有关各方对会计信息的不同需要，会计既要提供总括核算指标，又要提供明细核算指标。为此企业在设置账户时既要设置总分类账户，又要设置明细分类账户。

总分类账户是按各项会计要素具体内容的大类分别设置，用来提供各种总括核算指标的账户。由于总分类账户提供总括核算指标，所以它以货币为统一的计量单位登记经济业务。总分类账户对于概括了解企业的财务状况和经营成果是十分必要的，但由于企业的经营管理还需要明细核算指标，因此在设置总分类账户的同时，还需设置必要的明细分类账户。明细分类账户是根据总分类账户的核算内容，按照加强企业内部管理的需要和详细分类来设置的，用来提供明细核算指标的账户。

例如，为了总括了解和掌握应付购货款的发生、偿还和结欠情况，需要设置“应付账款”总分类账户，进行总分类核算；为了具体了解和掌握应付购货款的发生、偿还和结欠情况，需要按供货单位名称分别设置应付账款明细分类账户，进行明细核算。又如，为总括了解和掌握全部材料的购入、发出和结存情况，需要设置“原材料”总分类账户，进行总分类核算；为了具体了解和掌握各种材料的购入、发出和结存情况，还需要按材料的品种、规格分别设置原材料明细分类账户，详细地登记各种材料的购入、发出和结存的数量、单价和金额。

明细分类账户除了采用货币计量单位外，有的还应采用实物计量单位。需要说明的是，在实际工作中并非所有的总分类账户都设置明细分类账户。

二、总分类账户与明细分类账户的关系

总分类账户与所属明细分类账户的核算内容是相同的，只是核算资料的详细程度不同。总分类账户是对所属明细分类账户的综合，对明细分类账户起统驭作用；明细分类账户是总分类账户的具体化，对总分类账户起补充说明作用；它们相互补充，既总括又详细地反映同一个经济内容。

三、总分类账户与明细分类账户的平行登记

在会计核算过程中，对于发生的经济业务要按照复式记账的要求登记在两个或两个以上的总分类账户中，凡是在总分类账户下设有明细分类账户的，还要记入各总分类账户所属的明细分类账户中。这种做法叫做平行登记。

总分类账户与明细分类账户的平行登记需要把握以下要点。

1. 登记的时期相同

对于需要提供详细指标的每一项经济业务，应根据审核无误后的记账凭证，一方面记入有关的总分类账户；另一方面要记入同期总分类账户所属的有关各明细分类账户，即同期根据相同的经济内容登记。

2. 登记的方向相同

这里所指的方向，是指具体所体现的变动方向，并非是指账户的借贷方向。一般情况下，总分类账及其所属的明细分类账都按借方、贷方和余额设专栏登记，这时在总分类账与其所属明细分类账中的记账方向是相同的。如存货账户和债权、债务结算账户即属于这种情况。但有些明细分类账户按组成项目设多栏记录，采用多栏式明细账格式。在这种情况下，对于某项需要冲减有关组成项目额的事项，只能用红字记入其相反的记账方向，而与总分类账中的记账方向不同。例如，“财务费用”账户按其组成项目设置借方多栏式明细账，发生需冲减利息费用的存款利息收入时，总分类账中记入贷方，而其明细账中则以红字记入“财务费用”账户利息费用项目的借方，以其净发生额来反映利息净支出。这时，在总分类账及其所属的明细分类账中，就不可能按相同的记账方向进行登记，而只能以相同的变动方向进行登记。

3. 登记的金额相等

总分类账户提供总括指标，明细分类账户提供总分类账户所记内容的具体指标，所

以，记入总分类账的金额与记入其所属各明细分类账户的金额应相等。但这种金额相等只表明其数量关系，而不一定都是借方发生额相等和贷方发生额相等的关系。如“财务费用”账户的明细账，采用多栏式时，本月既有存款利息收入，也有借款利息支出的情况下，“财务费用”总分类账户的贷方发生额与明细账的贷方发生额就不一致，但作为抵减利息支出的利息收入数额是相等的。

在会计核算工作中，可以利用上述关系检查账簿记录的正确性。检查时，根据总分类账与明细分类账之间的数量关系，编制明细分类账的本期发生额和余额明细表，同其相应的总分类账户本期发生额和余额相互核对，以检查总分类账与其所属明细分类账记录的正确性。明细分类账户本期发生额和余额明细表根据不同的业务内容，可以分别采用不同的格式。

四、总分类账户与明细分类账户的平行登记方法举例

【例 3-6】 下面以山水公司“原材料”“应付账款”两个账户为例，说明总分类账户与明细分类账户的平行登记方法。

该公司 2020 年 4 月份“原材料”“应付账款”两个账户的期初余额如下：

“原材料”总分类账户余额 30 000 元，其中，甲材料 500 千克，单价 50 元，金额 25 000元，乙材料 250 件，单价 20 元，金额 5 000 元；

“应付账款”总分类账户余额 50 000 元，其中：振兴公司 28 000 元，铃木公司 22 000 元。

该公司 4 月份发生的材料采购业务和与供货单位的结算业务如下：

[业务 1] 5 日，向振兴公司购入甲材料 100 千克，单价 50 元，货款 5 000 元，尚未支付。

[业务 2] 8 日，仓库发出甲材料 150 千克，单价 50 元，金额 7 500 元；乙材料 200 件，单价 20 元，金额 4 000 元，合计 11 500 元，直接用于制造产品。

[业务 3] 15 日，用银行存款 36 000 元偿还前欠振兴公司货款 22 000 元和铃木公司货款 14 000 元。

[业务 4] 20 日，向铃木公司购进乙材料 350 件，单价 20 元，货款 7 000 元，尚未支付。

根据上述资料，在“原材料”和“应付账款”两个总分类账户及其所属明细分类账户中平行登记的方法如下：

第一步：开设“原材料”和“应付账款”两个总分类账户及其所属明细分类账户，登记期初余额。

第二步：分析经济业务，并编制会计分录。

(1) 借：原材料——甲材料	5 000	
贷：应付账款——振兴公司		5 000
(2) 借：生产成本	11 500	
贷：原材料——甲材料		7 500
——乙材料		4 000
(3) 借：应付账款——振兴公司	22 000	
——铃木公司	14 000	
贷：银行存款		36 000

（4）借：原材料——乙材料　　　7 000

　　贷：应付账款——铃木公司　　　7 000

第三步：根据会计分录，平行登记有关总分类账户和明细分类账户。月末，计算所有账户的本期发生额和期末余额。

平行登记结果如表 3-5 至表 3-10 所示。

表 3-5　总分类账户

会计科目：原材料　　　单位：元

2020 年		凭证号	摘要	借方	贷方	借或贷	余额
月	日						
4	1		月初余额			借	30 000
	5	1	购进甲材料	5 000		借	35 000
	8	2	生产领用		11 500	借	23 500
	20	4	购进乙材料	7 000		借	30 500
4	30		月结	12 000	11 500	借	30 500

表 3-6　原材料明细分类账户

金额单位：元

明细科目：甲材料　　　计量单位：千克

2020 年		凭证号	摘要	单价	收入		发出		结存	
月	日				数量	金额	数量	金额	数量	金额
4	1		月初余额	50					500	25 000
	5	1	购进	50	100	50 00			600	30 000
	8	2	生产领用	50			150	7 500	450	22 500
4	30		月结	50	100	5 000	150	7 500	450	22 500

表 3-7　原材料明细分类账户

金额单位：元

明细科目：乙材料　　　计量单位：件

2020 年		凭证号	摘要	单价	收入		发出		结存	
月	日				数量	金额	数量	金额	数量	金额
4	1		月初余额	20					250	5 000
	8	1	生产领用	20			200	4 000	50	1 000
	20	2	购进	20	350	7 000			400	8 000
4	30		月结	20	350	7 000	200	4 000	400	8 000

表 3-8　总分类账户

会计科目:应付账款　　　　单位:元

2020 年		凭证号	摘要	借方	贷方	借或贷	余额
月	日						
4	1		月初余额			贷	50 000
	5	1	欠振兴公司货款		5 000	贷	55 000
	15	3	偿还货款	36 000		贷	19 000
	20	4	欠铃木公司货款		7 000	贷	26 000
4	30		月结	36 000	12 000	贷	26 000

表 3-9　应付账款明细分类账户

明细科目:振兴公司　　　　单位:元

2020 年		凭证号	摘要	借方	贷方	借或贷	余额
月	日						
4	1		月初余额			贷	28 000
	5	1	欠货款		5 000	贷	33 000
	15	3	偿还货款	22 000		贷	11 000
4	30		月结	22 000	5 000	贷	11 000

表 3-10　应付账款明细分类账户

明细科目:铃木公司　　　　单位:元

2020 年		凭证号	摘要	借方	贷方	借或贷	余额
月	日						
4	1		月初余额			贷	22 000
	15	3	偿还货款	14 000		贷	8 000
	20	4	欠货款		7 000	贷	15 000
4	30		月结	14 000	7 000	贷	15 000

五、平行登记结果的试算平衡

月末,为了检验总分类账户与所属明细分类账户的平行登记是否相符,根据明细分类账户的月结资料,分别编制“明细分类账户本期发生额和余额明细表”(即明细分类账户试算平衡表),并与有关总分类账户进行核对。

【例 3-7】　下面以山水公司 2020 年 4 月份“原材料”和“应付账款”明细分类账户的资料为例,说明两种格式“明细分类账户本期发生额和余额明细表”的编制方法,如表 3-11 和表 3-12 所示。

表 3-11 原材料明细分类账户发生额和余额明细表

2020 年 4 月　　金额单位:元

明细科目	计量单位	单价	月初余额		本期发生额				月末余额	
			数量	金额	收入		发出		数量	金额
					数量	金额	数量	金额		
甲材料	千克	50	500	25 000	100	5 000	150	7 500	450	22 500
乙材料	件	20	250	5 000	350	7 000	200	4 000	400	8 000
合计				30 000		12 000		11 500		30 500

表 3-12 应付账款明细分类账户发生额和余额明细表

2020 年 4 月　　单位:元

明细科目	月初余额		本期发生额		月末余额	
	借方	贷方	借方	贷方	借方	贷方
振兴公司		28 000	22 000	5 000		11 000
铃木公司		22 000	14 000	7 000		15 000
合计		50 000	36 000	12 000		26 000

由于总分类账户与所属明细分类账户是以相同的经济业务为依据平行登记的，因而它们之间必然形成如下对照关系，即等量关系：

总分类账户期初余额 = 所属明细分类账户期初余额合计

总分类账户借方本期发生额 = 所属明细分类账户借方本期发生额合计

总分类账户贷方本期发生额 = 所属明细分类账户贷方本期发生额合计

总分类账户期末余额 = 所属明细分类账户期末余额合计

根据上述对照关系，总分类账户与所属“明细分类账户本期发生额和余额明细表”相互核对，检验其平行登记是否相符。

课后练习题

一、名词解释

复式记账法　借贷记账法　会计科目　会计分录　复合分录　对应账户　总分类账户　明细分类账户　试算平衡　平行登记

二、单项选择题

1. 在进行复式记账时，对任何一项经济业务登记的账户数量应是(　　)。

A. 一个　　B. 两个

C. 三个　　D. 两个或两个以上

2. 在借贷记账法下，资产类账户的期末余额一般在(　　)。

A. 借方　　B. 没有余额　　C. 贷方　　D. 减少方

3. 在借贷记账法下，所有者权益类账户的期末余额等于(　　)。

A. 期初贷方余额＋本期贷方发生额－本期借方发生额

B. 期初借方余额＋本期贷方发生额－本期借方发生额

C. 期初借方余额＋本期借方发生额－本期贷方发生额

D. 期初贷方余额＋本期借方发生额－本期贷方发生额

4. 会计科目是对(　　)。

A. 会计对象分类所形成的项目　　B. 会计要素分类所形成的项目

C. 会计方法分类所形成的项目　　D. 会计账户分类所形成的项目

5. 账户中用哪一方登记增加数，哪一方登记减少数，取决于(　　)。

A. 所记录的经济内容　　B. 公司的规模

C. 公司的类型　　D. 反映会计指标信息的详细程度

6. 借贷记账法的记账符号“借”表示增加的会计要素为(　　)。

A. 资产　　B. 负债　　C. 收入　　D. 利润

7. 开设明细分类账户的依据是(　　)。

A. 总分类科目　　B. 明细分类科目　　C. 试算平衡表　　D. 会计要素内容

8. 存在对应关系的账户称为(　　)。

A. 一级账户　　B. 对应账户　　C. 总分类账户　　D. 明细分类账户

9. 借贷记账法试算平衡的依据是(　　)。

A. 资金运动变化规律　　B. 会计等式平衡原理

C. 会计账户基本结构　　D. 平行登记基本原理

10. 借贷记账法的余额试算平衡公式是(　　)。

A. 每个账户的借方发生额＝每个账户的贷方发生额

B. 全部账户本期借方发生额合计＝全部账户本期贷方发生额合计

C. 全部账户期末借方余额合计＝全部账户期末贷方余额合计

D. 全部账户期末借方余额合计＝部分账户期末贷方余额合计

三、多项选择题

1. 在借贷记账法下，账户的借方一般用来登记(　　)。

A. 资产的增加　　B. 收入的减少　　C. 费用的增加　　D. 负债的增加

E. 所有者权益的减少

2. 下列账户中，用贷方登记增加数的账户有(　　)。

A. “应付账款”　　B. “实收资本”　　C. “固定资产”　　D. “盈余公积”

E. “本年利润”

3. 账户一般可以提供的金额指标有(　　)。

A. 期初余额　　B. 本期增加发生额

C. 本期减少发生额　　D. 期中余额

E. 期末余额

4. 下列账户中，在会计期末一般没有余额的账户有(　　)。

A. 资产类账户　　B. 负债类账户

C. 所有者权益类账户　　D. 收入类账户

E. 费用类账户

5. 设置会计科目时应遵循的原则有(　　)。

A. 必须全面反映会计要素的内容　　B. 符合对外报告的要求

C. 适应需要又要保持相对稳定　　D. 统一性与灵活性相结合

E. 会计科目要简明适用

6. 明细分类科目(　　)。

A. 也称一级会计科目　　B. 是进行明细分类核算的依据

C. 是进行总分类核算的依据　　D. 提供更加详细具体的指标

E. 是对总分类科目核算内容详细分类的科目

7. 复合会计分录是指(　　)。

A. 一借一贷的会计分录　　B. 一借多贷的会计分录

C. 多借一贷的会计分录　　D. 多借多贷的会计分录

E. 写出明细科目的会计分录

8. 企业用银行存款偿还以前所欠的材料采购货款,引起会计要素变化的有(　　)。

A. 资产增加　　B. 资产减少

C. 负债增加　　D. 负债减少

E. 收入减少

9. 通过试算无法发现的错误有(　　)。

A. 漏记或重记某项业务　　B. 记账方向正确,但一方金额写少了

C. 借贷记账方向彼此颠倒　　D. 记账方向正确,但记错账户

E. 账户正确,但一方记错了方向

10. 总分类账户与明细分类账户平行登记的要点有(　　)。

A. 登记的内容相同　　B. 登记的时间相同

C. 登记的方向相同　　D. 登记的金额相同

E. 登记的依据相同

四、判断题

1. 借贷记账法的记账符号表示经济业务的增减变动,也表示记账方向。(　　)
2. 收入类账户与费用类账户一般没有期末余额,但有期初余额。(　　)
3. 双重性质账户一般是指既能反映资产又能反映负债的账户。(　　)
4. 会计分录包括企业涉及的账户名称、记账方向和金额三方面内容。(　　)
5. 平行登记要点中的"同内容"指的是相同的经济业务内容。(　　)

五、简答题

1. 什么是复式记账法? 它的特点是什么?
2. 什么是借贷记账法? 它的基本内容有哪些?
3. 什么是试算平衡? 它有哪些方法?
4. 什么是总分类账户、明细分类账户? 它们之间的关系是什么? 平行登记的要点是什么?

六、业务题

业务题一

(一) 目的:练习会计分录的编制。

(二) 资料:华兴公司 2016 年 2 月份发生的经济业务:

1. 国家投入资本 70 000 元，存入银行。

2. 从银行取得短期借款 40 000 元，存入银行。

3. 大发公司投入新机床一台，价值 84 000 元。

4. 将库存现金 3 000 元存入银行。

5. 用银行存款 26 000 元偿还前欠宏伟公司的货款。

6. 收到长江公司前欠货款 5 000 元，存入银行。

7. 用银行存款 7 000 元购进一批材料(不考虑增值税)。

8. 仓库发出材料 9 000 元，用于产品生产。

9. 从银行存款中提取现金 2 000 元。

10. 用银行存款 30 000 元归还银行短期借款。

11. 向水大公司购进材料 25 000 元，货款未付(不考虑增值税)。

(三) 要求：编制上述经济业务的会计分录。

业务题二

(一) 目的：练习账户的设置。

(二) 资料：华兴公司 2020 年 2 月 1 日总分类账户余额(表见表 3-13)。

表 3-13　　总分类账户余额

1. 库存现金	5 400	6. 固定资产	97 000
2. 银行存款	8 000	7. 短期借款	30 000
3. 应收账款	5 000	8. 应付账款	28 000
4. 原材料	4 000	9. 实收资本	62 400
5. 库存商品	1 000	10. 生产成本	

(三) 要求：根据上述资料开设总分类账户。

(四) 提示：

1. 参照已开设的"库存现金"账户(见业务题三的登记账户示例)，为每个账户注明借、贷方向填写账户名称，登记期初余额。

2. 登记期初余额时，要正确地判断余额的方向。

业务题三

(一) 目的：练习总分类账户的登记。

(二) 资料：华兴公司 2020 年 2 月份设置的总分类账户和编制的会计分录。

(三) 要求：根据会计分录登记总分类账户(登记在业务题二开设的账户上)

(四) 提示：

1. 记账前要正确地确定记账方向。

2. 先登记分录号，后登记发生额。

3. 同一方向的金额要对准上一行数位登记。

4. 全部分录登记完毕，在每个账户的最后一笔记录下面划一道计算线，在其下面结记本期发生额和期末余额。

5. 本期没有发生额的账户，不必再划线、结记期末余额。

6. 账户本期发生额不包括期初余额。

总之，账户要记得规范。

请参照下列示例登记账户。

（五）登记账户示例（见图 3-16）：

库存现金

借方		贷方	
期初余额	5 400	（4）	3 000
（9）	2 000		
本期发生额	2 000	本期发生额	3 000
期末余额	4 400		

应付账款

借方		贷方	
（5）	26 000	期初余额	28 000
		（11）	25 000
本期发生额	26 000	本期发生额	25 000
		期末余额	27 000

图 3-16 总分类账户

业务题四

（一）目的：练习总分类账户“试算平衡表”的编制。

（二）资料：华兴公司 2020 年 2 月末总分类账户。

（三）要求：根据总分类账户，编制“试算平衡表”（见表 3-14）。

（四）提示：

1. 填写表内项目时，先判断应填写的方向后填写金额。
2. 没有余额或没有本期发生额的账户，不必写“0”字。
3. 有期初余额，但没有发生额的账户，期末余额栏抄列期初余额。

表 3-14 总分类账户发生额和余额试算平衡表

账户名称	期初余额		本期发生额		期末余额	
	借方	贷方	借方	贷方	借方	贷方
库存现金						
银行存款						
应收账款						
原材料						
库存商品						
固定资产						
短期借款						
应付账款						
实收资本						
生产成本						
合　计						

业务题五

（一）目的：练习总分类账户与明细分类账户的平行登记。

（二）资料：

1. 中华公司 2020 年 2 月末“原材料”“应付账款”账户余额：

(1)“原材料”总分类账户余额 6 000 元，其中甲材料：数量 400 千克，单价 10 元，金额 4 000 元；乙材料：数量 500 千克，单价 4 元，金额 2 000 元

(2)“应付账款”总分类账户余额 4 000 元，其中宏伟公司 3 000 元，龙江公司 1 000 元。

2. 该公司 3 月份发生的经济业务如下(不考虑增值税)：

(1) 2 日，以银行存款 2 000 元偿还宏伟公司货款。

(2) 5 日，向龙江公司购进甲材料 300 千克，单价 10 元，货款 3 000 元，尚未支付。

(3) 6 日，生产 A 产品领用甲材料 600 千克，单价 10 元，领用乙材料 350 千克，单价 4 元。

(4) 6 日，以银行存款 2 500 元偿还龙江公司货款。

(5) 10 日，向宏伟公司购进甲材料 150 千克，单价 10 元；购进乙材料 800 千克，单价 4 元；货款尚未支付。

(6) 15 日，生产 B 产品领用甲材料 200 千克，单价 10 元。

(7) 20 日，以银行存款 5 000 元偿还宏伟公司货款。

(三) 要求：

1. 根据账户期初余额，开设“原材料”“应付账款”总分类账户和明细分类账户。

2. 根据经济业务，编制会计分录。

3. 根据会计分录，登记“原材料”“应付账款”总分类账户和明细分类账户(见表 3-15 至表 3-20)。

(四) 提示：

1. 开设账户时，在第一行填写开设日期，摘要栏注明“月初余额”字样，在余额栏(或结存栏)登记月初余额并在余额方向(借或贷)栏注明余额的方向；

2. 记账时，在日期栏登记记账日期(经济业务发生日期)，凭证号栏登记分录号，摘要栏填写经济业务的简要说明(如“原材料”账户，填写“购进”或“生产领用”；“应付账款”账户，填写“欠料款”或“还账款”)。每日的发生额登记完毕，结算账户余额，并注明余额的方向；

3. 月末，结算账户余额，即在每个账户的最后一笔发生额的下一行，登记结算日期，在摘要栏注明“月结”字样，结记借、贷方发生额合计和余额，并注明余额的方向。

表 3-15　总分类账户

会计科目：

2020 年		凭证号	摘要	借方	贷方	借或贷	余额
月	日						

表 3-16 材料明细分类账户

明细科目：　　　　　　　　　　　　　　　　　　计量单位：千克

2020 年		凭证号	摘要	单价	收入		发出		结存	
月	日				数量	金额	数量	金额	数量	金额

表 3-17 材料明细分类账户

明细科目：　　　　　　　　　　　　　　　　　　计量单位：千克

2020 年		凭证号	摘要	单价	收入		发出		结存	
月	日				数量	金额	数量	金额	数量	金额

表 3-18 总分类账户

会计科目：

2020 年		凭证号	摘要	借方	贷方	借或贷	余额
月	日						

表 3-19 应付账款明细分类账户

明细科目：

2020 年		凭证号	摘要	借方	贷方	借或贷	余额
月	日						

表 3-20　应付账款明细分类账户

明细科目：

2020 年		凭证号	摘要	借方	贷方	借或贷	余额
月	日						

业务题六

（一）目的：练习明细类账户发生额和余额明细表的编制。

（二）资料：中华公司 2020 年 3 月份“原材料”“应付账款”总分类账户和明细分类账户。

（三）要求：

1. 根据上述资料，编制“原材料”“应付账款”明细分类账户发生额和余额明细表（见表 3-21、表 3-22）。

2. 明细分类账户发生额和余额明细表合计数与有关总分类账户月结数核对，检查总分类账与明细账平行登记是否相符。

表 3-21　原材料明细分类账户发生额和余额明细表

2020 年 3 月

明细科目	计量单位	单价	月初余额		本期发生额				月末余额	
					收入		发出			
			数量	金额	数量	金额	数量	金额	数量	金额
甲材料										
乙材料										
合计										

表 3-22　应付账款明细分类账户发生额和余额明细表

2020 年 3 月

明细科目	月初余额		本期发生额		月末余额	
	借方	贷方	借方	贷方	借方	贷方
宏伟公司						
龙江公司						
合计						

第四章

账户与复式记账法的运用

工业企业的生产经营过程包括供应、生产和销售三个主要过程。在这个过程中，企业会发生资金筹集、材料采购、产品生产、产品销售、利润形成及分配等方面的经济业务。

第一节　资金筹集业务的核算

企业为了进行生产经营活动，需要筹集一定数额的资金。企业筹集资金的渠道有两个：一是投资者投入资本，包括国家投入、法人投入、个人投入和外商投入等；二是向银行等金融机构或其他单位借入，包括短期借款和长期借款等。

企业向投资者筹集资金，一方面使企业的货币资产、有形资产或无形资产增加，另一方面使投资者对这些资产的所有权也相应地增加；企业向银行等金融机构或其他单位借入资金，一方面使企业的货币资产增加，另一方面使企业的负债也相应地增加。综上所述，由于筹集资金而引起的资产、负债及所有者权益的增减变动及其结果，构成了资金筹集业务核算的主要内容。

一、资金筹集业务核算设置和运用的账户

为了核算资金筹集业务，需要设置和运用“银行存款”“固定资产”等资产类账户，需要设置和运用“实收资本”等所有者权益类账户和“短期借款”“长期借款”等负债类账户。

上述账户的性质、用途和结构如下：

（1）“银行存款”账户是资产类账户，用来核算企业存入银行的款项。该账户的结构是：借方登记银行存款的收入数，贷方登记支出数，借方余额表示银行存款的实有数。

（2）“固定资产”账户是资产类账户，用来核算固定资产的原值。该账户的结构是：借方登记增加固定资产的原值，贷方登记减少固定资产的原值，借方余额表示现有固定资产的原值。

为了具体核算各类固定资产的增减变动及现有情况，满足管理需要，企业的固定资产应分为“生产经营用固定资产”“非生产经营用固定资产”和“不需用固定资产”，并选择适合本企业的分类标准，进行固定资产的明细核算，即按固定资产类别和使用部门设置“固定资产登记簿”，再按每项固定资产设置“固定资产卡片账”（明细账），进行明细核算。

（3）“实收资本”账户是所有者权益类账户，用来核算企业投资者投入的资本，包括投入的库存现金、实物、无形资产等。该账户的结构是：贷方登记投资者投资的增加数，借方登记特殊情况如合同期满或破产清算时返还的投资额，贷方余额表示投资者投资的实有数。

为了具体核算投资者投入的资本，按投资者分别设置实收资本明细账，进行明细核算。

（4）“短期借款”账户是负债类账户，用来核算企业借入的期限在1年以下（含1年）的各种借款。该账户的结构是：贷方登记短期借款的借入数，借方登记短期借款的归还数，贷方余额表示尚未归还的短期借款数。

(5)“长期借款”账户,是负债类账户,用来核算企业借入的期限在1年以上的各种借款。该账户的结构是:贷方登记长期借款的借入数,借方登记长期借款的归还数,贷方余额表示尚未归还的长期借款数。

二、资金筹集业务核算举例

【例4-1】 现以北华公司2020年12月份发生的资金筹集业务为例,说明账户与复式记账法的具体运用。

[业务1] 收到国家投资950 000元,存入银行。

这项经济业务的发生,一方面使企业的银行存款增加950 000元,另一方面使国家对企业的投资增加950 000元。因此,这项经济业务涉及“银行存款”“实收资本”两个账户。

银行存款的增加,是资产的增加,应记入“银行存款”账户的借方;国家对企业投资的增加,是所有者权益的增加,应记入“实收资本”账户的贷方。这项业务应编如下分录:

(1) 借:银行存款	950 000	
贷:实收资本		950 000

[业务2] 收到某公司投入新机床一台,价值46 000元。

这项经济业务的发生,一方面使企业的固定资产价值增加46 000元,另一方面使公司对企业的投资增加46 000元。因此,这项经济业务涉及“固定资产”“实收资本”两个账户。

固定资产价值的增加,是资产的增加,应记入“固定资产”账户的借方;公司对企业投资的增加,是所有者权益的增加,应记入“实收资本”账户的贷方。这笔业务应编如下会计分录:

(2) 借:固定资产	46 000	
贷:实收资本		46 000

[业务3] 向银行借入期限为6个月的借款60 000元,存入银行。

这项经济业务的发生,一方面使企业的银行存款增加60 000元,另一方面使企业的流动负债也增加60 000元。因此,这项经济业务涉及“银行存款”“短期借款”两个账户。

银行存款的增加,应记入“银行存款”账户的借方;短期借款的增加是流动负债的增加,应记入“短期借款”账户的贷方。这项业务应编如下会计分录:

(3) 借:银行存款	60 000	
贷:短期借款		60 000

[业务4] 向银行借入期限为15个月的借款900 000元,存入银行。

这项经济业务的发生,一方面使企业的银行存款增加900 000元,另一方面使企业的长期负债也增加900 000元。因此,这项经济业务涉及“银行存款”“长期借款”两个账户。

银行存款的增加,应记入“银行存款”账户的借方;长期借款的增加,是长期负债的增加，应记入“长期借款”账户的贷方。这项业务应编制如下会计分录：

(4) 借：银行存款　　　　900 000

　　贷：长期借款　　　　900 000

资金筹集业务的总分类核算，如图 4-1 所示。

借方	银行存款 贷方
期初余额	
(1) 950 000	
(3) 60 000	
(4) 900 000	

借方	固定资产 贷方
期初余额	
(2) 46 000	

借方 实收资本	贷方
	期初余额
	(1) 950 000
	(2) 46 000

借方 短期借款	贷方
	期初余额
	(3) 60 000

借方 长期借款	贷方
	期初余额
	(4) 900 000

图 4-1　资金筹集业务的总分类核算

第二节　采购业务的核算

采购业务通常是指材料采购业务。企业向供货单位购进各种材料，是为了做好生产产品的物资准备。采购材料时，企业要以库存现金、银行存款等货币资产支付材料的买价和增值税(进项税)，并向供货单位或运输部门支付材料的采购费用，包括运输费、装卸费等。材料的买价加上采购费用，就构成材料成本，即材料的实际成本。对于购进的材料，企业应及时办理验收入库手续，并计算和结转入库材料的实际成本。此外，由于货款未付而与供货单位发生债务，即发生应付账款。

采购业务的发生，一方面使企业的材料增加，另一方面使货币资产减少或应付账款增加，应交税费减少。这些经济业务构成了采购业务核算的主要内容。

一、采购业务核算设置和运用的账户

为了核算采购业务，应设置和运用“库存现金”“银行存款”“在途物资”“原材料”等资产类账户和“应交税费”“应付账款”等负债类账户。

上述账户的性质、用途和结构如下：

(1)“库存现金”账户是资产类账户，用来核算企业的库存现金。该账户的结构是：借方登记库存现金的收入数，贷方登记库存现金支出数，借方余额表示库存现金的实有数。

（2）“银行存款”账户是资产类账户，用来核算企业的银行存款。该账户的结构是：借方登记银行存款的收入数，贷方登记银行存款支出数，借方余额表示银行存款的实有数。

（3）“在途物资”账户是资产类账户，用来核算企业采用实际成本进行外购材料、商品等物资的买价和采购费用，据以计算确定购入物资实际采购成本。该账户的结构是：借方登记购入物资的买价和采购费用，贷方登记转出验收入库物资的实际成本，该账户如有余额在借方，表示尚未运达企业或尚未验收入库的在途物资的实际成本。

为了具体核算每一种物资的实际采购成本，按购入物资的品种分别设置在途物资明细账，进行明细核算。

（4）“原材料”账户是资产类账户，用来核算企业库存材料的收入、发出和结存情况。该账户的结构是：借方登记入库材料的实际成本，贷方登记发出材料的实际成本，借方余额表示库存材料的实际成本。

为了具体核算每一种材料的增减变动和结存情况，按材料的类别、品种和规格分别设置材料明细账，进行明细核算。

（5）“应交税费”账户是负债类账户，用来核算企业应交纳的各种税金，包括增值税、消费税、所得税费用、土地增值税、城市维护建设税、房产税、土地使用税、车船使用税、个人所得税等。该账户的结构是：贷方登记发生的应交税费，借方登记已交纳的税金，包括上交税务机关的税金和购料时支付给供货单位的增值税。该账户的余额方向不固定，如有贷方余额，表示欠交的税金；如有借方余额，则表示多交的税金或待扣的税金（进项税额）。

为了具体核算应交税费，按税金种类分别设置应交税费明细账，进行明细核算。

根据《中华人民共和国增值税暂行条例》规定，凡在中国境内销售货物或者提供加工、修理修配劳务、销售服务、无形资产、不动产以及进口货物的单位和个人，应当交纳增值税。增值税是对商品生产或流通各个环节的新增价值或商品附加值进行征税。它是一种价外税，分为进项税额和销项税额。其公式如下：

当期应纳税额＝当期销项税额－当期进项税额

其中销项税额是指纳税人销售货物或应税劳务，按照销售额和规定的税率计算并向购买方收取增值税额。其公式如下：

销项税额＝销售额×增值税税率

进项税额是指纳税人购进货物或接受应税劳务所支付或负担的增值税额。其公式如下：

进项税额＝购进货物或应税劳务×增值税税率

“应交税费”科目下设“应交增值税”明细科目，借方发生额反映企业购进货物或接受应税劳务支付的进项税额和实际已交纳的增值税；贷方发生额反映企业销售货物或提供应税劳务应交纳的销项税额，转出已支付或应分担的增值税。纳税人从销项税额中抵扣进项税额后向税务部门交纳增值税。期末借方余额，反映多上交或者尚未抵扣的增值税；期末贷方余额反映企业尚未交纳的增值税。

(6)“应付账款”账户是负债类账户，用来核算企业因购进材料而应付给供货单位的款项。该账户的结构是：贷方登记应付给供应单位的款项，借方登记偿还的应付款项，余额一般在贷方，表示尚未偿还的应付款项。

为了具体核算应付账款的发生和偿还情况，按供货单位名称分别设置明细账，进行明细核算。

二、采购业务核算举例

【例 4-2】 现以北华公司 2020 年 12 月份发生的采购业务为例，说明账户与复式记账法的具体运用。

［业务 5］ 从三星公司购入甲材料 1 000 千克，单价 20 元，金额为 20 000 元，增值税税额为 2 600 元，价税合计 22 600 元，以银行存款支付，材料尚未到达。

这项经济业务的发生，一方面使企业的在途物资的成本增加 20 000 元，同时，由于向供货单位支付了增值税，因而应交税费减少 2 600 元，另一方面使银行存款减少 22 600 元。因此，这项经济业务涉及“在途物资”“应交税费”“银行存款”三个账户。

在途物资成本的增加，应记入“在途物资”账户的借方；应交税费的减少，是负债的减少，应记入“应交税费”账户的借方；银行存款的减少，应记入“银行存款”账户的贷方。这项业务应编制如下会计分录：

(5) 借：在途物资——甲材料　　20 000
　　　　应交税费——应交增值税(进项税额)　　2 600
　　　贷：银行存款　　22 600

［业务 6］ 用库存现金 1 000 元支付上述甲材料的装卸费。

这项经济业务的发生，一方面使企业的在途物资费用增加 1 000 元，另一方面使库存现金减少 1 000 元。因此，这项经济业务涉及“在途物资”“库存现金”两个账户。

在途物资费用的增加，是在途物资成本的增加，应记入“在途物资”账户的借方，库存现金的减少，是资产的减少，应记入“库存现金”账户的贷方。这项业务应编如下会计分录：

(6) 借：在途物资——甲材料　　1 000
　　　贷：库存现金　　1 000

［业务 7］ 上述甲材料到达，已验收入库，结转实际采购成本。

这项经济业务的发生，一方面使库存材料的实际成本增加，另一方面使在途物资成本由于结转而减少。因此，这项经济业务涉及“原材料”“在途物资”两个账户。

库存材料实际成本的增加，是资产的增加，应记入“原材料”账户的借方；在途物资成本的减少，应记入“在途物资”账户的贷方。根据“在途物资——甲材料”明细分类账户的记录计算的甲材料 1 000 千克的实际成本是 21 000 元。这项业务应编如下会计分录：

(7) 借：原材料——甲材料　　21 000
　　　贷：在途物资——甲材料　　21 000

[业务8] 向顺达工厂购入甲材料2 000千克,单价20元,金额为40 000元,增值税税额为5 200元;购入乙材料1 000千克,单价30元,金额为30 000元,增值税税额为3 900元,价税合计79 100元,材料尚未到达,货款尚未支付。

这项经济业务的发生,一方面使企业的在途物资成本增加70 000元,应交税费减少9 100元,另一方面使企业的应付账款增加79 100元。因此,这项经济业务涉及"在途物资""应交税费""应付账款"三个账户。

在途物资成本的增加,应记入"在途物资"账户的借方;应交税费的减少,是负债的减少,应记入"应交税费"账户的借方;应付账款的增加,是负债的增加,应记入"应付账款"账户的贷方。这项业务应编如下会计分录:

(8) 借:在途物资——甲材料	40 000	
——乙材料	30 000	
应交税费——应交增值税(进项税额)	9 100	
贷:应付账款——顺达工厂		79 100

[业务9] 用银行存款6 000元支付上述材料的装卸搬运费,按照材料的重量比例进行分配。

这项经济业务的发生,一方面使企业的在途物资费用增加6 000元,另一方面使银行存款减少6 000元。因此,这项经济业务涉及"在途物资""银行存款"两个账户。

在途物资费用的增加,应记入"在途物资"账户的借方;银行存款的减少,应记"银行存款"账户的贷方。

上述装卸搬运费是为采购甲、乙两种材料而发生的共同费用,须按一定标准分配记入有关"在途物资"明细账。

以购入材料的重量为标准,运杂费的分配方法如下:

首先,计算装卸搬运费的分配率,即计算每公斤材料应负担的装卸搬运费。

分配率=6 000÷(2 000+1 000)=2.00(元/千克)

其次,计算各种材料应负担的装卸搬运费费。

甲材料应负担的装卸搬运费=2.00×2 000=4 000(元)

乙材料应负担的装卸搬运费=2.00×1 000=2000(元)

这项业务应编如下会计分录:

(9) 借:在途物资——甲材料	4 000	
——乙材料	2 000	
贷:银行存款		6 000

[业务10] 上述材料到达,并已经验收入库,结转上述甲、乙两种材料的实际采购成本。

这项经济业务的发生,一方面使库存材料的实际成本增加,另一方面使在途物资成本由于结转而减少。因此,这项经济业务涉及"原材料""在途物资"两个账户。

库存材料实际成本的增加,应记入"原材料"账户的借方;在途物资成本的减少,应记入"在途物资"账户的贷方。根据"在途物资"明细分类账户的记录计算的甲材料实际采购成本为 44 000 元，乙材料实际采购成本为 32 000 元，两种材料的总成本为 76 000 元。这项业务应编如下会计分录：

(10) 借：原材料——甲材料　　44 000
　　　　　　　——乙材料　　32 000
　　贷：在途物资——甲材料　　44 000
　　　　　　　　——乙材料　　32 000

[业务 11]　企业用银行存款 50 000 元偿还前欠顺达工厂的货款。同时用银行存款购入甲材料 1 000 千克，单价 20 元，金额为 20 000 元，增值税税额为 2 600 元，材料到达，已经验收入库。

这项偿还货款经济业务的发生，一方面使企业的应付账款减少 50 000 元，另一方面使银行存款减少 50 000 元。因此，这项经济业务涉及“应付账款”“银行存款”两个账户。

应付账款的减少，是负债的减少，应记入“应付账款”账户的借方；银行存款的减少，应记入“银行存款”账户的贷方。

这项购买材料经济业务的发生，一方面使企业的原材料成本增加 20 000 元，应交税费减少 2 600 元，另一方面使企业的银行存款减少 22 600 元。因此，这项经济业务涉及“原材料”“应交税费”“银行存款”三个账户。

原材料成本的增加，应记入“原材料”账户的借方；应交税费的减少，是负债的减少，应记入“应交税费”账户的借方；银行存款的减少，应记入“银行存款”账户的贷方。

这项业务应编如下两笔会计分录：

(11) 借：应付账款——顺达工厂　　50 000
　　　　贷：银行存款　　50 000
借：原材料——甲材料　　20 000
　　应交税费——应交增值税（进项税额）　　2 600
　　贷：银行存款　　22 600

采购业务的总分类核算，如图 4-2 所示。

库存现金

借方	贷方
期初余额	(6) 1 000

银行存款

借方	贷方
期初余额	(5) 23 400
	(9) 6 000
	(11) 50 000
	(11) 23 400

在途物资

借方	贷方
(5) 20 000	(7) 21 000
(6) 1 000	(10) 76 000
(8) 70 000	
(9) 6 000	

原材料

借方	贷方
期初余额	
(7) 21 000	
(10) 76 000	
(11) 20 000	

借方	应付账款	贷方
		期初余额
(11) 50 000		(8) 79 100

借方	应交税费	贷方
(5) 2 600		
(8) 9 100		
(11) 2 600		

图 4-2 采购业务的总分类核算

第三节 生产业务的核算

产品生产是工业企业的主要业务活动。在生产过程中,企业要利用机器设备等劳动资料,对劳动对象(原材料)进行加工,制造出各种产品。因此,生产过程既是新产品的制造过程,又是资产的耗费过程。

产品生产过程中发生的各项费用,叫做生产费用。生产费用主要包括劳动资料耗费的费用(如固定资产折旧费)、劳动对象耗费的费用(如材料费)、活劳动耗费的费用(如工资及福利费)以及货币性支出(如水电费、办公费等)。这些生产费用具有不同的经济内容和用途,但不论哪一种生产费用,最终都要归集、分配到各种产品上,构成各种产品的生产成本(制造成本)。

从生产费用的经济内容和用途来看,有些费用只与一种产品有关,如为某一种产品生产而耗用的材料费,这种费用直接构成该产品的生产成本,因而应当直接归集到该产品上。但有些费用则与多种产品有关,如车间管理人员的工资、办公费等,这些费用须经分配才能归集到各种产品上。可以直接计入成本计算对象的费用叫做直接费用,须经分配计入成本计算对象的费用叫做间接费用。上述生产费用的归集和分配,构成了生产业务核算的主要内容。

一、生产业务核算设置和运用的账户

为了核算产品生产业务和计算产品成本,设置和运用“生产成本”“制造费用”“累计折旧”“库存商品”等资产类账户和“应付职工薪酬”等负债类账户。

上述账户的性质、用途和结构如下:

(1)“生产成本”账户是成本类账户,用来核算企业为生产产品而发生的各项生产费用,计算确定产品实际生产成本。该账户的结构是:借方登记各种生产费用,包括直接材料费、直接人工费和其他直接费用,以及月终由“制造费用”账户分配转入的制造费用,贷方登记转出完工入库产品的生产成本,月末如有余额,在借方,表示尚未完工产品即在产品的实际成本。

为了计算确定每种产品的生产成本,还应按产品品种分别设置生产成本明细账,进行明细核算。

(2)“制造费用”账户是成本类账户，用来核算企业为生产产品而发生的各项间接费用，包括生产车间（或分厂）管理人员工资、福利费、低值易耗品摊销、固定资产折旧费、办公费、差旅费、照明费、财产保险费、报刊订阅费等。由于制造费用属于间接费用，须通过“制造费用”账户进行归集，月末按一定标准分配计入各种产品成本。该账户的结构是：借方登记发生的制造费用，贷方登记月末分配计入产品成本的制造费用，分配后本账户无余额。

为了具体核算制造费用，按车间（或分厂）分别设置制造费用明细账，并按费用项目设置专栏，进行明细核算。

(3)“应付职工薪酬”账户是负债类账户，用来核算企业应付职工的薪酬的提取、结算、使用等情况。该账户的结构是：贷方登记已分配计入有关成本费用项目的职工薪酬的数额，借方登记实际发放职工薪酬数，贷方余额表示企业应付未付的职工薪酬。

为了具体核算应付职工薪酬，应按“工资”“职工福利费”“社会保险费”“住房公积金”“工会经费”“职工教育经费”“非货币性福利费”等应付职工薪酬项目设置明细账，进行明细核算。

(4)“累计折旧”账户是资产类账户，用来核算固定资产因使用而损耗的价值，即核算固定资产折旧。固定资产因使用而磨损（损耗）的价值，称为固定资产折旧（以下简称折旧）。固定资产价值的损耗，表明固定资产价值的减少，理应记入“固定资产”账户的贷方，但为了使“固定资产”账户反映固定资产的原始成本（即原值），以满足管理需要，另行设置“累计折旧”账户核算折旧。该账户的结构是：贷方登记折旧的增加数，借方登记因报废、出售等原因引起的已提折旧的转销数，贷方余额表示现有固定资产的累计折旧额。

(5)“库存商品”账户是资产类账户，用来核算产成品的收入、发出和结存情况。该账户的结构是：借方登记入库产成品的实际成本，贷方登记发出产成品的实际成本，借方余额表示库存产成品的实际成本。

为了具体核算库存产成品的实际成本，按产品名称、规格分别设置产成品明细账，进行明细核算。

二、生产业务核算举例

【例 4-3】 现以北华公司 2020 年 12 月份发生的生产业务为例，说明账户与复式记账法的具体运用。

[业务 12] 车间领用材料 155 200 元，其中：生产 A 产品用甲材料 66 000 元和乙材料 64 000 元，合计 130 000 元；生产 B 产品用甲材料 22 000 元；车间管理耗用丙材料 3 200 元。

这项经济业务的发生，一方面使企业的生产成本增加 155 200 元，其中直接材料费增加 152 000 元，制造费用增加 3 200 元，另一方面使库存材料减少 155 200 元。因此，这项经济业务涉及“生产成本”“制造费用”“原材料”三个账户。

直接材料费的增加，应记入“生产成本”账户的借方；制造费用的增加，应记入“制造费用”账户的借方；材料的减少是资产的减少，应记入“原材料”账户的贷方。这项业务应编如下会计分录：

（12）借：生产成本——A 产品　　130 000
　　　　　　　　——B 产品　　22 000
　　　制造费用　　3 200
　　　贷：原材料——甲材料　　88 000
　　　　　　　　——乙材料　　64 000
　　　　　　　　——丙材料　　3 200

［业务 13］ 从银行存款中提取库存现金 99 000 元，以备发工资。

这项经济业务的发生，一方面使企业的库存现金增加 99 000 元，另一方面使银行存款减少 99 000 元。因此，这项经济业务涉及“库存现金”“银行存款”两个账户。

库存现金的增加，是资产的增加，应记入“库存现金”账户的借方；银行存款的减少，应记入“银行存款”账户的贷方。这项业务应编如下会计分录：

（13）借：库存现金　　99 000
　　　贷：银行存款　　99 000

［业务 14］ 用库存现金 99 000 元发放车间职工工资。

这项经济业务的发生，一方面使企业的库存现金减少 99 000 元，另一方面使企业的应付职工薪酬这项负债因支付而减少 99 000 元。因此，这项经济业务涉及“应付职工薪酬”“库存现金”两个账户。

应付职工薪酬的减少，是负债的减少，应记入“应付职工薪酬”账户的借方；库存现金的减少，是资产的减少，应记入“库存现金”账户的贷方。这项业务应编如下会计分录：

（14）借：应付职工薪酬——工资　　99 000
　　　贷：库存现金　　99 000

［业务 15］ 以库存现金 600 元购入生产车间用文具纸张一批。

这项经济业务的发生，一方面使企业的库存现金减少 600 元，另一方面使制造费用增加 600 元。因此，这项经济业务涉及“制造费用”“库存现金”两个账户。

制造费用的增加，应记入“制造费用”账户的借方；库存现金的减少，应记入“库存现金”账户的贷方。这项业务应编如下会计分录：

（15）借：制造费用　　600
　　　贷：库存现金　　600

［业务 16］ 以银行存款支付车间财产保险费和报刊订阅费共 12 000 元。

这项经济业务的发生，一方面使企业的制造费用增加 12 000 元，另一方面使企业的银行存款减少 12 000 元。因此，这项经济业务涉及“制造费用”“银行存款”两个账户。

制造费用的增加，是成本的增加，应记入“制造费用”账户的借方；银行存款的减少，应记入“银行存款”账户的贷方。这项经济业务应编如下会计分录：

（16）借：制造费用　　12 000
　　　贷：银行存款　　12 000

［业务 17］ 结算本月应付职工工资 99 000 元，其中 A 产品生产工人工资 60 000 元，B 产品生产工人工资 30 000 元，车间管理人员工资 9 000 元。

这项经济业务的发生，一方面使企业的应付职工薪酬这项负债增加 99 000 元，另一方面使直接人工费增加 90 000 元，制造费用增加 9 000 元。因此，这项经济业务涉及“生产成本”“制造费用”“应付职工薪酬”三个账户。

直接人工费的增加，应记入“生产成本”账户的借方；制造费用的增加，应记入“制造费用”账户的借方；应付职工薪酬的增加是负债的增加，应记入“应付职工薪酬”账户的贷方。这项业务应编如下会计分录：

(17) 借：生产成本——A 产品	60 000	
——B 产品	30 000	
制造费用	9 000	
贷：应付职工薪酬——工资		99 000

[业务 18] 按工资总额的 14%提取职工福利费 13 860 元，其中 A 产品生产工人福利费 8 400 元，B 产品生产工人福利费 4 200 元，车间管理人员福利费 1 260 元。

这项经济业务的发生，一方面使企业的应付职工薪酬这项负债增加 13 860 元，另一方面使直接人工费增加 12 600 元，制造费用增加 1 260 元。因此，这项经济业务涉及“生产成本”“制造费用”“应付职工薪酬”三个账户。

直接人工费的增加，应记入“生产成本”账户的借方；制造费用的增加，应记入“制造费用”账户的借方；应付职工薪酬的增加，是负债的增加，应记入“应付职工薪酬”账户的贷方。这项业务应编制如下会计分录：

(18) 借：生产成本——A 产品	8 400	
——B 产品	4 200	
制造费用	1 260	
贷：应付职工薪酬——职工福利费		13 860

[业务 19] 计提本月生产车间固定资产折旧 18 840 元。

这项经济业务的发生，一方面使固定资产折旧增加 18 840 元，另一方面使制造费用增加 18 840 元。因此，这项经济业务涉及“制造费用”“累计折旧”两个账户。

制造费用的增加，应记入“制造费用”账户的借方；固定资产折旧的增加，应记入“累计折旧”账户的贷方。这项业务应编如下会计分录：

(19) 借：制造费用——折旧费	18 840	
贷：累计折旧		18 840

[业务 20] 用银行存款支付本月车间办公费 1 200 元。

这项经济业务的发生，一方面使制造费用增加 1 200 元，另一方面使银行存款减少 1 200 元。因此，这项经济业务涉及“制造费用”“银行存款”两个账户。

制造费用的增加，应记入“制造费用”账户的借方；银行存款的减少，是资产的减少，应记入“银行存款”账户的贷方。这项业务应编如下会计分录：

(20) 借：制造费用	1 200	
贷：银行存款		1 200

[业务 21] 用银行存款支付车间本月经营性租赁固定资产租金 800 元。

这项经济业务的发生，一方面制造费用增加 800 元，另一方面使银行存款减少 800 元。因此，这项经济业务涉及“制造费用”“银行存款”两个账户。

制造费用的增加，应记入“制造费用”账户的借方；银行存款的减少，应记入“银行存款”账户的贷方。这项业务应编如下会计分录：

(21) 借：制造费用　800
　　贷：银行存款　800

[业务22] 以银行存款10 848元支付本月外购电费，其中A产品生产用电费5 600元，B产品生产用电费2 900元，车间照明用电费1 100元，增值税税额为1 248元。

这项经济业务的发生，一方面使企业的银行存款减少10 848元，另一方面直接生产费用增加8 500元，制造费用增加1 100元，此外还有购入电费对应的增值税。因此，这项经济业务涉及“生产成本”“制造费用”“银行存款”“应交税费”四个账户。

直接生产费用的增加，应记入“生产成本”账户的借方；制造费用的增加，应记入“制造费用”账户的借方；应交税费的减少，应记入“应交税费”账户的借方；银行存款的减少，应记入“银行存款”账户的贷方。这项业务应编如下会计分录：

(22) 借：生产成本——A产品　5 600
　　　　　　　——B产品　2 900
　　　制造费用　1 100
　　　应交税费——应交增值税(进项税额)　1 248
　　贷：银行存款　10 848

[业务23] 月末，按生产工人工资比例分配本月发生的制造费用48 000元，其中A产品负担32 000元，B产品负担16 000元。

这项经济业务的发生，一方面使制造费用因分配转出而减少36 000元，另一方面使各种产品的生产成本因转入制造费用而增加36 000元。因此，这项经济业务涉及“生产成本”“制造费用”两个账户。

转入的制造费用，应记入“生产成本”账户的借方；转出的制造费用，应记入“制造费用”账户的贷方。这项业务应编如下会计分录：

(23) 借：生产成本——A产品　32 000
　　　　　　　——B产品　16 000
　　贷：制造费用　48 000

[业务24] 月末，结转完工入库产品的实际生产成本311 100元，其中A产品1 000件的实际生产成本236 000元，B产品600件的实际生产成本75 100元。

结转完工产品的实际成本，一方面使归集在“生产成本”账户上的生产费用因转出而减少311 100元，另一方面使库存产成品的实际成本增加311 100元。因此，这项经济业务涉及“库存商品”“生产成本”两个账户。

库存产成品实际成本的增加，是资产的增加，应记入“库存商品”账户的借方；转出的完工产品成本，应记入“生产成本”账户的贷方。这项业务应编如下会计分录：

(24) 借：库存商品——A产品　236 000
　　　　　　　——B产品　75 100
　　贷：生产成本——A产品　236 000
　　　　　　　　——B产品　75 100

生产业务的总分类核算，如图4-3所示。

库存现金

借方	贷方
期初余额	
(13) 99 000	(14) 99 000
	(15) 600

银行存款

借方	贷方
期初余额	
	(13) 99 000
	(16) 12 000
	(20) 1 200
	(21) 800
	(22) 10 848

原材料

借方	贷方
期初余额	
	(12) 155 200

累计折旧

借方	贷方
	期初余额
	(19) 18 840

应付职工薪酬

借方	贷方
	期初余额
(14) 99 000	(17) 99 000
	(18) 13 860

生产成本

借方	贷方
(12) 152 000	
(17) 90 000	
(18) 12 600	
(22) 8 500	
(23) 48 000	(24) 311 100

制造费用

借方	贷方
(12) 3 200	(23) 48 000
(15 600	
(16) 12 000	
(17) 9 000	
(18) 1 260	
(19) 18 840	
(20) 1 200	
(21) 800	
(22) 1 100	

应交税费

借方	贷方
(22) 1 248	

库存商品

借方	贷方
期初余额	
(24) 311 100	

图 4-3 生产业务的总分类核算

第四节 销售业务的核算

工业企业的销售主要是指产品销售，此外，还会发生材料销售和运输等非工业性劳务销售。销售业务的发生包括两方面的内容：一方面企业向购货单位收取价款，以实现产品的价值，为持续经营提供资金，同时，按国家规定，向购货单位收取增值税；另一方面企业的库存产成品或原材料减少，其价值转化为销售成本。赊销时，应当收取的价款和增值税就转化为企业的债权，即应收账款。在销售过程中，还会发生产品包装费、广告费、运输费各种销售费用。销售业务发生之后，企业还要按国家规定缴纳增值税和按销售收入的一定比例计算城乡维护建设税及教育费附加。

综上所述，销售业务的发生，一方面使企业的银行存款（或库存现金）或应收账款等资产项和应交税费这项负债增加，另一方面使库存产成品、原材料等资产的价值转化为销售成本。这些业务构成了销售业务核算的主要内容。

一、销售业务核算设置和运用的账户

为了核算销售业务，设置和运用“主营业务收入”“主营业务成本”“销售费用”“税金及附加”“其他业务收入”“其他业务成本”等损益类账户，设置和运用“应收账款”等资产类账户和“应交税费”等负债类账户。

上述账户的性质、用途和结构如下：

（1）“主营业务收入”账户是损益类账户，用来核算企业销售产品、提供劳务等所实现的收入。该账户的结构是：贷方登记实现的产品销售、提供劳务的收入，借方登记月末转入“本年利润”账户的产品销售、提供劳务的收入，结转后本账户无余额。

为了具体核算主营业务收入，按产品品种或类别设置主营业务收入明细账，进行明细核算。

（2）“主营业务成本”账户是损益类账户，用来核算企业销售产品、提供劳务的实际成本。该账户的结构是：借方登记销售产品提供劳务的实际成本，贷方登记月末转入“本年利润”账户的产品销售、提供劳务的成本，结转后本账户无余额。

为了具体核算主营业务成本，按产品品种或类别设置主营业务成本明细账，进行明细核算。

（3）“销售费用”账户是损益类账户，用来核算企业在产品销售过程中发生的各项费用，即产品销售费用，包括产品包装费、运输费、装卸费、广告费等。该账户的结构是：借方登记发生的销售费用，贷方登记月末转入“本年利润”账户的产品销售费用，结转后本账户无余额。

为了具体核算销售费用，按费用项目设置销售费用明细账，进行明细核算。

（4）“税金及附加”账户是损益类账户，用来核算企业经营活动发生的相关税费，包括消费税、城乡维护建设税、教育费附加等。该账户的结构是：借方登记企业按规定计算确定的与经营活动相关的各项税费，贷方登记月末转入“本年利润”账户的税金及附加，结转后本账户无余额。

（5）“其他业务收入”账户是损益类账户，用来核算企业除主营业务收入以外的其他经营活动实现的收入，如材料销售、固定资产出租、提供运输等非工业性劳务收入。该账户的结构是：贷方登记实现的其他业务收入，借方登记月末转入“本年利润”账户的其他业务收入，结转后本账户无余额。

为了具体核算其他业务收入，按其他业务种类分别设置其他业务收入明细账，进行明细核算。

（6）“其他业务成本”账户是损益类账户，用来核算企业除主营业务活动以外的其他经营活动所发生的支出，包括销售材料成本、出租固定资产的折旧额等。该账户的结构是：借方登记发生的其他业务成本，贷方登记月末转入“本年利润”账户的其他业务成本，结转后本账户无余额。

为了具体核算其他业务成本，按其他业务种类分别设置其他业务成本明细账，进行明细核算。

(7)“应收账款”账户是资产类账户，用来核算企业因销售产品、材料等应向购货单位收取的款项。该账户的结构是：借方登记发生的应收款项，贷方登记收回的应收款项，余额一般在借方，表示尚未收回的款项。

为了具体核算应收账款，按购货单位分别设置应收账款明细账，进行明细核算。

(8)“应交税费”账户核算内容和结构见本章第二节。

二、销售业务核算举例

【例 4-4】 现以北华公司 2020 年 12 月份发生的销售业务为例，说明账户与复式记账法的具体运用。

[业务 25] 向长宏工厂销售 A 产品 600 件，单价 350 元，卖价为 210 000 元，增值税税额为 27 300 元，价税合计 237 300 元，存入银行。

这项经济业务的发生，一方面使企业的产品销售收入增加 210 000 元，应交税费增加 27 300 元，另一方面使银行存款增加 237 300 元。因此，这项经济业务涉及“银行存款”“主营业务收入”“应交税费”三个账户。

银行存款的增加，应记入“银行存款”账户的借方；产品销售收入的增加，应记入“主营业务收入”账户的贷方；应交税费的增加，是负债的增加，应记入“应交税费”账户的贷方。这项业务应编如下会计分录：

(25) 借：银行存款	237 300	
贷：主营业务收入——A 产品		210 000
应交税费——应交增值税(销项税额)		27 300

[业务 26] 向吉庆工厂销售 A 产品 200 件，单价 350 元，卖价为 70 000 元，增值税税额为 9 100 元；销售 B 产品 300 件，单价 150 元，卖价为 45 000 元，增值税税额为 5 850 元，价税合计 129 950 元，款项尚未收到。

这项经济业务的发生，贷款虽然未收，但销售已实现，因此，一方面使企业的产品销售收入增加 115 000 元，应交税费增加 14 950 元，另一方面使企业的应收账款增加 129 950 元。因此，这项经济业务涉及“应收账款”“主营业务收入”“应交税费”三个账户。

应收账款的增加，是资产的增加，应记入“应收账款”账户的借方；产品销售收入的增加，应记入“主营业务收入”账户的贷方；应交税费的增加，应记入“应交税费”账户的贷方。这项业务应编如下会计分录：

(26) 借：应收账款——吉庆工厂	129 950	
贷：主营业务收入——A 产品		70 000
——B 产品		45 000
应交税费——应交增值税(销项税额)		14 950

[业务 27] 用银行存款 6 600 元支付本月产品销售运杂费。

这项经济业务的发生，一方面使企业的银行存款减少 6 600 元，另一方面使产品销售费用增加 6 600 元。因此,这项经济业务涉及“销售费用”“银行存款”两个账户。

产品销售费用的增加,应记入“销售费用”账户的借方;银行存款的减少,应记入“银行存款”账户的贷方。这项业务应编如下会计分录:

(27) 借:销售费用　　6 600
　　贷:银行存款　　6 600

[业务 28] 用银行存款 4 400 元支付产品广告费。

这项经济业务的发生,一方面使企业的银行存款减少 4 400 元,另一方面使产品销售费用增加 4 400 元。因此,这项经济业务涉及“销售费用”“银行存款”两个账户。

产品销售费用的增加,应记入“销售费用”账户的借方;银行存款的减少,应记入“银行存款”账户的贷方。这项业务应编如下会计分录:

(28) 借:销售费用　　4 400
　　贷:银行存款　　4 400

[业务 29] 吉庆工厂还来货款 85 000 元,存入银行。

这项经济业务的发生,一方面使企业的应收账款减少 85 000 元,另一方面使银行存款增加 85 000 元。因此,这项经济业务涉及“银行存款”“应收账款”两个账户。

银行存款的增加,应记入“银行存款”账户的借方;应收账款的减少,是资产的减少,应记入“应收账款”账户的贷方。这项业务应编如下会计分录:

(29) 借:银行存款　　85 000
　　贷:应收账款——吉庆工厂　　85 000

[业务 30] 月末,结转本月销售产品的生产成本 212 500 元,其中 A 产品 800 件的生产成本 184 000 元,B 产品 300 件的生产成本 28 500 元。

这项经济业务的发生,一方面使产品销售成本增加 212 500 元,另一方面使库存产品的实际成本减少 212 500 元。因此,这项经济业务涉及“主营业务成本”“库存商品”两个账户。

产品销售成本的增加,应记入“主营业务成本”账户的借方;库存产成品实际成本的减少,是资产的减少,应记入“库存商品”账户的贷方。这项业务应编如下会计分录:

(30) 借:主营业务成本——A 产品　　184 000
　　　　　　　　——B 产品　　28 500
　　贷:库存商品——A 产品　　184 000
　　　　　　　——B 产品　　28 500

[业务 31] 向海越公司销售甲材料 500 千克,单价 30 元,卖价为 15 000 元,增值税税额为 1 950 元,价税合计 16 950,存入银行。

这项经济业务的发生,一方面使企业的其他销售收入增加 15 000 元,应交税费增加 1 950 元,另一方面使银行存款增加 16 950 元。因此,这项经济业务涉及“银行存款”“其他业务收入”“应交税费”三个账户。

银行存款的增加,应记入“银行存款”账户的借方;其他销售收入的增加,应记入“其他业务收入”账户的贷方;应交税费的增加,应记入“应交税费”账户的贷方。这项业务应编如下会计分录:

(31) 借：银行存款　　16 950

　　贷：其他业务收入　　15 000

　　　　应交税费——应交增值税(销项税额)　　1 950

[业务 32]　结转销售甲材料 500 公斤的实际成本 11 000 元。

这项经济业务的发生，一方面使其他业务成本增加 11 000 元，另一方面使库存材料的实际成本减少 11 000 元。因此，这项经济业务涉及“其他业务成本”“原材料”两个账户。

其他业务成本的增加，应记入“其他业务成本”账户的借方；库存材料实际成本的减少，应记入“原材料”账户的贷方。这项业务应编如下会计分录：

(32) 借：其他业务成本　　11 000

　　贷：原材料——甲材料　　11 000

[业务 33]　月末，按规定计算与企业经营活动有关的应交城乡维护建设税2 040 元。

这项经济业务的发生，一方面使城建税增加 2 040 元，另一方面使应交税费增加 2 040 元。因此，这项经济业务涉及“税金及附加”“应交税费”三个账户。

城建税增加的增加，应记入“税金及附加”账户的借方；应交税费的增加，应记入“应交税费”账户的贷方。这项业务应编如下会计分录：

(33) 借：税金及附加　　2 040

　　贷：应交税费——应交城建税　　2 040

[业务 34]　用银行存款上交本月应交税费 30 692 元，其中增值税税额为 28 652 元，城乡维护建设税 2 040 元。

根据“应交税费——应交增值税”明细分类账户的记录，本月增值税销项税额为 44 200 元，进项税额为 15 548 元，应交增值税税额为 28 652 元。

这项经济业务的发生，一方面使企业的银行存款减少 30 692 元，另一方面使企业的应交税费减少 30 692 元。因此，这项经济业务涉及“应交税费”“银行存款”两个账户。

应交税费的减少，是负债的减少，应记入“应交税费”账户的借方；银行存款的减少，应记入“银行存款”账户的贷方，这项业务应编如下会计分录：

(34) 借：应交税费——应交增值税　　28 652

　　　　　　　——应交城建税　　2 040

　　贷：银行存款　　30 692

销售业务的总分类核算，如图 4-4 所示。

借方　银行存款	贷方
期初余额	
(25)　237 300	(27)　6 600
(29)　85 000	(28)　4 400
(31)　16 950	(34)　30 692

借方　原材料	贷方
期初余额	
	(32)　11 000

借方　应收账款	贷方
期初余额	
(26)　129 950	(29)　85 000

借方　库存商品	贷方
期初余额	
	(30)　212 500

主营业务收入

借方	贷方
	(25) 210 000
	(26) 115 000

应交税费

借方	贷方
(5) 2 600	(25) 27 300
(8) 9 100	(26) 14 950
(11) 2 600	(31) 1 950
(22) 1 248	(33) 2 040
(34) 30 692	

主营业务成本

借方	贷方
(30) 212 500	

税金及附加

借方	贷方
(33) 2 040	

销售费用

借方	贷方
(27) 6 600	
(28) 4 400	

其他业务收入

借方	贷方
	(31) 15 000

其他业务成本

借方	贷方
(32) 11 000	

图 4-4 销售业务的总分类核算

第五节 利润形成及分配业务的核算

一、利润的构成

企业作为独立的经济实体，应当以自己的经营收入抵补其成本费用，并且实现盈利。企业盈利的大小在很大程度上反映企业生产经营的经济效益，表明企业在每一会计期间的最终经营成果。利润是企业在一定期间的经营成果。利润包括收入减去费用后的净额、直接计入当期利润的利得和损失等。企业的利润可分为税前利润与税后利润，前者也称为利润总额，后者则称为净利润。

(一) 利润总额

利润总额由营业利润、营业外收入、营业外支出三部分组成。

1. 营业利润

营业利润的公式为：

营业利润＝营业收入－营业成本－税金及附加－销售费用－管理费用－财务费用－资产减值损失＋公允价值变动收益(－公允价值变动损失)＋投资收益(－投资损失)

营业收入是指企业经营业务所确定的收入总额，包括主营业务收入和其他业务收入。

营业成本是指企业经营业务所发生的实际成本总额，包括主营业务成本和其他业务成本。

期间费用是指在一定期间内发生的、只与特定的会计期间相联系，而与产品生产无直接联系的费用。它包括管理费用、财务费用和销售费用。

管理费用是指企业行政管理部门为组织和管理生产经营活动而发生的各项费用，包括企业行政管理人员的工资、福利费、差旅费、办公费、水电费、物料消耗、折旧费、劳动保险费(退休金等)。财务费用是指企业为筹集资金而发生的各项费用，包括企业在经营期间发生的利息支出、金融机构手续费(如办理货款结算手续费)等。

销售费用是指企业在销售产品、提供劳务等日常经营过程中发生的各项费用以及专设销售机构的各项经费，包括运输费、装卸费、包装费、保险费、展览费、广告费、租赁费(不包括融资租赁费)，以及为销售本公司商品而专设的销售机构的职工工资、福利费等经常性费用。期间费用直接计入当期损益。

资产减值损失是指企业计提各项资产减值准备所形成的损失。

公允价值变动收益(或损失)是指企业交易性金融资产等公允价值变动形成的应计入当期损益的利得(或损失)。

投资收益(或损失)是指企业以各种方式对外投资所取得的收益(或发生的损失)。

2. 营业外收入

营业外收入是指企业发生的与日常活动无直接关系的各种利得。营业外收入并不是由企业经营资金耗费所发生的，不需要企业付出代价，实际上是一种纯收入，不可能也不需要与有关费用进行配比。因此，在会计核算上，应当严格区分营业外收入与营业收入的界限。营业外收入主要包括非流动资产处置利得、盘盈利得、罚没利得、捐赠利得、政府补助等。

3. 营业外支出

营业外支出是指企业发生的与日常活动无直接关系的各种损失。营业外支出主要包括非流动资产处置损失、盘亏损失、罚款支出、公益性捐赠支出、非常损失等。

(二) 净利润

净利润的公式为：

净利润＝利润总额－所得税费用

企业实现的利润，要按国家规定交纳所得税费用。其计算公式如下：

应交所得税额＝应纳税所得额×税率

应纳税所得额＝收入总额－准予扣除项目金额

企业实现的利润总额扣除所得税费用后的余额，叫做净利润。它是企业可供分配的利润。

企业实现的净利润，要按规定进行分配。一部分作为企业的法定公积金，用于弥补亏损、按国家规定转增资本金等方面；一部分作为企业的任意公积金；一部分向投资者分配；剩余利润为未分配利润。

二、利润形成及分配业务核算设置和运用的账户

为了核算利润的形成及分配业务，设置和运用“其他应收款”等资产类账户，设置和运用“管理费用”“财务费用”“营业外收入”“营业外支出”“所得税费用”等损益类账户，设置和运用

“本年利润”“利润分配”“盈余公积”等所有者权益类账户和“应付利润”负债类账户。

(1)“其他应收款”账户是资产类账户,用来核算企业除应收票据、应收账款、预付款项以外各种的各种应收、暂付款项。它包括应收赔偿款、备用金、应向职工收取的各种垫付款项等。该账户的结构是:借方登记发生的其他应收款项,贷方登记收回的其他应收款项,借方余额表示尚未收回的其他应收款项。

为了具体核算其他应收款项,按款项的种类和债务人分别设置其他应收款明细账,进行明细核算。

(2)“管理费用”账户是损益类账户,用来核算企业行政管理部门为组织和管理生产经营活动而发生的各项费用。该账户的结构是:借方登记发生的管理费用,贷方登记月末转入“本年利润”账户的管理费用,结转后本账户无余额。

为了具体核算管理费用,按费用项目设置管理费用明细账,进行明细核算。

(3)“财务费用”账户是损益类账户,用来核算企业为筹集生产经营所需资金而发生的各项费用。该账户的结构是:借方登记发生的财务费用,贷方登记月末转入“本年利润”账户的财务费用,结转后本账户无余额。

为了具体核算财务费用,按费用项目设置财务费用明细账,进行明细核算。

(4)“营业外收入”账户是损益类账户,用来核算企业发生的与生产经营无直接关系的各项收入。该账户的结构是:贷方登记发生的营业外收入,借方登记月末转入“本年利润”账户的营业外收入,结转后本账户无余额。

(5)“营业外支出”账户是损益类账户,用来核算企业发生的与生产经营无直接关系的各项支出。该账户的结构是:借方登记发生的营业外支出,贷方登记月末转入“本年利润”账户的营业外支出,结转后本账户无余额。

(6)“所得税费用”账户是损益类账户。用来核算企业应由当期损益负担的所得税费用。该账户的结构是:借方登记应由当期损益负担的所得税费用,贷方登记月末转入“本年利润”账户的所得税费用,结转后本账户无余额。

(7)“本年利润”账户是所有者权益类账户,用来核算企业在本年度实现的利润或发生的亏损总额。该账户的结构是:贷方登记月末结转利润时从损益类账户转入的各项收入,借方登记从损益类账户转入的各项支出。该账户的余额方向不固定,如有贷方余额,表示实现的利润;如有借方余额,则表示发生的亏损。年末,该账户的余额表示本年实现的累计利润或发生的累计亏损,全部转入“利润分配”账户,结转后本账户无余额。

(8)“利润分配”账户是所有者权益类账户,用来核算企业利润的分配情况或亏损的弥补情况。该账户的结构是:借方登记分配的利润,贷方登记弥补的亏损。该账户的余额方向不固定;如有借方余额,表示已分配的利润总额;如有贷方余额,则表示已弥补的亏损总额。年终,把“本年利润”账户的余额转入“利润分配”账户后,如有贷方余额,表示年末未分配的利润;如有借方余额,则表示未弥补的亏损。

为了具体核算利润的分配情况,按利润分配项目分别设置利润分配明细账,进行明细核算。

(9)“盈余公积”账户是所有者权益类账户,用来核算企业从利润中提取的公积金。

包括法定公积金、任意公积金等。该账户的结构是：贷方登记提取的公积金，借方登记用于弥补亏损、转增资本、扩大企业生产经营等支出，贷方余额表示公积金结余数。

为了具体核算盈余公积，还应按盈余公积项目分别设置盈余公积明细账，进行明细核算。

(10)“应付利润”账户是负债类账户，用来核算企业应付给投资人的利润。该账户的结构是：贷方登记应付给投资人的利润，借方登记实际支付的利润，贷方余额表示应付而未付的利润。

三、利润形成及分配业务核算举例

【例 4-5】 现以北华公司 2020 年 12 月份发生的利润形成及分配业务为例，说明账户与复式记账法的具体运用。

(一) 管理费用与财务费用业务的核算

[业务 35] 公司行政管理部门一般耗用(管理用)丙材料 3 件，单价 150 元，金额 450 元。

这项经济业务的发生，一方面使管理费用增加 450 元，另一方面使库存材料减少 450 元。因此，这项经济业务涉及“管理费用”“原材料”两个账户。

管理费用的增加，是期间费用的增加，应记入“管理费用”账户的借方；材料的减少，应记入“原材料”账户的贷方。这项业务应编如下会计分录：

(35) 借：管理费用	450	
贷：原材料——丙材料		450

[业务 36] 以库存现金 130 元购入公司行政管理部门用办公用品一批。

这项经济业务的发生，一方面使企业的管理费用增加 130 元，另一方面使企业的库存现金减少 130 元。因此，这项经济业务涉及“管理费用”“库存现金”两个账户。

管理费用的增加，应记入“管理费用”账户的借方；库存现金的减少，应记入“库存现金”账户的贷方。这项业务应编如下会计分录：

(36) 借：管理费用	130	
贷：库存现金		130

[业务 37] 财务科苏红预借差旅费 20 000 元，以库存现金支付。

这项经济业务的发生，一方面使企业的其他应收款增加 20 000 元，另一方面使库存现金减少 20 000 元。因此，这项经济业务涉及“其他应收款”“库存现金”两个账户。

其他应收款的增加，是资产(债权)的增加，应记入“其他应收款”账户的借方；库存现金的减少，应记入“库存现金”账户的贷方。这项业务应编如下会计分录：

(37) 借：其他应收款——苏红	20 000	
贷：库存现金		20 000

[业务 38] 财务科苏红回厂报销差旅费 18 500 元，余款 1 500 元退回库存现金。公司行政管理部门发生的差旅费，列作管理费用。

这项经济业务的发生，一方面使公司的管理费用增加 18 500 元，库存现金增加 1 500 元，另一方面使其他应收款因报销和退回库存现金而减少 20 000 元。因此，这项经济业务涉及“管理费用”“库存现金”“其他应收款”三个账户。

管理费用的增加，应记入“管理费用”账户的借方；库存现金的增加，应记入“库存现金”账户的借方；其他应收款的减少，是资产的减少，应记入“其他应收款”账户的贷方。这项业务应编如下会计分录：

(38) 借：管理费用　18 500
　　库存现金　1 500
　　贷：其他应收款——苏红　20 000

［业务 39］ 以库存现金 23 000 元支付本月企业行政管理部门职工工资。

这项经济业务的发生，一方面使公司的库存现金减少 23 000 元，另一方面使应付职工薪酬减少 23 000 元。因此，这项经济业务涉及“应付职工薪酬”“库存现金”两个账户。

应付职工薪酬的减少，是负债的减少，应记入“应付职工薪酬”账户的借方；库存现金的减少，应记入“库存现金”账户的贷方。这项业务应编如下会计分录：

(39) 借：应付职工薪酬——工资　23 000
　　贷：库存现金　23 000

［业务 40］ 用库存现金 6 700 元支付本月职工退休金。

退休金作为公司的一项劳动保险费支出，列入管理费用。

这项经济业务的发生，一方面使公司的库存现金减少 6 700 元，另一方面使管理费用增加 6 700 元。因此，这项经济业务涉及“管理费用”“库存现金”两个账户。

管理费用的增加，应记入“管理费用”账户的借方；库存现金的减少，应记入“库存现金”账户的贷方。这项业务应编如下会计分录：

(40) 借：管理费用　6 700
　　贷：库存现金　6 700

［业务 41］ 结算该月份公司行政管理部门职工工资 23 000 元。

这项经济业务的发生，一方面使公司的应付职工薪酬增加 23 000 元，另一方面使管理费用增加 23 000 元。因此，这项经济业务涉及“管理费用”“应付职工薪酬”两个账户。

管理费用的增加，应记入“管理费用”账户的借方；应付职工薪酬的增加，是负债的增加，应记入“应付职工薪酬”账户的贷方。这项业务应编制如下会计分录：

(41) 借：管理费用　23 000
　　贷：应付职工薪酬——工资　23 000

［业务 42］ 按工资总额的 14%提取公司行政管理部门职工福利费 3 220 元。

这项经济业务的发生，一方面使公司应付给职工的福利费增加 3 220 元，另一方面使管理费用增加 3 220 元。因此，这项经济业务涉及“管理费用”“应付职工薪酬”两个账户。

管理费用的增加，应记入“管理费用”账户的借方；应付职工薪酬的增加，是负债的增加，应记入“应付职工薪酬”账户的贷方。这项业务应编如下会计分录：

(42) 借：管理费用　3 220
　　贷：应付职工薪酬——职工福利费　3 220

［业务 43］ 计提公司行政管理部门固定资产折旧 14 000 元。

这项经济业务的发生，一方面使固定资产折旧增加 14 000 元，另一方面使管理费用增加 14 000 元。因此，这项经济业务涉及“管理费用”“累计折旧”两个账户。

管理费用的增加，应记入“管理费用”账户的借方；折旧的增加，应记入“累计折旧”账户的贷方。这项业务应编如下会计分录：

（43）借：管理费用　　　　14 000

　　　　贷：累计折旧　　　　14 000

［业务 44］ 以银行存款支付由公司行政管理部门负担的报刊订阅费 900 元。

这项经济业务的发生，一方面使公司的银行存款减少 900 元，另一方面使管理费用增加 900 元。因此，这项经济业务涉及“管理费用”“银行存款”两个账户。

管理费用的增加，应记入“管理费用”账户的借方，银行存款的减少，是资产的减少，应记入“银行存款”账户的贷方。这项业务应编如下会计分录：

（44）借：管理费用　　　　900

　　　　贷：银行存款　　　　900

［业务 45］ 以银行存款 1 900 元支付公司行政管理部门业务招待费。

这项经济业务的发生，一方面使公司的银行存款减少 1 900 元，另一方面使管理费用增加 1 900 元。因此，这项经济业务涉及“管理费用”“银行存款”两个账户。这项业务应编如下会计分录：

（45）借：管理费用　　　　1 900

　　　　贷：银行存款　　　　1 900

［业务 46］ 支付银行借款利息 600 元。

这项经济业务的发生，一方面使公司的银行存款减少 600 元，另一方面使公司筹集资金的费用即财务费用增加 600 元。因此，这项经济业务涉及“财务费用”“ 银行存款”两个账户。财务费用的增加，是期间费用的增加，应记入“财务费用”账户的借方，银行存款的减少，应记入“银行存款”账户的贷方。这项业务应编如下会计分录：

（46）借：财务费用　　　　600

　　　　贷：银行存款　　　　600

管理费用与财务费用业务的总分类核算，如图 4-5 所示。

管理费用

借方	贷方
(35)　450	
(36)　130	
(38)　18 500	
(40)　6 700	
(41)　23 000	
(42)　3 220	
(43)　14 000	
(44)　900	
(45)　1 900	

库存现金

借方	贷方
期初余额	
(38)　1 500	(36)　130
	(37)　20 000
	(39)　23 000
	(40)　6 700

其他应收款

借方	贷方
期初余额	
(37) 20 000	(38) 20 000

原材料

借方	贷方
期初余额	
	(35) 450

累计折旧

借方	贷方
	期初余额
	(43) 14 000

财务费用

借方	贷方
(46) 600	

应付职工薪酬——工资

借方	贷方
(39) 23 000	期初余额
	(41) 23 000
	(42) 3 220

银行存款

借方	贷方
期初余额	
	(44) 900
	(45) 1 900
	(46) 600

图 4-5 管理费用与财务费用业务的总分类核算

(二) 营业外收支业务的核算

[业务 47] 收到供货商因违反合同所支付的罚款 3 460 元,存入银行。

这项经济业务的发生,一方面使企业的银行存款增加 3 460 元;另一方面使营业外收入增加 3 460 元。因此,这项经济业务涉及"银行存款""营业外收入"两个账户。

银行存款的增加,是资产的增加,应记入"银行存款"账户的借方,营业外收入的增加,是收入的增加,应记入"营业外收入"账户的贷方。这项业务应编如下会计分录:

(47) 借: 银行存款　　3 460

　　贷: 营业外收入　　3 460

[业务 48] 向减灾委员会捐赠库存现金 2 000 元。

这项经济业务的发生,一方面使企业的库存现金减少 2 000 元。另一方面使营业外支出增加 2 000 元。因此,这项经济业务涉及"营业外支出""库存现金"两个账户。

营业外支出的增加,应记入"营业外支出"账户的借方;"库存现金"的减少,应记入"库存现金"账户的贷方。这项业务应编如下会计分录:

(48) 借: 营业外支出　　2 000

　　贷: 库存现金　　2 000

营业外收支业务的总分类核算,如图 4-6 所示。

库存现金

借方	贷方
期初余额	
	(48) 2 000

银行存款

借方	贷方
期初余额	
(47) 3 460	

营业外收入

借方	贷方
	(47) 3 460

营业外支出

借方	贷方
(48) 2 000	

图 4-6 营业外收支业务的总分类核算

（三）所得税费用业务的核算

［业务 49］ 经计算本月应纳税所得额为 51 000 元，按其 25%计算本月应纳所得税费用为 12 750 元。

这项经济业务的发生，一方面使企业的应交税费增加 12 750 元，另一方面使所得税费用增加 12 750 元。因此，这项经济业务涉及“所得税费用”“应交税费”两个账户。

所得税费用的增加，是费用的增加，应记入“所得税费用”账户的借方；应交税费的增加是负债的增加，应记入“应交税费”账户的贷方。这项业务应编如下会计分录：

（49）借：所得税费用	12 750	
贷：应交税费——应交所得税		12 750

［业务 50］ 用银行存款 12 750 元上交所得税费用。

这项经济业务的发生，一方面使企业的应交税费减少 12 750 元，另一方面使银行存款减少 12 750 元。因此，这项经济业务涉及“应交税费”“银行存款”两个账户。

应交税费的减少，是负债的减少，应记入“应交税费”账户的借方；银行存款的减少，应记入“银行存款”账户的贷方。这项业务应编如下会计分录：

（50）借：应交税费——应交所得税	12 750	
贷：银行存款		12 750

所得税费用业务的总分类核算，如图 4-7 所示。

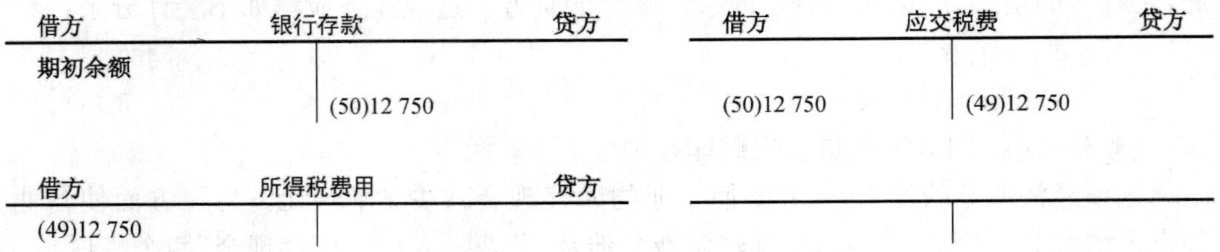

图 4-7　所得税费用业务的总分类核算

（四）利润结转与分配业务的核算

［业务 51］ 月末，结转本月利润。

结转利润，就是把损益类账户的本月发生额转入“本年利润”账户。由于实现的各项收入是利润这项所有者权益的来源，而为获得利润所发生的各项支出则应由当期收入或利润负担，因而在结转利润时，把损益类账户中收入类账户的发生额转入“本年利润”账户的贷方，把费用类账户的发生额转入“本年利润”账户的借方。结转利润时，应编如下两个会计分录：

（51-1）借：主营业务收入	325 000	
其他业务收入	15 000	
营业外收入	3 460	
贷：本年利润		343 460

（51-2）借：本年利润 320 690

贷：主营业务成本 212 500

销售费用 11 000

税金及附加 2 040

其他业务成本 11 000

管理费用 68 800

财务费用 600

营业外支出 2 000

所得税费用 12 750

通过以上结转，即可根据“本年利润”账户计算确定本月实现的利润。

［业务52］ 按本月利润22 770元的10％提取法定盈余公积2 277元。

这项经济业务的发生，一方面使企业的利润分配增加2 277元，另一方面使盈余公积增加2 277元。因此，这项经济业务涉及“利润分配”“盈余公积”两个账户。

利润分配的增加，表明利润的减少，应记入“利润分配”账户的借方；盈余公积的增加，是所有者权益的增加，应记入“盈余公积”账户的贷方。这项业务应编如下会计分录：

（52）借：利润分配——提取法定盈余公积 2 277

贷：盈余公积——法定盈余公积 2 277

［业务53］ 按公司章程，计算应向投资人分配的利润9 225.90元。

这项经济业务的发生，一方面使企业的利润分配增加9 225.90元，另一方面使应付利润增加9 225.90元。因此。这项经济业务涉及“利润分配”“应付利润”两个账户。

利润分配的增加，应记入“利润分配”账户的借方；应付利润的增加，是负债的增加，应记入“应付利润”账户的贷方。这项业务应编如下会计分录：

（53）借：利润分配——应付利润 9 225.90

贷：应付利润 9 225.90

［业务54］ 用银行存款6 000元支付利润。

这项经济业务的发生，一方面使企业的银行存款减少6 000元，另一方面使应付利润减少6 000元。因此，这项经济业务涉及“应付利润”“银行存款”两个账户。

应付利润的减少，是负债的减少。应记入“应付利润”账户的借方；银行存款的减少，应记入“银行存款”账户的贷方。这项业务应编如下会计分录：

（54）借：应付利润 6 000

贷：银行存款 6 000

利润结转与分配业务的总分类核算，如图4-8所示。

主营业务收入

借方	贷方
(51-1) 325 000	(25) 210 000
	(26) 115 000

其他业务收入

借方	贷方
(51-1) 15 000	(31) 15 000

营业外收入

借方	贷方
(51-1) 3 460	(47) 3 460

本年利润

借方	贷方
(51-2) 320 690	(51-1) 343 460

主营业务成本

借方		贷方	
(30)	212 500	(51-2)	212 500

销售费用

借方		贷方	
(27)	6 600	(51-2)	11 000
(28)	4 400		

税金及附加

借方		贷方	
(33)	2 040	(51-2)	2 040

其他业务成本

借方		贷方	
(32)	11 000	(51-2)	11 000

管理费用

借方		贷方	
(35)	450	(51-2)	68 800
(36)	130		
(38)	18 500		
(40)	6 700		
(41)	23 000		
(42)	3 220		
(43)	14 000		
(44)	900		
(45)	1 900		

财务费用

借方		贷方	
(46)	600	(51-2)	600

营业外支出

借方		贷方	
(48)	2 000	(51-2)	2 000

所得税费用

借方		贷方	
(49)	12 750	(51-2)	12 750

利润分配

借方		贷方	
(52)	2 277		
(53)	9 225.90		

盈余公积

借方		贷方	
		(52)	2 277

应付利润

借方		贷方	
(54)	6 000	(53)	9 225.90

银行存款

借方		贷方	
期初余额			
		(54)	6 000

图 4-8 利润结转与分配业务的总分类核算

课后练习题

一、名词解释

营业外支出 期间费用 营业外收入 累计折旧 管理费用

二、单项选择题

1. 产品生产成本不包括(　　)。

A. 直接人工　　B. 直接材料　　C. 制造费用　　D. 管理费用

2. 生产成本账户的期末借方余额表示(　　)。

A. 完工产品成本　　B. 期末在产品成本

C. 本期生产费用合计　　D. 库存产成品成本

3. 借记“应付账款”账户、贷记“实收资本”账户的经济业务属于(　　)。

A. 权益内部变化　　B. 资产内部变化

C. 负债内部变化　　D. 所有者权益内部变化

4. 对车间管理部门使用的固定资产计提折旧费,应借记(　　)账户,贷记"累计折旧"账户。

A. "管理费用"　　B. "制造费用"　　C. "营业费用"　　D. "生产成本"

5. F公司"盈余公积"账户年初余额为100万元,本年提取法定盈余公积135万元,用盈余公积转增实收资本80万元。假定不考虑其他因素,则下列表述中不正确的是(　　)。

A. 所有者权益总额维持不变　　B. 所有者权益总额增加55万元

C. "盈余公积"账户年末余额为155万元　　D."实收资本"账户增加80万元

三、多项选择题

1. 产品的制造成本包括(　　)。

A. 为制造产品发生的材料费用

B. 为制造产品发生的人工费用

C. 为制造产品发生的固定资产折旧费

D. 自然灾害造成的材料毁损

2. 应通过"应收账款"账户核算的有(　　)。

A. 销售产品尚未收到货款　　B. 销售产品时代客户垫付的运杂费

C. 预付给供货单位的购货款　　D. 销售产品时应向客户收取的增值税

3. 领用原材料的会计分录通常涉及的借方账户有(　　)。

A. "生产成本"　　B. "管理费用"　　C. "制造费用"　　D. "财务费用"

4. 某单位购买材料时以银行存款预付货款,材料验收入库的会计分录涉及的会计账户可能有(　　)账户。

A. "应收账款"　　B. "预付款项"　　C. "应付账款"　　D. "预收款项"

5. 属于营业外收入的有(　　)。

A. 取得的政府补助收入　　B. 银行存款利息收入

C. 收到的捐赠款　　D. 出售原材料取得的收入

四、判断题

1. 车间领用一般性消耗的材料,应增加管理费用。(　　)

2. 累计折旧账户属于资产类账户,所以其期末余额在借方。(　　)

3. 工业企业出租固定资产取得的收入应确认为营业外收入。(　　)

4. 企业应付职工的薪酬的提取、结算、使用等情况,应当通过"应付职工薪酬"账户核算。(　　)

5. "生产成本""制造费用""销售费用""管理费用"均属于损益类账户,期末结转后一般无余额。(　　)

五、简答题

1. 企业生产经营过程中所发生的过程及经济业务有哪些?

2. 生产费用主要包括哪些内容?

3. 企业筹集资金的渠道有哪些?

4. 企业利润总额由哪些部分构成?

5. 企业实现的净利润要如何分配?

六、业务题

业务题一

(一) 目的:练习会计分录的编制。

(二) 资料:海浪公司2020年10月发生以下经济业务:

1. 本月生产A产品耗用甲材料400吨,共计400 000元;生产B产品耗用乙材料400吨,共计200 000元。

2. 应付职工工资共计 530 000 元，其中，A 产品生产工人工资 300 000 元，B 产品生产工人工资 150 000 元，车间管理人员工资 30 000 元，企业管理人员工资 50 000 元。

3. 按工资总额 14%提取职工福利费，共计 74 200 元，其中 63 000 元应直接计入生产费用，4 200 元应计入制造费用，7 000 元应计入管理费用。

4. 按规定的折旧率计算应提固定资产折旧 110 000 元，其中，生产用固定资产折旧 100 000 元，企业行政管理用固定资产折旧 10 000 元。

5. 汇集全月制造费用 150 000 元，并按直接人工工资比例(2∶1)在 A、B 产品之间分配。

6. 全月投产 A、B 产品各为 842 000 元和 421 000 元，已全部完工入库。

(三) 要求：根据上述经济业务编制相关会计分录(提示：凡涉及债权、债务的会计科目，必须写出各级明细科目)。

业务题二

(一) 目的：练习会计分录的编制。

(二) 资料：海华公司 2020 年 12 月发生以下经济业务：

1. 接受某企业投入货币资金 150 000 元，款项已存入银行。

2. 向银行借入 6 个月的借款 50 000 元，存入银行。

3. 结转本月应付职工工资 168 000 元，其中，生产 A 产品生产工人工资 78 000 元；生产 B 产品生产工人工资 42 000 元；车间管理人员工资 18 000 元；行政管理部门人员工资 30 000 元。

4. 月末，将本月发生的制造费用 39 600 元转入"生产成本"账户(制造费用按生产工人的工资比例分配)。

5. 月末，结转已完工验收入库的 A、B 产品的实际生产成本，其中，A 产品成本 19 332 元，B 产品成本 12 085 元。

6. 结算本月应负担的城市维护建设税 700 元和教育费附加 500 元。

7. 结转本月已售商品的销售成本，其中 A 产品成本 33 000 元，B 产品成本 22 000 元。

8. 假定本企业应纳税所得额与利润总额一致，利润总额为 91 800 元，按其 25%计算并结转所得税费用。

9. 按净利润的 10%计提法定盈余公积。

(三) 要求：编制上述经济业务的会计分录。

业务题三

(一) 目的：练习会计分录的编制。

(二) 资料：虹明公司 2020 年 9 月发生以下经济业务：

1. 2 日，向 A 公司购如材料一批，价款 100 000 元，增值税税额为 13 000 元，对方代垫运杂费 500 元。材料已验收入库，款项尚未支付(存货采用实际成本核算)。

2. 3 日，以银行存款支付上述款项。

3. 接供电部门通知，本月应付电费 58 000 元，其中，生产车间电费 42 000 元。行政管理部门电费 16 000 元(不考虑增值税)。

4. 5 日，与 D 公司签订供货合同，合同规定供货金额 200 000 元，增值税税额为 26 000 元。D 公司通过银行先预付全部款项的 60%，余款在货物验收后付清。货已发运，虹明公司以银行存款支付代垫运费 1 000 元。

5. 10 日，向 E 公司出租包装箱一批，收取押金 10 000 元存入银行。

6. 20 日，以银行存款支付以前年度所欠 B 公司的货款 2 000 元。

(三) 要求：报据上述经济业务，编制相关会计分录(其中，债权债务账户必须写出各级明细账户)。

业务题四

（一）目的：练习会计分录的编制。

（二）资料：2020 年 10 月 1 日，海浪公司“应收账款”总账借方余额为 4 868 元，其中，“应收账款——乙企业”明细账借方余额为 2 378 元，“应收账款——丙企业”明细账借方余额为 2 490 元。海浪公司 10 月份发生下列经济业务：

1. 5 日，以库存现金支付新聘采购员张正出差差旅费 25 000 元。

2. 6 日，出借给甲企业包装桶一批，收到押金 6 000 元，存入银行。

3. 7 日，销售给乙企业 A 产品一批，货款为 120 000 元，增值税税额为 15 600 元，以银行存款垫付运杂费 600 元，款项尚未收到。

4. 8 日，销售给丙企业 B 产品一批，货款为 210 000 元，增值税税额为 27 300 元，款项尚未收到。

5. 10 日，采购员张正出差回来报销差旅费，实际报销 24 500 元，以库存现金支付。

6. 12 日，甲企业借用的包装桶全部归还，以银行存款退回押金 6 000 元。

7. 13 日，乙企业归还 7 日购货全部款项的 70%，并存入银行。

8. 14 日，销售给乙企业 C 产品一批，货款为 100 000 元，增值税税额为 13 000 元，款项尚未收到。

9. 28 日，收到乙企业所欠 C 产品货款 113 000 元，款项存入银行。

（三）要求：根据上述经济业务编制相关会计分录（提示：凡涉及债权、债务的会计科目，必须写出各级明细科目）。

业务题五

（一）目的：练习会计分录的编制。

（二）资料：海华公司为增值税一般纳税人，采用实际成本法进行原材料核算，单独设立“预付款项”科目核算预付款项。海华公司 3 月份发生的有关材料采购经济业务如下：

1. 7 月 5 日，购入甲材料 6 000 千克，单价 17 元/千克，增值税专用发票上注明增值税税额为 13 260 元，款项已通过银行转账支付，材料已验收入库。

2. 7 月 6 日，与 A 公司签订采购合同，合同规定从 A 公司采购甲材料 9 000 千克，单价 15 元/千克，货款总额为 135 000 元。按照合同规定，当即向 A 公司预付货款总额的 45%。

3. 7 月 8 日，接受乙公司投资转入甲材料 8 000 千克，投资作价 16 元/千克。增值税专用发票上注明增值税税额为 16 640 元，双方确认乙公司出资额为 144 640 元。材料已验收入库。

4. 7 月 12 日，购入甲材料 1000 千克，单价 16 元/千克，发票账单已到，增值税专用发票上注明增值税税额为 2 080 元，材料尚未到达。

5. 7 月 20 日，购入甲材料 1 200 千克，单价 18 元/千克，增值税专用发票上注明增值税税额为 2 808 元，款项暂欠，材料已验收入库。

6. 7 月 30 日，向 A 公司采购的甲材料 9 000 千克验收入库，当即用银行存款补付余款及 13% 的增值税税额。

（三）要求：编制上述经济业务相关的会计分录。

第五章

成 本 计 算

第一节　成本计算概述

一、成本和成本计算的概念

在市场经济体制下，作为自主经营、自负盈亏、独立核算的经济组织，企业的生产经营活动是一个以资金的投入为起点，以资金的使用消耗为过程，以资金的回收与退出为终点的循环不断的资金运动过程。在此过程中，商品的价值由三个部分组成：已耗费的生产资料价值、劳动者工资和企业利润。从理论上讲，前两个部分就构成了商品的理论成本。因此，理论上的产品成本就是生产经营过程中所消耗的生产资料价值和劳动者为自己创造的价值（劳动者工资）的货币表现。

而从实务角度来说，企业在生产经营过程中为生产出主营商品、取得销售收入，就需要不断地投入各种人力、物力和财力等各种资源。而成本就是企业为生产商品、提供劳务等而消耗资源的一种价值衡量尺度。同时，它也是补偿前期资源占用、考核经济效益的一项综合性指标。

成本计算是把企业在供应、生产和销售过程中发生的各种费用，按一定的对象进行归集和分配，从而确定该对象的总成本和单位成本的一种会计核算方法。

就工业企业的成本计算对象来说，主要包括生产的产品和销售的产品，因而成本计算的内容主要包括产品生产成本计算和产品销售成本计算。

二、成本计算的意义

成本计算对于加强企业的经营管理，降低成本开支，提高经济效益等方面具有重要的意义。

（一）为存货资产计价提供依据

产成品等存货资产的实际价值就是取得或形成这些资产的成本。成本计算的结果，即各成本计算对象的总成本和单位成本，是如实反映存货资产实际价值的直接依据。

（二）为制定产品价格提供依据

一般说来，产品价格是以产品的社会平均成本为基础的。社会平均成本高的产品价格也高；反之，其价格也低。社会平均成本是通过成本计算来提供的。

（三）为准确计算损益提供依据

损益是收入减成本、费用的差额。产品生产成本准确与否，决定着产品销售成本的准确性。正确计算成本是合理确定为取得收入而发生的成本、费用的补偿价值，进而准确计算损益的前提条件。

（四）为考评业绩提供依据

成本的高低是考核企业内部各职能部门和职员工作业绩的一个综合性指标。成本计算资料与成本计划对比，可以考核评价成本控制绩效。例如，产品成本计算资料与产品成本计划对比，可以考核生产部门和有关人员的工作业绩。

（五）为加强管理、提高经济效益提供依据

根据成本计算结果，可以考核成本计划的执行情况，分析成本升降的原因，加强企业管理，挖掘降低成本的潜力，有效地控制成本开支，以提高经济效益。

（六）为预测和决策提供必要的依据

成本计算的结果不仅为预测和规划下期成本指标提供参考数据，而且还为企业分析决策方案的经济效果提供参考数据。

第二节　成本计算的基本要求和程序

一、成本计算的基本要求

为了规范和做好成本计算工作，企业在计算成本时必须遵循下列基本要求。

（一）严格遵守国家规定的成本开支范围

成本开支范围是对哪些开支应计入成本，哪些开支不应计入成本所作的统一规定。它是各企业在计算成本时必须严格遵守的一项财经法规。国家对各企业统一规定成本开支范围是为了统一成本计算口径，规范企业与国家之间的分配关系。按照统一规定的成本开支范围，企业在计算成本时必须严格划分各项支出的界限，只把属于成本开支范围内的支出列入成本。例如，企业为生产产品而发生的各项直接支出，如直接材料费、直接人工费等，直接计入产品成本。各种间接支出（制造费用），分配计入产品成本。这些支出从销售收入中得到补偿。销售费用、管理费用和财务费用支出作为期间费用，直接计入当期损益。又如，购进固定资产、无形资产支出和对外投资支出，计入资产的价值，不直接计入产品成本。

（二）正确地划分各期成本的界限

划分各期产品成本的依据是权责发生制和受益原则，某项耗费是否应计入本月存货成本以及应计入多少，取决于是否在本月实际发生以及受益量的大小。某项耗费是否应计入本月产品成本，不取决于成本金额的大小，而取决于本月产品是否受益，只要是本月产品受益的耗费，就应计入本期产品成本；只要是由本月与以后各月共同受益的耗费，就应在相关期间内采用适当方法进行合理分摊。

正确地划分各期成本，是为了客观地计算各期的成本，合理地确定各期的损益。

（三）建立健全原始成本记录

建立健全原始成本记录是成本计算的一项基础工作。企业必须以原始成本记录为依据，如实计算成本。

按照这一要求，企业必须建立健全领料、工资结算、工时统计、产品交库以及其他有关费用支出的原始成本记录。

二、成本计算的基本程序

成本计算的基本程序包括收集、整理原始成本记录；确定成本计算对象、成本计算期和成本项目；归集和分配各项费用；设置和登记费用、成本明细账；计算各成本计算对象的总成本和单位成本。

（一）收集、整理原始成本记录

收集整理原始成本记录，也就是为成本计算提供各项原始数据。这些数据是否准确、真实、完整，直接影响成本计算工作的进度和质量。因此，在收集整理原始成本记录的过程中，还必须对其进行审核。只有审核无误后，才能作为成本计算的原始依据。

（二）确定成本计算对象

成本计算对象是指承载资源消耗的对象，即费用的受益物。

工业企业的成本计算对象包括生产的各种产品、销售的各种产品和材料等。确定了成本计算对象就可据以开设费用成本明细账，归集各成本计算对象的费用并可据以计算成本。

（三）成本计算期

成本计算期是指每计算一次成本所间隔的时间。

从理论上讲，产品制造完工之日也就是成本的形成之时。因此，成本计算期应与产品的生产周期相一致。但是，产品成本计算期的确定能否同生产周期一致，主要取决于企业生产组织的特点。当企业按单件、小批量生产时，可按产品生产周期确定成本计算期。若企业经常反复不断地大量生产同一种或几种产品时，就很难确定产品的生产起止期。因此在这种情况下，只能按月计算产品成本。

（四）确定成本项目

成本项目是指资源消耗按经济用途的分类。

构成成本的资源耗费有其不同的经济用途。例如，构成产品生产成本的资源消耗，有的构成产品实体（直接材料费），有的用于生产加工（直接人工费），还有的则用于组织和管理生产（制造费用）。为了分项考核、分析成本计算资料，查明成本升降的原因，以便有效地降低成本，不仅需要各成本计算对象的总成本和单位成本，而且还需要把资源消耗按用途划分为若干成本项目，并按成本项目归集、计算成本。

（五）归集和分配各项费用

成本计算的过程，实际上是按一定的成本计算对象归集和分配各项费用的过程。

为了正确地归集和分配各项费用，必须遵守国家规定的成本开支范围，划清各期费用的界限，并按费用的受益对象归集和分配各种费用。要把属于成本开支范围内的费用按各成本计算对象的关系，划分为直接费用和间接费用。由于直接费用只与某一成本计算对象有关，所以直接计入该成本计算对象；由于间接费用与若干成本计算对象有关,所以先通过相应的账户归集,月末再按一定标准分配计入各成本计算对象。

间接费用的分配标准是否适当对成本计算的正确性影响较大,所以应选用适当的分配标准。间接费用的分配以各成本计算对象共同具有的条件为分配标准。为了保持各期成本资料在口径上一致,不应随意变更已选用的分配标准。

(六) 设置和登记费用、成本明细账

费用、成本明细账按成本计算对象和成本项目分别设置,根据各种费用凭证进行登记,以分别归集和分配各项费用。

(七) 编制成本计算表

根据费用、成本明细账的资料,编制成本计算表,借以计算确定各成本计算对象的总成本和单位成本。通过编制成本计算表,可以直观地呈现出各成本计算对象的成本结构及其所占比重,为以后进行成本分析和成本绩效考核提供参考。

第三节 产品生产成本的计算

产品生产成本计算是以生产的各种产品作为成本计算对象,分别设置“生产成本”明细账,归集和分配生产过程中发生的各项生产费用,并按成本项目计算各种产品的生产总成本和单位成本。

一、产品生产成本的构成

产品生产成本的构成项目包括:

(1) 直接材料费是指产品生产直接耗用的材料费,包括构成产品实体的各种主要材料费,以及有助于产品形成的各种辅助材料、燃料(如炼钢用焦炭)、动力费(如电费)等。

(2) 直接人工费是指直接从事产品生产的生产工人工资和按规定比例提取的生产工人福利费。

(3) 制造费用是指企业的各生产车间(或分厂)为组织和管理生产而发生的各项间接费用。

根据上述产品生产成本的构成内容,确定的产品生产成本项目一般有直接材料、直接人工、制造费用三个。燃料及动力费占直接材料费的比重较大的企业,也可把直接材料成本项目分为直接材料和燃料及动力两个成本项目。“生产成本”明细账按上述成本项目进行分类登记。

二、产品生产成本的计算

计算产品生产成本时,对于直接材料费和直接人工费等直接费用,根据有关凭证直接记入有关“生产成本”明细账。对于制造费用,平时通过“制造费用”账户借方进行归集,月末按一定标准在有关产品之间进行分配转出,记入有关“生产成本”明细账。

制造费用的分配标准有生产工人工资、生产工时、机器工时、直接材料成本等。

月末，根据“生产成本”明细账的资料，编制“产品生产成本计算表”，以计算确定并结转完工入库产品的总成本和单位成本。

【例 5-1】 以某制造公司 2020 年 5 月份发生的产品生产业务为例，说明产品生产成本的计算方法。

该制造公司 5 月份生产 A、B 两种产品，发生的各项生产费用如表 5-1 所示。

表 5-1 生产费用发生情况表

2020 年 5 月　　单位：元

产品名称	原材料	外购电力	生产工人工资	生产工人福利费	制造费用
A 产品	2 000	100	1 400	196	
B 产品	3 000	200	2 100	294	
合计	5 000	300	3 500	490	1 050

上述原材料、外购电费、生产工人工资及福利费是直接费用，直接记入 A、B 产品“生产成本”明细账。在记入“生产成本”明细账之前，应根据“生产费用发生情况表”及相关凭证编制如下会计分录：

借：生产成本——A 产品　2 000
　　　　　　——B 产品　3 000
　贷：原材料　5 000

借：生产成本——A 产品　100
　　　　　　——B 产品　200
　贷：应付账款——电力公司　300

借：生产成本——A 产品　1 400
　　　　　　——B 产品　2 100
　贷：应付职工薪酬——工资　3 500

借：生产成本——A 产品　196
　　　　　　——B 产品　294
　贷：应付职工薪酬——职工福利费　490

制造费用是为生产 A、B 两种产品而发生的共同费用，须按一定标准分配记入有关“生产成本”明细账。

现以生产工人工资为标准，说明制造费用的分配方法如下：

首先，计算制造费用分配率，即计算每 1 元生产工人工资应负担的制造费用。

分配率＝1 050÷(1 400＋2 100)＝0.30(元)

其次，计算各种产品应负担的制造费用。

A 产品应负担的制造费用＝0.30×1 400＝420(元)

B 产品应负担的制造费用＝0.30×2 100＝630(元)

制造费用的分配，通常是通过编制“制造费用分配表”进行的，如表 5-2 所示。

表 5-2 制造费用分配表

2020 年 5 月　　　　单位:元

产品名称	分配标准(生产工人工资)	分配率	分配额
A 产品	1 400		420
B 产品	2 100		630
合计	3 500	0.30	1 050

根据“制造费用分配表”,编制分配制造费用的会计分录:

借:生产成本——A 产品　　420
　　　　　——B 产品　　630
　贷:制造费用　　1 050

根据会计分录登记有关“生产成本”明细账,如表 5-3 和表 5-4 所示。

表 5-3 生产成本明细账

产品名称:A 产品

2020 年		凭证号	摘要	借方				贷方	借方余额
月	日			直接材料	直接人工	制造费用	合计		
5	3	10	领用材料	2 000			2 000		2 000
	31	45	分配电费	100			100		2 100
	31	46	分配生产工人工资		1 400		1 400		3 500
	31	47	分配福利费		196		196		3 696
	31	48	分配制造费用			420	420		4 116
	31	49	结转完工产品成本					4 116	0
5	31		月结	2 100	1 596	420	4 116		0

表 5-4 生产成本明细账

产品名称:B 产品

2020 年		凭证号	摘要	借方				贷方	借方余额
月	日			直接材料	直接人工	制造费用	合计		
5	3	10	领用材料	3 000			3 000		3 000
	31	45	分配电费	200			200		3 200
	31	46	分配生产工人工资		2 100		2 100		5 300
	31	47	分配福利费		294		294		5 594
	31	48	分配制造费用			630	630		6 224
	31	49	结转完工产品成本					6 224	0
5	31		月结	3 200	2 394	630	6 224		0

根据各“生产成本”明细账本期借方发生额和期初余额(本例无期初余额),编制“产

品生产成本计算表"(见表5-5),以计算确定各种产品的实际生产总成本和单位成本。

表5-5 产品生产成本计算表 单位:元

成本项目	A产品(40件)		B产品(100件)	
	总成本	单位成本	总成本	单位成本
直接材料	2 100	52.50	3 200	32.00
直接人工	1 596	39.90	2 394	23.94
制造费用	420	10.50	630	6.30
成本合计	4 116	102.90	6 224	62.24

[例5-1]中A、B两种产品月初没有在产品,本月投产的A产品40件和B产品100件全部完工入库,所以这两种产品的本月生产费用发生额与完工产品的生产成本相等。

根据"产品生产成本计算表"编制结转完工入库产品生产成本的会计分录,并据以登记"生产成本"明细账,如表5-3和表5-4所示。

结转完工入库产品生产成本的会计分录:

借:库存商品——A产品 4 116
——B产品 6 224
贷:生产成本——A产品 4 116
——B产品 6 224

第四节 产品销售成本的计算

产品销售成本计算是将已销售产品的品种作为成本计算对象,计算已售产品的实际生产成本。

一、产品销售成本的构成

产品销售成本的构成内容是已销售产品的实际生产成本。按照《企业会计准则》的规定,产品销售过程中发生的各项销售费用,如包装费、运输费、装卸费、广告费等作为期间费用,直接计入当期损益。

二、产品销售成本的计算

计算产品销售成本时,首先,应根据"库存商品"明细账的记录,确定各种库存产成品的实际单位成本。其次,根据各种产成品的实际单位成本和销售数量,计算出各种销售产成品的实际生产成本,即为产品销售成本。

发出各种产成品等存货实际单位成本的计价方法有:先进先出法、全月一次加权平均法、移动加权平均法、个别计价法。

(一) 先进先出法

它是指以先购入的存货先发出为假设条件,按照存货购入的先后顺序确定发出存货和期末存货实际成本的方法。具体方法是，收入存货时，逐笔登记收入存货的数量、单价和金额；发出存货时，按照先进先出的原则逐笔登记存货的发出成本和结余金额。

【例 5-2】 某企业 2020 年 6 月 1 日结存 A 种产品 100 千克，每千克实际成本为 10 元；6 月 5 日和 6 月 20 日分别入库产品 300 千克和 200 千克，每千克实际成本分别为 11 元和 12 元；6 月 10 日和 6 月 25 日分别发出该产品 350 千克和 200 千克。

要求：采用先进先出法计算发出 A 产品成本和结存 A 产品成本。具体如表 5-6 所示。

表 5-6　库存商品明细账

材料名称：A 产品　　　　单位：元

2020 年		凭证号	摘要	收入			发出			结存		
月	日			数量	单价	金额	数量	单价	金额	数量	单价	金额
6	1	略	期初结存							100	10	1 000
	5		入库	300	11	3 300				100 300	10 11	1 000 3 300
	10		发出				100 250	10 11	1 000 2 750	50	11	550
	20		入库	200	12	2 400				50 200	11 12	550 2 400
	25		发出				50 150	11 12	550 1 800	50	12	600
	30		结存	500		5 700	550		6 100	50	12	600

通过库存商品明细账（见表 5-6）可以看到，本期发出 A 产品的成本总额＝100×10＋250×11＋50×11＋150×12＝6 100（元）。

采用先进先出法，发出存货成本是按最早购货成本确定的，期末存货成本则比较接近现行的市场价值，同时可以随时结转存货发出成本。如果存货收发业务较多，且存货单价不稳定时，其工作量较大。当物价上涨时，会高估企业当期利润和库存存货价值；反之，会低估企业存货价值和当期利润。因此，根据谨慎性原则的要求，先进先出法比较适用于市场价格普遍处于下降趋势的商品。

（二）全月一次加权平均法

全月一次加权平均法，是以每种存货的期初库存数量和本月入库数量为权数，于月末一次计算出该种存货的加权平均单价，并以此平均单价计算发出存货和月末结存存货实际成本的方法。

其计算公式是：

$$\text{加权平均单价}=\left(\text{月初结存存货的实际成本}+\text{本月收入存货的实际成本}\right)\div\left(\text{月初结存存货的数量}+\text{本月收入存货的数量}\right)$$

$$\text{发出存货实际成本}=\text{加权平均单价}\times\text{发出存货的数量}$$

$$\text{月末结存存货实际成本}=\text{加权平均单价}\times\text{月末存货数量}$$

【例 5-3】 根据[例 5-2]，要求采用加权平均法计算发出 A 产品成本和结存 A 产品成本。具体如表 5-7 所示。

表 5-7 库存商品明细账

材料名称:A 产品　　单位:元

2020 年		凭证号	摘要	收入			发出			结存		
月	日			数量	单价	金额	数量	单价	金额	数量	单价	金额
6	1	略	期初结存							100	10	1 000
	5		入库	300	11	3 300				400		
	10		发出				350			50		
	20		入库	200	12	2 400				250		
	25		发出				200			50		
	30		结存	500		5 700	550		6 141.50	50	11.17	558.50

通过库存商品明细账(见表 5-7)可以看到:

A 产品加权平均单价=(1 000+5 700)÷(100+500)≈11.17(元)

月末结存 A 产品实际成本=11.17×50=558.50(元)

发出 A 产品实际成本=(1 000+5 700)-558.5=6 141.50(元)

加权平均法程序:

(1) 平时登记收入材料数量金额,发出材料的数量。

(2) 期末结出发出材料总数量。

(3) 期末结存材料量=期初结存+本期收入数-本期发出数。

(4) 用加权平均法计算期末材料平均单价。

(5) 期末结存金额=期末材料数量×单价。

(6) 本期发出金额=期初结存金额+收入金额-期末结存金额。

注意:数量采用顺算法,而金额采用倒挤法。使平均单价计算导致的误差,记入当期发出材料成本,期末单价、金额精确。

采用全月一次加权平均法,只有在月末一次计算加权平均单价,比较简单。但是这种方法把大量计算工作都集中在月末进行,使月末工作量过分集中,影响成本计算工作的及时性。同时平时无法从账上提供发出和结存存货的单价及金额,因而给存货日常管理工作带来一定困难,不利于对存货的管理。

(三) 移动加权平均法

它是指每次收入存货,用本次收入存货成本加原有库存存货成本,除以本次入库数量加原有库存数量计算出新的加权平均单价,并据以计算发出存货和结余存货成本的一种方法。

其计算公式是:

$$\text{移动加权平均单价}=\left(\text{以前结存存货的实际成本}+\text{本次收入存货的实际成本}\right)\div\left(\text{以前结存存货的数量}+\text{本次收入存货的数量}\right)$$

$$\text{发出存货实际成本}=\text{加权平均单价}\times\text{发出存货的数量}$$

$$\text{结存存货实际成本}=\text{加权平均单价}\times\text{结存存货数量}$$

【例 5-4】 根据[例 5-2],要求采用移动加权平均法计算发出 A 产品成本和结存 A 产品成本。具体如表 5-8 所示。

表 5-8 库存商品明细账

材料名称:A 产品　　　　单位:元

2020 年		凭证号	摘要	收入			发出			结存		
月	日			数量	单价	金额	数量	单价	金额	数量	单价	金额
6	1	(略)	期初结存							100	10	1 000
	5		入库	300	11	3 300				400	10.75	4 300
	10		发出				350	10.75	3 762.50	50	10.75	537.50
	20		入库	200	12	2 400				250	11.75	2 937.50
	25		发出				200	11.75	2 350	50	11.75	587.50
	30		结存	500		5 700	550		6 112.50	50	11.75	587.50

通过库存商品明细账(见表 5-8)可以看到:

5 日 A 产品移动加权平均单价=(1 000+3 300)÷(100+300)=10.75(元)

5 日结存 A 产品实际成本=10.75×400=4 300(元)

10 日发出 A 产品实际成本=10.75×350=3 762.50(元)

10 日结存 A 产品实际成本=10.75×50=537.50(元)

20 日 A 产品移动加权平均单价=(537.50+2 400)÷(50+200)=11.75(元)

20 日结存 A 产品实际成本=11.75×250=2 937.50(元)

25 日发出 A 产品实际成本=11.75×200=2 350(元)

25 日结存 A 产品实际成本=11.75×50=587.50(元)

30 日结存 A 产品实际成本=11.75×50=587.50(元)

采用移动加权平均法平时可以从账上得到发出和结存存货的单价及金额,而且计算的平均单价以及发出和结存的存货成本比较客观,有利于对存货的管理。但是这种方法每次收货都要计算一次平均单价,如果收发存货比较频繁,计算工作量较大。

(四) 个别计价法

个别计价法是指每次发出存货的实际成本按其购入时的实际成本分别计价的方法。

采用这一方法时,在存货明细账上必须按收入的批次逐笔地登记其数量、单价和金额。每批存货都必须编号,以便分别按照实际单价计算其发出存货的金额和结存金额。

个别计价法的成本计算准确,符合实际情况,但在存货收发频繁情况下,其发出成本分辨的工作量较大。

个别计价法适用于一般不能替代的存货以及为特定项目专门购入或制造的存货,如珠宝、名画等贵重物品。

三、产品销售成本的核算

在通过先进先出法、全月一次加权平均法、移动加权平均法、个别计价法等方法计算出产品销售成本以后，需通过“主营业务成本”账户来记录取得销售收入所付出的代价。例如，[例 5-2]中计算得到发出 A 产品的成本总计 6 100 元，因此根据发货单等原始凭证可以编制结转销售成本的会计分录。

借：主营业务成本——A 产品　　6 100
　贷：库存商品——A 产品　　6 100

课后练习题

一、名词解释

成本计算　成本开支范围　成本计算对象　成本项目　先进先出法　加权平均法　移动加权平均法　个别计价法

二、单项选择题

1. 下列各项中，不计入产品生产成本的是(　　)。
A. 直接人工　B. 直接材料　C. 制造费用　D. 管理费用
2. 在物价变动的情况下，期末库存存货成本最接近市价的发出存货计价方法是(　　)。
A. 个别计价法　B. 移动加权平均法
C. 全月一次加权平均法　D. 先进先出法
3. 甲材料月初结存实际成本为 100 000 元，结存数量为 1 000 件。本月增加材料 1 200 件，增加金额为 126 000 元。甲材料本月加权平均单价为(　　)元/件。
A. 100　B. 102.73　C. 105　D. 102.5
4. 不属于存货成本的是(　　)。
A. 采购成本　B. 进一步加工存货发生的直接人工费用
C. 进一步加工存货发生的直接人工费用　D. 进一步加工存货应负担的管理费用
5. 通常与“主营业务成本”账户的借方相对应的账户是(　　)账户。
A. “在途物资”　B. “库存商品”
C. “原材料”　D. “主营业务收入”
6. 甲公司采用先进先出法计算发出存货成本。4 月份库存产品数量为 50 件，单价为 1 000 元；4 月 10 日购入产品 100 件，单价为 1 050 元；4 月 12 日领用产品 100 件。如果甲公司本月未发生其他购货或领货业务，4 月份发出产品总成本为(　　)元。
A. 102 500　B. 100 000　C. 105 000　D. 100 500
7. 直接参加产品生产工人的职工薪酬应记入(　　)账户。
A. “生产成本”　B. “制造费用”　C. “管理费用”　D. “生产费用”
8. B 公司采用移动平均法计算发出存货的成本。2020 年 9 月 1 日存货 100 件、每件 23 元：10 日购入 400 件，每件 22.50 元；20 日购入 200 件，每件 22 元：30 日购入 333 件。每件 20 元；12 日发出 300 件。25 日发出 300 件。9 月末库存存货的成本为(　　)元。
A. 13 470　B. 13 650　C. 8 890　D. 6 660

9. “生产成本”账户的期末借方余额表示(　　)。

A. 完工产品成本　　B. 期末在产品成本

C. 本期生产费用合计　　D. 库存产成品成本

10. 对生产过程中的各项耗费进行计量的原则一般是(　　)。

A. 历史成本　　B. 现行成本　　C. 可变现价值　　D. 重置成本

三、多项选择题

1. 不能计入产品成本的职工薪酬有(　　)。

A. 车间管理人员的工资　　B. 在建工程人员工资

C. 专设销售机构人员工资　　D. 企业管理部门人员工资

2. 企业本期生产甲产品直接耗用原材料 3 000 元,生产车间耗用原材料 2 000 元,不正确的会计分录包括(　　)。

A. 借:生产成本——甲材料　　5 000
　　贷:原材料　　5 000

B. 借:制造费用　　5 000
　　贷:原材料　　5 000

C. 借:生产成本——甲材料　　3 000
　　制造费用　　2 000
　　贷:原材料　　5 000

D. 借:生产成本——甲材料　　3 000
　　管理费用　　2 000
　　贷:原材料　　5 000

3. 甲公司月末计算本月车间使用的机器设备等固定资产的折旧费 8 000 元,下列分录不正确的有(　　)。

A. 借:生产成本　　8 000
　　贷:累计折旧　　8 000

B. 借:制造费用　　8 000
　　贷:累计折旧　　8 000

C. 借:管理费用　　8 000
　　贷:累计折旧　　8 000

D. 借:制造费用　　8 000
　　贷:固定资产　　8 000

4. 不属于会计计量属性的有(　　)。

A. 生产成本　　B. 重置成本

C. 销售成本　　D. 公允价值

5. 我国会计准则允许采用的存货计价方法有(　　)。

A. 先进先出法　　B. 后进后出法

C. 加权平均法　　D. 个别计价法

6. 下列费用中,属于生产过程中发生的费用有(　　)。

A. 车间机器设备折旧费　　B. 在途物资费用

C. 生产工人工资　　D. 生产过程耗用的材料

7. 产品的制造成本包括(　　)。

A. 为制造产品发生的材料费用　　B. 为制造产品发生的人工费用
C. 为制造产品发生的固定资产折旧费　　D. 自然灾害造成的材料毁损

8. 费用按其是否形成产品成本分为(　　)。
A. 生产费用　　B. 营业费用
C. 车间制造费用　　D. 经营管理费用

9. 属于成本类账户的有(　　)。
A. "主营业务成本"　B. "生产成本"　C. "制造费用"　D. "营业费用"

10. "生产成本"账户(　　)。
A. 是用以归集产品生产所发生的全部生产费用并据以计算产品生产成本的账户
B. 借方登记月份内发生的全部生产费用
C. 贷方登记转入"库存商品"账户的完工产品成本
D. 月终如有借方余额,表示尚未完工产品的成本
E. 月终如有借方余额,表示成品资金占用额

四、判断题

1. 车间领用一般性消耗的材料,在会计处理上应增加管理费用。(　　)
2. 企业在生产经营过程中为生产产品、提供劳务而发生的耗费,应计入产品或劳务的成本。(　　)
3. "生产成本""制造费用""销售费用""管理费用"均属于损益类账户,期末结转后一般无余额。(　　)
4. 公司管理人员薪酬计入生产成本。(　　)
5. 在物价上涨时,如果使用加权平均法计算发出存货的成本,当月发出存货的单位成本必定等于月末结存存货的单位成本。(　　)

五、简答题

1. 什么是成本和成本计算?成本计算的意义是什么?
2. 成本计算的基本要求有哪些?
3. 成本计算的基本程序包括哪些步骤?
4. 产品生产成本一般包括哪些项目?产品成本如何计算?
5. 产品销售成本计算有哪些方法?每种方法优缺点如何评价?

六、业务题

业务题一

(一) 目的:练习产品成本的计算。

(二) 资料:

1. 根据领料单汇总表所示,生产A产品领用:甲材料200千克、乙材料150千克;生产B产品领用:甲材料100千克、乙材料100千克;车间一般性消耗甲材料50千克。其中,甲材料单价100元/千克,乙材料单价50元/千克。

2. 分配并结转本月应付职工工资18 000元,其中,生产工人工资:A产品10 000元,B产品5 000元;车间管理人员工资3 000元。

3. 计提本月固定资产折旧费,其中生产设备折旧10 000元,管理部门设备折旧2 000元。

4. 用银行存款支付购买办公用品费4 000元,其中车间1 000元,管理部门3 000元。

5. 用银行存款支付本月份电费价税合计1 800元,其中A、B产品分别耗电800元和600元,车

间照明用电400元。

6. 分配(按生产工人工资比例)并结转本月制造费用,填入表5-9内。

表5-9 制造费用分配表

产品名称	分配标准(生产工人工资)	分配率	分配额(元)
A产品	10 000		
B产品	5 000		
合 计	15 000		

7. 计算、结转完工A产品成本,并填写"产品生产成本计算表"(见表5-10)。假定本月A产品没有期初在产品费用,本月投产本月全部完工。

表5-10 产品生产成本计算表

单位:元

成本项目	A产品(500件)	
	总成本	单位成本
直接材料		
直接人工		
制造费用		
成本合计		

8. 本月售出A产品300件,结转A产品销售成本。假定库存A产品数量仅为上题中完工入库A产品。

(三) 要求:根据某制造企业(该企业系小规模纳税人)2020年6月份业务资料编制会计分录。

业务题二

(一) 目的:练习产品成本的计算。

(二) 资料:2020年12月份,海大公司财务部门研究讨论2021年度关于存货发出的计价方法,到底是采用先进先出法,还是采用加权平均法,意见不够统一。财务经理要求总账会计根据2020年11月份存货发出的实际数据进行测算,总账会计提供2020年11月份存货明细分类账如表5-11所示。

表5-11 存货明细分类账

2020年		摘要	收入			发出			结存		
月	日		数量(件)	单价(元)	金额(元)	数量(件)	单价(元)	金额(元)	数量(件)	单价(元)	金额(元)
11	1	期初余额							500	25	
11	5	收入	200	22					700		
11	10	发出				350			350		
11	15	收入	400	25					750		
11	30	发出				500			250		
		合计							250		

（三）要求：

1. 假定你是海大公司的总账会计，请分别采用加权平均法和先进先出法，计算2020年11月份发出存货成本和月末结存成本。

2. 公司管理层估计，由于物价上涨等因素的影响，2021年存货价格不可避免地将有大幅度上涨。假定海大公司管理层确定会计政策优先考虑的因素就是增加利润，在不考虑其他因素的情况下，你认为哪种方法能够实现管理层的意图？为什么？

第六章

账户的分类

第一节 账户按经济内容分类

企业、单位为了取得生产管理所必要的各种资料、数据和指标，反映资金状况及其变动情况，需要设置和运用一系列账户来进行核算。这些账户相互联系着，组成一个完整的账户体系。这一账户体系中的各个账户，既有各自的具体内容，相互之间又存在着一定的区别和联系。为了更好地掌握账户的设置和运用，建立完善的账户体系，提供核算指标的规律性，有必要对账户进行分类。

进行账户分类就是研究账户体系中各账户之间存在的相互联系及其共性，以寻求其规律性，探明每一个账户在账户体系中的地位和作用。研究账户分类可以加深对账户的认识，更好地运用账户这个手段，对企业经济活动进行全面记录和反映，并且在国家统一制定的会计科目的基础上，尽快适应各个时期经济管理的不同要求。

按照不同的标准，可以从不同角度对账户进行分类。但最基本的分类主要有两种：一是按照账户的经济内容进行分类；二是按照账户的用途和结构进行分类。

一、账户的经济内容

账户的经济内容是指账户所反映和监督的会计对象的具体内容。就企业来说，会计对象的具体内容包括资产、负债、所有者权益，收入、费用和利润，即会计六要素。

二、账户按经济内容分类的具体内容

企业在一定时期内实现的利润最终要归属于所有者权益，因此可将利润并入所有者权益；许多企业在确定一定时期的盈亏之前，要进行成本计算，因此要设置有关成本计算的账户；而企业在一定期间内所取得的收入和收益，以及所发生的需要直接从当期收入(收益)中扣除的各项费用和损失，都要体现在当期损益的计算中，因而要设置既反映收益又反映费用的账户，即损益账户。因此，账户按所反映的经济内容，可以分为资产类账户、负债类账户、共同类账户、所有者权益类账户、成本类账户和损益类账户。这是账户分类的基础。

(一) 资产类账户

资产类账户是反映企业资产增减变动及其实有数额的账户。

资产类账户按照资产的流动性强弱可分为两类：

(1) 反映流动资产的账户，如“库存现金”“银行存款”“交易性金融资产”“原材料”“库存商品”“应收账款”等账户。

(2) 反映非流动资产的账户，如“长期股权投资”“固定资产”“在建工程”“无形资产”等。

(二) 负债类账户

负债类账户是反映企业负债增减变动及其实有数额的账户。

负债类账户按照负债的偿还期长短可分为两类：

(1) 反映流动负债的账户，如“应付账款”“应付票据”“短期借款”“应交税费”“应付职工薪酬”等。

(2) 反映长期负债的账户，如“长期借款”“应付债券”“长期应付款”等。

(三) 共同类账户

共同类账户是指既有资产性质，又有负债性质，这样有共性的账户。共同类账户的特点，是需要从其期末余额所在的方向来界定其性质。共同类账户多为金融、保险、投资、基金等公司使用。目前新会计准则规定的“共同类”有 5 个账户，即“清算资金往来”“外汇买卖”“衍生工具”“套期工具”和“被套期项目”。

(四) 所有者权益类账户

所有者权益类账户是反映企业所有者权益增减变动及其实有数额的账户。

根据所有者权益的形成特征，所有者权益类账户可分为三类：

(1) 反映所有者原始投资的账户，如“实收资本”“资本公积”等。

(2) 反映所有者收益积累的账户，如“盈余公积”。

(3) 反映利润形成、分配的账户，如“本年利润”“利润分配”等。

(五) 成本类账户

成本类账户是反映企业在生产经营过程中所发生的各种耗费情况及成本计算的账户。

对于制造业来说，成本类账户是反映生产过程中成本的账户，如“生产成本”“制造费用”等。

应当注意的是成本类账户如果有期末余额，将作为资产列入资产负债表。

(六) 损益类账户

损益类账户是反映企业损益增减变动情况的账户。

损益类账户按其内容以及与生产经营的关系可分为两类：

(1) 反映营业损益的账户，包括反映营业收益方面的账户，如“主营业务收入”“其他业务收入”等；反映营业费用方面的账户，如“主营业务成本”“税金及附加”“其他业务成本”“销售费用”“管理费用”“财务费用”“所得税费用”等。

(2) 反映营业外损益的账户，包括：反映营业外收入的账户，如“营业外收入”；反映营业外支出的账户，如“营业外支出”。

账户按经济内容分类如图 6-1 所示。

- 账户
  - 资产类
    - 流动资产
      - 库存现金、银行存款、其他货币资金
      - 原材料、库存商品、周转材料
      - 应收账款、应收票据、其他应收款、预付账款
      - 交易性金融资产
    - 非流动资产
      - 长期股权投资
      - 固定资产、累计折旧、固定资产清理、在建工程
      - 无形资产、长期待摊费用
  - 负债类
    - 流动负债
      - 应付账款、应付票据、其他应付款、预收账款
      - 短期借款
      - 应付职工薪酬、应交税费
      - 应付股利、应付利息
    - 长期负债
      - 长期借款
      - 应付债券
  - 共同类——清算资金往来、外汇买卖、衍生工具、套期工具、被套期项目
  - 所有者权益类
    - 原始投资——实收资本、资本公积
    - 收益积累——盈余公积
    - 利润形成、分配——本年利润、利润分配
  - 成本类——生产成本、制造费用
  - 损益类
    - 营业损益
      - 主营业务收入、其他业务收入、投资收益
      - 主营业务成本、其他业务成本、税金及附加、所得税费用
      - 管理费用、财务费用、销售费用
    - 营业外损益
      - 营业外收入
      - 营业外支出

图 6-1　账户按经济内容分类

第二节　账户按用途和结构分类

如前所述,账户按经济内容分类是账户分类的基础,但这种分类方法并没有解决通过账户记录提供哪些有关数据和信息的问题,即账户的用途问题;也没有解决如何使用各类账户,即账户的结构问题。因此,为了进一步认识和熟练使用各类账户,有必要在账户按经济内容分类的基础上,进一步研究账户按用途和结构的分类。

账户按用途和结构可分为10类:盘存账户、结算账户、资本账户、调整账户、集合分配账户、待处理账户、成本计算账户、对比账户、损益计算账户、财务成果账户。

现就各类账户的用途、结构和主要特点,分别介绍如下。

一、盘存账户

盘存账户是用来核算和监督各项财产物资和货币资金的增减变动及其实有数额的账户。这是任何企业单位都必须设置的账户。在盘存类账户中,账户借方登记各项财产物资和货币资金的增加数额、收入数额,账户的贷方则登记其减少、支出数额,余额一般在借方,反映各项财产物资和货币资金的实际存有数额。这类账户通常可以通过实

物盘点方式进行财产核查，核对账存与实存是否相符。

属于这一类账户的主要有“固定资产”“原材料”“库存商品”“库存现金”“银行存款”等。

盘存账户的基本结构如图6-2所示。

借方　　　　盘存账户	贷方
期初余额：财产物资、货币资金的期初实有数 发生额：财产物资、货币资金本期增加数	发生额：财产物资、货币资金本期减少数
期末余额：财产物资、货币资金期末实有数	

图6-2　盘存账户的基本结构

二、资本账户

资本账户是用来核算投资人投入企业的资本以及资本增值的增减变动及其实有数额的账户。这也是所有企业都必须设置的账户，这类账户均属于所有者权益范畴。

在资本账户中，贷方登记投资者投入资本和公积金的增加数，借方登记投资者投入资本及公积金的减少数，余额在贷方，表示期末资本的实有数。

属于这类账户的有“实收资本”“资本公积”“盈余公积”等。

资本账户的基本结构如图6-3所示。

借方　　　　资本账户	贷方
发生额：资本和公积金的本期减少数	期初余额：资本和公积金的期初实有数 发生额：资本和公积金的本期增加数
	期末余额：资本和公积金的期末实有数

图6-3　资本账户的基本结构

三、结算账户

结算账户是用来核算企业与其他单位、个人及国家之间以及企业内部由于业务往来而发生的款项结算的账户。其共同用途是核算应收、应付款项的增减变动情况，促使企业及时催收应收款项和及时支付应付款项，明确企业期末债权债务的数额。根据所反映的结算业务性质的不同，结算账户可分为资产结算账户、负债结算账户和资产负债结算账户三类。

(一) 资产结算账户

资产结算账户是用来核算企业各种应收款项的增减变动和期末实有数额的账户。其用途是专门反映企业在往来结算中的各种债权。这类账户的借方登记各种应收账款的增加数，贷方登记应收账款的减少数，余额一般在借方，表示期末应收账款的实有数。常用的资产结算账户有“应收账款”“应收票据”“其他应收款”和“预付款项”等。资产结算账户的基本结构如图6-4所示。

借方	资产结算账户 贷方
期初余额:应收款项的期初实有数 发生额:应收款项的本期增加数	发生额:应收款项的本期减少数
期末余额:应收款项的期末实有数	

图 6-4 资产结算账户的基本结构

(二) 负债结算账户

负债结算账户是用来核算企业应付款项的增减变动和实有数额的账户。其用途是专门反映企业在往来结算业务中的各种债务。这类账户的贷方登记各种应付款项的增加数,借方登记各种应付款项的减少数,余额在贷方,表示期末应付款项的实有数。常见的负债结算账户有"应付账款""应付工资""应交税费""应付债券""其他应付款"及"预收款项"等账户。负债结算账户的基本结构如图 6-5 所示。

借方	负债结算账户 贷方
发生额:应付款项的本期减少数	期初余额:应付款项的期初实有数 发生额:应付款项的本期增加数
	期末余额:应付款项的期末实有数

图 6-5 负债结算账户的基本结构

(三) 资产负债结算账户

资产负债结算账户又称债权债务结算账户,是用来核算企业与其他单位或个人之间发生的往来结算款项的账户。由于往来结算业务的性质经常发生变动,有时企业处在债权人的地位,有时又处于债务人的地位。为了集中核算这类往来结算业务,就必须设置这类账户。这类账户的借方登记应收款项的增加数及应付款项的减少数;贷方登记应付款项的增加数及应收款项的减少数。余额在借方时,表示期末尚未收回的应收款净额(尚未收回的债权大于尚未偿付的债务的差额);余额在贷方时,表示期末尚未偿付的应付款净额(尚未偿付的债务大于尚未收回的债权的差额)。属于这类账户的有"应收账款""应付账款""其他往来"等。资产负债结算账户的基本结构如图 6-6 所示。

借方	资产负债结算账户 贷方
期初余额:应收款大于应付款的期初差额 发生额:应收款的本期增加数及应付款的本期减少数	或:期初余额:应付款大于应收款的期初差额 发生额:应付款的本期增加数及应收款的本期减少数
期末余额:应收款大于应付款的期末差额	或:期末余额:应付款大于应收款的期末差额

图 6-6 资产负债结算账户的基本结构

当企业在销售业务中,如果不单独设置"预收款项"账户时,可以将应收销货款和预收销货款集中在“应收账款”账户内核算，在这种情况下，“应收账款”就是资产负债账户；当企业在购进业务中，如果不单独设置“预付款项”账户时，可以将应付购货款和预付购货款集中在“应付账款”账户内核算。在这种情况下，“应付账款”账户就是资产负债账户；当企业将其他应收款和其他应付款集中在“其他往来”账户内核算时，“其他往来”账户就是资产负债账户。资产负债账户属于双重性质的账户，其余额只是表示企业债权和债务增减变动后的差额，并不是企业债权和债务的实际余额，因此，对于这类账户，在编制资产负债表时，应根据账户余额的方向，来分析判断其性质是资产类还是负债类，以便如实反映企业债权、债务的实际情况。

四、调整账户

调整账户是为了调整某些资产或权益账户的账面余额而设置的账户。在会计核算中，由于经营管理或其他方面的需要，有时，对于一些会计要素的具体项目，需要既保持原有数据，又反映原有数据的变动，即按两种不同的要求来计量。在这种情况下，就需要设置两个账户，用一个账户来调整另一个账户的计量，其中，反映原始数据的账户称为被调整账户，对原始数据进行调整的账户称为调整账户。

调整账户按调整方式的不同，可分为备抵调整账户、附加调整账户和备抵附加调整账户三类。

（一）备抵调整账户

备抵调整账户是用来抵减被调整账户的余额，以确定被调整账户实际余额的账户。这类账户有“累计折旧”“坏账准备”“利润分配”等。

其调整方式是将被调整账户的余额减去备抵调整账户的余额，求得调整后的数额，用公式表示为：

被调整账户实际余额 = 被调整账户余额 − 备抵账户余额

因此，备抵调整账户的余额一定与被调整账户余额方向相反。如果被调整账户的余额在借方，调整账户的余额一定在贷方，如“固定资产”与“累计折旧”账户；如果被调整账户的余额在贷方，调整账户的余额一定在借方，如“本年利润”与“利润分配”账户。

“累计折旧”账户是“固定资产”账户的备抵调整账户，“固定资产”账户是被调整账户，如图 6-7 所示。

借方	固定资产	贷方
余额 900 000		

借方	累计折旧	贷方
		余额 400 000

图 6-7　备抵调整账户的基本结构(一)

根据上列账户，可以确定固定资产的净值：

固定资产原始价值 − 累计折旧 = 固定资产净值

即：

900 000 − 400 000 = 500 000(元)

“利润分配”账户是“本年利润”账户的备抵调整账户，“本年利润”账户是被调整账户，如图 6-8 所示。

借方	本年利润 贷方
	余额 2 000 000

借方	利润分配 贷方
余额 1 200 000	

图 6-8　备抵调整账户的基本结构(二)

根据上列账户，可以确定本年未分配利润：

$$本年实现的利润 - 本年已分配的利润 = 本年未分配的利润$$

即：

$$2\ 000\ 000 - 1\ 200\ 000 = 800\ 000(元)$$

(二) 附加调整账户

附加调整账户是用来增加被调整账户余额，以确定被调整账户实际余额的账户。其调整方式是将被调整账户的借方(贷方)余额加上附加调整账户的借方(贷方)余额，求得调整后的数额，用公式表示为：

$$被调整账户实际余额 = 被调整账户余额 + 附加调整账户余额$$

因此，附加调整账户的余额一定与被调整账户余额方向相同。如果被调整账户的余额在借方，调整账户的余额一定在借方，如果被调整账户的余额在贷方，调整账户的余额一定在贷方。如企业溢价发行债券，发行时按债券的票面金额贷记“应付债券——债券面值”账户，溢价金额贷记“应付债券——债券溢价”账户。“应付债券——债券溢价”账户是“应付债券——债券面值”账户的附加调整账户。将“应付债券——债券面值”账户的贷方余额加上“应付债券——债券溢价”账户的期末贷方余额之和，为企业期末应付债券的实际数额。附加调整账户的基本结构如图 6-9 所示。

借方　被调整账户	贷方
	余额：原始数额

借方　附加调整账户	贷方
	余额：附加数额

或：

借方　被调整账户	贷方
余额：原始数额	

借方　附加调整账户	贷方
余额：附加数	

举例：

借方　应付债券——债券面值	贷方
	期末余额 100 000

借方　应付债券——债券溢价	贷方
	期末余额 10 000

上例中：

债券发行总额	100 000
加：债券溢价总额	10 000
债券实际发行金额	110 000

图 6-9　附加调整账户的基本结构

（三）备抵附加调整账户

备抵附加调整账户，既是备抵账户，又是附加账户。当其余额所在方向与被调整账户余额的方向不一致时，它就是备抵账户；当其余额与被调整账户余额的方向一致时，它就是附加账户。这类账户有“材料成本差异”。当企业采用计划成本进行材料的日常收发核算时，为了反映原材料的实际成本，就必须设置“材料成本差异”账户来调整“原材料”账户的账面余额。当“材料成本差异”账户的余额在借方时，以附加调整的方式将“原材料”账户所反映的材料计划成本调整为实际成本。反之，当其余额在贷方时，则以备抵调整的方式对材料计划成本进行调整。备抵附加调整账户的基本结构如图 6-10 所示。

被调整账户

借方	原材料	贷方
期末余额 388 000		

调整账户

借方	材料成本差异	贷方
期末余额 4 000		

“原材料”账户的借方余额（计划成本）	388 000 元
加：“材料成本差异”账户的借方余额（超支数）	4 000 元
材料的实际成本	392 000 元

被调整账户

借方	原材料	贷方
期末余额 388 000		

调整账户

借方	材料成本差异	贷方
		期末余额 4 000

“原材料”账户的借方余额（计划成本）	388 000 元
减：“材料成本差异”账户的贷方余额（节约数）	4 000 元
材料的实际成本	384 000 元

图 6-10 备抵附加调整账户的基本结构

五、集合分配账户

集合分配账户是用来汇集经营过程中某一阶段所发生的某些费用，然后按一定的标准在一定的对象之间加以分配的账户。企业在生产经营过程中，经常会发生一些应由各个成本计算对象负担，但不能直接计入某个成本计算对象的间接费用。这些费用都是先通过集合分配账户进行归集，然后再按照一定的标准分配计入各个成本计算对象。通过这类账户，企业也可反映和考核有关费用的分配情况及费用计划执行情况。

这类账户的借方登记费用的发生数，贷方登记费用的分配数，期末一般无余额。属于这类账户的主要有“制造费用”账户。集合分配账户的基本结构如图 6-11 所示。

借方　　　　集合分配账户	贷方
发生额：汇集经营过程中某种费用的数额	发生额：分配到各成本计算对象的费用数额

图 6-11 集合分配账户的基本结构

六、待处理账户

待处理账户是用来核算尚未查明原因或尚未有处理方案的盘盈、盘亏资产及有争议的结算款项的账户。设置待处理账户的原因，是因为盘盈、盘亏资产或有争议的结算款项，必须要在查明原因经批准后，才能根据处理意见来实现会计确认，并作正式的会计处理。因此，待处理账户具有暂记的特性。其基本结构为借方登记待处理的盘亏、损失数以及经批准处理的盘盈、收益数；贷方登记待处理的盘盈、收益数以及经批准处理的盘亏、损失数。处理前，余额在借方，表示尚待处理的盘亏和损失；余额在贷方，表示尚待处理的盘盈和收益。待处理账户的基本结构如图 6-12 所示。

借方　　　　待处理账户	贷方
期初余额：期初尚待处理的盘亏和损失数额 发生额：本期待处理的盘亏、损失数以及经批准处理的盘盈和收益数额	或：期初余额：期初尚待处理的盘盈和收益数额 发生额：本期待处理的盘盈、收益数以及经批准处理盘亏、损失数额
期末余额：期末尚待处理的盘亏和损失数额	或：期末余额：期末尚待处理的盘盈和收益数额

图 6-12　待处理账户的基本结构

七、成本计算账户

成本计算账户是用来反映和监督企业经营过程中某一阶段所发生的全部费用，确定各种成本计算对象实际成本的账户。

通常，这类账户的借方汇集计入经营过程中某一阶段应计入成本的全部费用(包括直接费用和通过集合分配账户转来的间接费用)，贷方登记转出到该阶段成本计算对象的成本。期末如有余额，必为借方余额，表示尚未完成的该阶段成本计算对象的实际成本。属于这类账户的有“生产成本”“在建工程”等。成本计算账户的基本结构如图 6-13 所示。

借方　　　　成本计算账户	贷方
期初余额：期初尚未完成经营过程的成本计算对象的实际成本 发生额：归集经营过程某一阶段所发生的全部费用数额	发生额：结转已完成某一经营阶段的成本计算对象的实际成本
期末余额：尚未完成该阶段的成本计算对象的实际成本	

图 6-13　成本计算账户的基本结构

八、对比账户

对比账户是用来对某项经济业务以不同的计价，进行核算对比，借以确定其业务成果的账户。“固定资产清理”账户即为对比账户。其借方登记转入清理的固定资产净值和发生的清理费用，贷方登记清理固定资产的变价收入和责任人承担的损失。将借、贷两方发生额对比，就可以确定某项固定资产清理的净收益或净损失。对比后的业务成果应转入营业外收入或营业外支出，固定资产清理完毕结转后该账户没有余额。对比账户的基本结构如图 6-14 所示。

借方	固定资产清理	贷方
发生额：① 转入清理的固定资产的净值和发生的清理费用 ② 结转净收益		发生额：① 清理固定资产的变价收入和责任人承担的损失 ② 结转净损失

图 6-14　对比账户的基本结构

九、损益计算账户

损益计算账户是用来计算确定企业的最终财务成果(利润或亏损)的账户。由于企业的盈利或亏损主要取决于一定会计期间的收入、成本、税金、费用等因素,所以损益计算账户又分为反映收入收益的账户和反映成本费用的账户两类。

(一) 收入收益类账户

收入收益类账户是用来反映企业在一定时期内所取得的各种收入和收益的账户。属于这类账户的有“主营业务收入”“其他业务收入”“投资收益”“营业外收入”等。这类账户的贷方登记取得的收入和收益,借方登记期末转入“本年利润”账户的数额。由于当期实现的收入和收益要在期末全部转出,所以这类账户期末没有余额。收入收益类账户的基本结构如图 6-15 所示。

借方	收入收益账户	贷方
发生额：期末将余额转入“本年利润”账户的数额		发生额：本期取得的收入或收益

图 6-15　收入收益类账户的基本结构

(二) 费用成本类账户

费用成本类账户是用来反映企业在一定时期为取得收入所发生的某类成本费用的账户。属于这类账户的有“主营业务成本”“其他业务成本”“税金及附加”“销售费用”“管理费用”“财务费用”“营业外支出”等。这类账户的借方登记为实现收入而发生的某类成本或费用的数额,贷方登记期末转入“本年利润”账户的数额。由于当期发生的成本、费用、税金、损失等要于期末转出,所以这类账户期末没有余额。费用成本类账户的基本结构如图 6-16 所示。

借方	费用成本账户	贷方
发生额：本期发生的成本、费用、税金、损失等		发生额：期末将余额转入“本年利润”账户的数额

图 6-16　费用成本类账户的基本结构

十、财务成果账户

财务成果账户是用来核算企业在一定时期内的最终成果的账户。企业全部经营活动的最终成果将在财务成果账户中显示出来。“本年利润”账户即属于财务成果账户,其借方登记期末从损益计算账户的贷方转入的成本和费用数额，贷方登记期末从损益计算账户的借方转入的收入和收益数额。期末，若为贷方余额表示企业实现的利润总额，若为借方余额则表示企业发生的亏损总额。财务成果账户的基本结构如图 6-17 所示。

借方　　　　　　财务成果账户	贷方
发生额：转入的各项成本、费用、税金、损失的数额	发生额：转入的各项收入、收益的数额
期末余额：本期发生的亏损总额	期末余额：本期实现的净利润

图 6-17　财务成果账户的基本结构

综上所述，账户按用途和结构分类，可概括为如图 6-18 所示。

- 账户
  - 盘存账户
    - 固定资产、原材料、库存商品
    - 周转材料
    - 库存现金、银行存款、其他货币资金
  - 资本账户
    - 实收资本、资本公积
    - 盈余公积
  - 结算账户
    - 资产结算账户
      - 应收账款、应收票据
      - 其他应收款、预付款项
    - 负债结算账产
      - 应付账款、应付票据、应付债券
      - 应付职工薪酬
      - 应交税费
      - 其他应付款、预收款项
    - 资产负债结算账户——应收账款、应付款项
  - 调整账户
    - 备抵调整账户
      - 累计折旧
      - 坏账准备
      - 利润分配
    - 附加调整账户——应付债券(债券溢价)
    - 备抵附加调整账户——材料成本差异
  - 集合分配账户——制造费用
  - 待处理账户——待处理财产损溢
  - 成本计算账户——生产成本、材料采购、在建工程
  - 对比账户——固定资产清理
  - 损益计算账户
    - 收入收益类
      - 主营业务收入、投资收益
      - 其他业务收入
      - 营业外收入
    - 费用成本类
      - 主营业务成本、其他业务成本、营业外支出、
      - 税金及附加、所得税费用
      - 销售费用、财务费用、管理费用
  - 财务成果账户——本年利润

图 6-18　账户按用途结构的分类

课后练习题

一、名词解释

盘存账户　备抵调整账户　集合分配账户　待处理账户　对比账户

二、单项选择题

1. “材料成本差异”账户是用来抵减附加(　　)。
   A. 原材料　B. 材料采购　C. 生产成本　D. 库存商品
2. “制造费用”账户按用途结构分属于(　　)。
   A. 负债账户　B. 成本类账户
   C. 集合分配账户　D. 成本计算账户
3. 企业在不单独设“预付款项”账户的情况下，可用(　　)账户代替。
   A. “应收账款”　B. “预收款项”　C. “应付账款”　D. “其他往来”
4. 下列账户中不属于盘存账户的是(　　)账户。
   A. “固定资产”　B. “累计折旧”　C. “库存现金”　D. “原材料”
5. 调整账户余额始终与被调整账户余额在不同方向时，是(　　)。
   A. 附加账户　B. 备抵账户
   C. 对比账户　D. 集合分配账户
6. 属于集合分配账户的是(　　)账户。
   A. “实收资本”　B. “制造费用”　C. “生产成本”　D. “管理费用”
7. 下列账户中，既属于结算账户，又属于负债类账户的是(　　)账户。
   A. “应收账款”　B. “预收款项”　C. “应收票据”　D. “预付款项”
8. 在下列所有者权益账户中，反映所有者原始投资的账户是(　　)账户。
   A. “实收资本”　B. “盈余公积”　C. “本年利润”　D. “利润分配”
9. “累计折旧”账户按其经济内容分类属于(　　)。
   A. 费用类账户　B. 抵减账户　C. 负债类账户　D. 资产类账户
10. 不属于费用类账户的是(　　)账户。
   A. “主营业务成本”　B. “管理费用”
   C. “营业外支出”　D. “应付福利费”

三、多项选择题

1. 下列账户中，属于调整账户的有(　　)账户。
   A. “累计折旧”　B. “坏账准备”
   C. “利润分配”　D. “材料成本差异”
   E. 应收账款
2. 期末无余额的账户有(　　)。
   A. 盘存账户　B. 资本账户
   C. 集合分配账户　D. 收入账户
   E. 费用账户
3. 下列账户中，属于成本计算账户的有(　　)。

A．“材料采购”　B．“在建工程”　C．“生产成本”　D．“制造费用”
E．“管理费用”

4．下列账户中，按经济内容分类属于所有者权益类的有(　　)账户。
A．“实收资本”　B．“资本公积”　C．“盈余公积”　D．“本年利润”
E．“利润分配”

5．下列属于债权结算账户的有(　　)账户。
A．“预付款项”　B．“应付账款”　C．“应收账款”　D．“应收票据”
E．“预收款项”

6．下列属于流动资产类的账户有(　　)账户。
A．“预付款项”　B．“应收账款”　C．“其他应收款”　D．“无形资产”
E．“应收票据”

7．下列关于调整账户说法正确的有(　　)。
A．调整类账户分为附加调整类、备抵调整类、备抵附加调整类
B．附加调整类账户与原账户记账方向相反
C．备抵调整类账户与原账户记账方向相反
D．附加调整类账户与原账户余额方向相同
E．备抵调整类账户与原账户余额方向相同

8．下列属于盘存账户的有(　　)账户。
A．“库存商品”　B．“库存现金”　C．“应收账款”　D．“资本公积”
E．“原材料”

9．(　　)账户可以按照流动性再分类。
A．资产类　B．所有者权益类
C．共同类　D．负债类
E．损益类

10．账户的结构具体包括(　　)。
A．会计科目　B．经济业务摘要
C．增减金额和余额　D．记录经济业务的日期
E．账户性质

四、判断题

1．成本类账户如果有期末余额，将作为资产列入资产负债表。(　　)
2．“预收款项”账户属于债权结算账户，“预付款项”账户属于债务结算账户。(　　)
3．“应付账款”账户的余额总在贷方。(　　)
4．调整账户和被调整账户的余额方向正好相反。(　　)
5．“主营业务收入”账户按用途结构来划分属于计价对比账户。(　　)

五、简答题

1．简要谈谈成本类账户和损益类账户中的费用类账户的区别。
2．账户按经济内容分类可以分为哪几类？
3．盘存账户具有哪些特点？
4．财务成果账户的特点是什么？
5．会计科目与账户是什么关系？

第七章

会 计 凭 证

第一节　会计凭证的意义和种类

一、会计凭证的概念和意义

会计凭证是指记录经济业务，明确经济责任并作为记账依据的书面证明。

一切会计记录都必须有真凭实据，使会计核算资料具有客观性。为此，要在经济业务发生时填制或取得适当的凭证作为证明文件，所以填制和审核会计凭证就成为会计核算工作的起点。任何经济业务的发生，都必须由经办经济业务的有关人员填制或取得会计凭证，记录经济业务的日期、内容、数量和金额，并在凭证上签名盖章，对会计凭证的真实性和正确性负完全责任。只有经过审核无误的会计凭证，才能作为记账的依据。

填制和审核会计凭证，对于行使会计的职能，发挥会计在经济管理中的作用，具有重要的意义。

(一) 提供客观的会计信息

会计人员根据填制或取得的会计凭证，对日常大量、分散的各种经济业务，进行整理、分类和汇总，为经济管理提供有用而客观的经济信息。

(二) 为记账提供依据

记账必须以经过审核无误的会计凭证为依据。一般情况下，没有凭证不能记账。这就保证了会计记录的客观性、真实性和正确性，防止主观臆断和弄虚作假等行为的发生。

(三) 加强经济责任制

各单位所发生的每一项经济业务都要填制或取得有关的会计凭证，有关经办人员都要在凭证上签章以示负责，这样就能促使经办业务的部门和人员认真负责，严格按照政策、法令、制度、计划和预算办事，提高责任感。如果事后发现问题，就可以根据会计凭证追究经济责任。

二、会计凭证的种类

会计凭证的种类很多，可以按照不同的标准予以分类。按填制程序和用途的不同，会计凭证可以分为原始凭证和记账凭证两大类。

(一) 原始凭证

原始凭证是在经济业务发生或完成时取得或填制的，用以记录经济业务的执行或完成情况，明确经济责任并具有法律效力的书面证明。

1. 原始凭证按其来源分类

原始凭证按其来源不同可分为外来原始凭证和自制原始凭证两种。

（1）外来原始凭证。外来原始凭证是在经济业务发生或完成时，从其他单位或个人直接取得的凭证。如购货时取得的各种发票、付款时取得的收据等。现列举增值税专用发票格式如表 7-1 所示。

表 7-1 增值税专用发票

发票联

开票日期：　　年　　月　　日　　　　　　　　　　　　　　　　　　　　NO.

<table>
<tr><td rowspan="2">购货单位</td><td>名　　称</td><td colspan="3"></td><td>纳税人登记号</td><td colspan="2"></td></tr>
<tr><td>地址、电话</td><td colspan="3"></td><td>开户银行及账号</td><td colspan="2"></td></tr>
<tr><td colspan="2">商品或劳务名称</td><td>计量单位</td><td>数量</td><td>单价</td><td>金额</td><td>税率</td><td>税额</td></tr>
<tr><td colspan="2"></td><td></td><td></td><td></td><td></td><td></td><td></td></tr>
<tr><td colspan="2"></td><td></td><td></td><td></td><td></td><td></td><td></td></tr>
<tr><td colspan="2">合计</td><td></td><td></td><td></td><td></td><td></td><td></td></tr>
<tr><td colspan="2">价税合计</td><td colspan="6">¥________</td></tr>
<tr><td>备注</td><td colspan="7"></td></tr>
<tr><td rowspan="2">销货单位</td><td>名称</td><td colspan="3"></td><td>纳税人登记号</td><td colspan="2"></td></tr>
<tr><td>地址、电话</td><td colspan="3"></td><td>开户银行及账号</td><td colspan="2"></td></tr>
</table>

第二联：发票联购货方记账凭证

销货单位（章）　　　　收款人：　　　　复核：　　　　开票人：

（2）自制原始凭证。自制原始凭证是指由本单位内部经办经济业务的人员或职能部门，在办理经济业务时所填制的凭证。如材料、产成品、商品等存货入库时，由仓库保管人员填制的入库单；材料出库时，由业务人员填制的领料单；产品或商品销售时，由业务人员开出的提货单等。现列举收料单格式如表 7-2 所示。

表 7-2 收　料　单

供货单位　　　　　　　　　　　　　　　　　　　　　　　　凭证编号

发票号码　　　　　　　　　年　　月　　日　　　　　　　　收料仓库

材料编号	材料规格及名称	计量单位	数量		金额	
			应收	实收	单价	金额
备注					合计	

主管：　　　　会计：　　　　审核：　　　　记账：　　　　收料人：

2. 原始凭证按其填制的手续和方法分类

原始凭证如果按其填制的手续和方法不同，可分为一次凭证、累计凭证和汇总原始凭证三类。

(1) 一次凭证。一次凭证是指只反映一项经济业务,或者同时反映若干同类性质的经济业务,其填制手续是一次完成的原始凭证。日常的原始凭证多属此类,如“现金收据”“领料单”(格式见表 7-3)等。外来原始凭证一般都是一次凭证。

表 7-3 领 料 单

领料部门　　　　　　　　　　　　　　　　　　　　　　　　凭证编号
用　　途　　　　　　　　　　年　　月　　日　　　　　　　收料仓库

<table>
<tr><td rowspan="2">材料编号</td><td rowspan="2">材料规格
及名称</td><td rowspan="2">计量
单位</td><td colspan="2">数量</td><td colspan="2">金额</td></tr>
<tr><td>请领</td><td>实领</td><td>单价</td><td>金额</td></tr>
<tr><td></td><td></td><td></td><td></td><td></td><td></td><td></td></tr>
<tr><td></td><td></td><td></td><td></td><td></td><td></td><td></td></tr>
<tr><td>备注</td><td colspan="4"></td><td>合计</td><td></td></tr>
</table>

仓库负责人:　　　　　　记账:　　　　　　发料人:　　　　　　领料人:

(2) 累计凭证。累计凭证是指一定时期内,记载同类重复发生的经济业务,填制手续是在一张凭证中多次进行才能完成的原始凭证。如“限额领料单”就是典型的累计凭证。使用这种凭证既可以做到对领用材料的事前控制,又可以减少凭证的填制手续。“限额领料单”格式如表 7-4 所示。

表 7-4 限 额 领 料 单

领料部门　　　　　　　　　　　　　　　　　　　　　　　　凭证编号
用　　途　　　　　　　　　　年　　月　　日　　　　　　　收料仓库

<table>
<tr><td>材料
类别</td><td colspan="2">材料
编号</td><td>材料规格
及名称</td><td>计量
单位</td><td>领用
限额</td><td>实际
领用</td><td>单价</td><td>金额</td></tr>
<tr><td></td><td colspan="2"></td><td></td><td></td><td></td><td></td><td></td><td></td></tr>
<tr><td rowspan="2">日期</td><td colspan="2">数量</td><td rowspan="2">领料人</td><td rowspan="2">发料人</td><td colspan="3">退料</td><td rowspan="2">限额
结余</td></tr>
<tr><td>请领</td><td>实发</td><td>数量</td><td>收料人</td><td>发料人</td></tr>
<tr><td></td><td></td><td></td><td></td><td></td><td></td><td></td><td></td><td></td></tr>
<tr><td></td><td></td><td></td><td></td><td></td><td></td><td></td><td></td><td></td></tr>
<tr><td></td><td></td><td></td><td></td><td></td><td></td><td></td><td></td><td></td></tr>
</table>

供应部门负责人:　　　　　　　　生产计划部门负责人:　　　　　　　　仓库负责人:

(3) 汇总原始凭证。汇总原始凭证是指在会计核算工作中,为简化记账凭证的编制工作,将一定时期内若干份记录同类经济业务的原始凭证,汇总编制成一张凭证,用以集中反映某项经济业务总括发生情况的一种原始凭证,如“发出材料汇总表”(格式见表 7-5)。

企业在生产经营过程中还会取得或填制一些书面文件和单据,如各种经济合同书、材料请购单、银行对账单、费用预算等。这些文件和单据不能证明经济业务已发生或完成,因而不属于原始凭证。

表 7-5 发出材料汇总表

年 月 日

用途		材料类别			合计
		原料及主要材料	辅助材料	燃料	
生产用	A 产品				
	B 产品				
车间一般耗用					
厂部一般耗用					
合计					

负责人： 复核： 制表：

(二) 记账凭证

记账凭证是会计人员根据审核无误的原始凭证或原始凭证汇总表填制的，用来记录经济业务的简要内容，确定会计分录，并作为记账依据的一种会计凭证。

原始凭证种类繁多，格式不一，而且原始凭证没有标明应记入账户的名称和方向，不经过必要的归纳和整理，原始凭证难以达到记账的要求，所以为了便于登记账簿，先根据原始凭证填制记账凭证，在记账凭证上确定会计分录，再根据记账凭证登记账簿，并把原始凭证作为记账凭证的填制依据，附在记账凭证的后面。

1. 记账凭证按适用的经济业务，可以分为专用记账凭证和通用记账凭证两大类

(1) 专用记账凭证。专用记账凭证是用来专门记录某一类经济业务的记账凭证。专用记账凭证又可以分为收款凭证、付款凭证和转账凭证三种。

收款凭证是根据现金及银行存款收入业务的原始凭证填制，用来记录现金及银行存款收入业务的记账凭证。其格式如表 7-6 所示。

付款凭证是根据现金及银行存款付出业务的原始凭证填制，用来记录现金及银行存款付出业务的记账凭证。其格式如表 7-7 所示。

转账凭证是根据转账业务的原始凭证填制，用来记录转账业务的记账凭证。其格式如表 7-8 所示。转账业务是指不涉及现金和银行存款收付的经济业务。例如，生产产品领用材料、分配制造费用、结转完工入库产品的生产成本等经济业务。

(2) 通用记账凭证。通用记账凭证是指用一种格式来记录所有经济业务的凭证。它不再分为收款凭证、付款凭证和转账凭证，其格式与转账凭证基本相同，如表 7-9 所示。

在经济业务比较简单，收付款业务不多的单位，为了简化凭证，可以不使用上述三种专用凭证，而使用一种通用记账凭证。

2. 记账凭证按其编制的方式不同，可分为复式记账凭证和单式记账凭证两种

(1) 复式记账凭证。复式记账凭证是把一项经济业务完整地填列在一张记账凭证上。前述各种专用凭证和通用凭证都属于复式记账凭证。这类凭证可以在一张记账凭

证上反映一笔完整的经济业务，从而反映经济业务的全貌及账户之间的相应关系，同时减少记账凭证的数量，但不便于分工记账，不利于同时汇总计算各账户的发生额。

（2）单式记账凭证。单式记账凭证是指按照一项经济业务所涉及的每一个会计科目单独编制记账凭证，每一张记账凭证中只登记一个会计科目。单式记账凭证将一项经济业务所涉及的会计科目及对应关系，以借项记账凭证、贷项记账凭证分别反映。格式如表 7-11、表 7-12、表 7-13 所示。

采用单式记账凭证，不便于反映经济业务的全貌及会计科目的对应关系，而且使用凭证量大，但便于同时汇总计算每个账户的发生额，也便于分工记账。

会计凭证的分类，如图 7-1 所示。

- 会计凭证（按填制程序和用途分）
  - 原始凭证
    - 按来源分
      - 外来原始凭证
      - 自制原始凭证
    - 按填制手续分
      - 一次凭证
      - 累计凭证
      - 汇总原始凭证
  - 记账凭证
    - 按反映的经济内容分
      - 专用记账凭证
        - 收款凭证
        - 付款凭证
        - 转账凭证
      - 通用记账凭证
    - 按填制方法分
      - 复式记账凭证
      - 单式记账凭证

图 7-1 会计凭证的分类

第二节 原始凭证的填制和审核

一、原始凭证的基本内容

经济业务是多种多样的，因而记录经济业务的各种原始凭证的具体内容和格式也是多样的。但是所有的原始凭证都是作为经济业务的原始证据，必须详细载明有关经济业务的发生或完成情况，必须明确经办单位和人员的经济责任。因此，各种原始凭证必须具备一些共同的基本内容（称之为凭证要素），主要有：

（1）原始凭证的名称。

（2）填制凭证的日期。

（3）凭证的编号。

（4）接受凭证的单位名称。

（5）经济业务的基本内容，包括经济业务发生的金额。

（6）填制单位及有关人员的签章。

有的原始凭证为了满足计划、统计或其他业务方面工作的需要，还要列入有关的计划任务、合同编号和预算项目等，这样就可以使原始凭证发挥更大的作用。

二、原始凭证的填制要求

原始凭证作为经济业务的原始证明，是具有法律效力的证明文件，又是进行会计核算的基础，其填制必须符合下列基本要求。

(一) 记录真实

原始凭证上填列的日期、业务内容和数字必须真实可靠，要按照经济业务的实际发生情况进行填制，不得估算和估计、弄虚作假及伪造凭证。

(二) 内容完整

凭证规定的项目必须逐项填写齐全，不可遗漏简略；必须符合手续完备的要求，经办业务的有关部门和人员要认真审查、签名盖章。

(三) 填写正确

凭证中的文字说明和数字要填写清楚、整齐，易于辨认。数量、单价、金额等的计算要正确无误。一般凭证如果书写错误，应用规定的方法更正，并由更正人在更正处盖章以示负责。不得任意涂改、刮擦或挖补。

(四) 编制及时

每项经济业务发生或完成后，经办人员必须按照有关制度的规定及时填制原始凭证，并按规定的程序送交会计部门，以便及时记账。

三、原始凭证的审核

为了正确反映经济业务的发生或完成情况，充分发挥会计的监督作用，保证原始凭证的合理性、合法性和真实性，会计人员必须严格审核原始凭证。只有经过审核无误后的原始凭证，才能作为记账的依据。

原始凭证的审核，一般应包括以下两个方面。

(一) 合法、合理性审核

根据有关政策、法令、制度、合同、预算和计划，审核经济业务是否合法、合理，是否符合有关规定。有无违法、弄虚作假、贪污盗窃、挥霍浪费、虚报冒领、超支或不合理的开支情况。对于违法的收支应当制止和纠正，或向单位领导人提出书面意见要求处理。

(二) 合规性审核

根据原始凭证的要素，逐项审核原始凭证的内容是否完整，原始凭证的各项目是否按规定填写齐全。审核原始凭证的摘要和数字是否填写清楚、正确，数字是否计算正确，大小写是否相符。对于内容填列不齐、手续不完备、书写不清楚、计算不正确、数字填写有错误的原始凭证应退回补办手续或更正。

原始凭证的审核是一件十分严肃的工作，会计人员必须掌握有关政策、法规和制度，坚持原则，坚持制度，履行职责，妥善处理审核中发现的各种问题。这样才能更好地发挥会计的监督作用。

第三节 记账凭证的填制和审核

一、记账凭证的基本内容

记账凭证是由会计人员根据审核无误的原始凭证或原始凭证汇总表,按记账的要求归类整理而编制的,是登记账簿的直接依据。由于记账凭证所反映的经济内容不同,因而具体格式也不相同,但所有的记账凭证,都必须满足记账的要求,必须具备以下基本内容:

(1) 记账凭证的名称;

(2) 填制凭证的日期和凭证编号;

(3) 经济业务的内容摘要;

(4) 会计科目、借贷方向和金额;

(5) 有关人员签名或盖章,包括填制、审核、记账、会计主管等有关人员签名盖章。此外,收款和付款凭证还需有出纳人员的签章;

(6) 所附原始凭证的张数。

二、记账凭证的填制方法

(一) 专用记账凭证的填制

专用记账凭证分为收款凭证、付款凭证和转账凭证。

1. 收款凭证的填制方法

收款凭证是根据现金及银行存款收入业务的原始凭证填制的。

收款凭证的填制日期应填写收款日期;凭证编号按收款凭证自第1号起连续编号;摘要栏填写收款业务的简要说明;在上方"借方账户"应填列"库存现金"或"银行存款"账户,贷方账户栏应填列与上述"库存现金""银行存款"相对应的一级账户及其明细账户;金额栏填写应记入借、贷双方科目的金额数,各个一级账户应贷金额等于所属各明细账户应贷金额之和;合计行的金额栏应为借方账户应借金额;账页或过账栏注明记入总账、日记账、明细账的页次,也可使用"√"表示已登记入账。填制方法如表7-6所示。

表7-6 收款凭证

借方:银行存款　　20××年10月25日　　银收字第11号

摘　　要	贷方科目		金额	过账
	一级科目	明细科目		
售出甲产品15件	主营业务收入	甲产品	10 000	√
	应交税费	应交增值税	1 700	√
合　　计			￥11 700	

附件3张

会计主管:　　出纳:　　记账:　　审核:　　制单:

2. 付款凭证的填制方法

付款凭证是根据现金及银行存款付款业务的原始凭证填制的。

付款凭证的填制日期应填写付款日期；凭证编号按付款凭证自第1号连续编号；摘要栏填写付款业务的简要说明；在上方"贷方账户"应填"库存现金"或"银行存款"账户；借方账户栏应填与上述"库存现金""银行存款"相对应的一级账户及其明细账户；其他各栏，可参照收款凭证的填写方法填写。填制方法如表7-7所示。

表7-7 付款凭证

贷方：现金　　20××年9月20日　　现付字第15号

摘　　要	借方科目		金额	过账
	一级科目	明细科目		
购买办公用品	管理费用		100	√
合　　计			￥100	

附件1张

会计主管：　出纳：　记账：　审核：　制单：

值得注意的是，在实际工作中会发生现金与银行存款之间相互划转的经济业务，如，从银行提取现金，或将现金存入银行。对于这类经济业务，一般只填制付款凭证，不再填制收款凭证，以免重复记账。

收款凭证和付款凭证不仅是登记现金日记账、银行存款日记账、有关明细账和总账的依据，而且也是出纳人员收付款项的依据。出纳人员不能仅仅根据收付款业务的原始凭证收付款项，必须根据会计主管人员或指定人员审批签名的收款凭证和付款凭证收付款项。这样，可以监督货币资金的合理使用，加强货币资金的管理。

3. 转账凭证的填制方法

转账凭证是根据审核无误的转账业务原始凭证填制的，将经济业务所涉及的会计科目全部填列在一张凭证内，借方账户在先，贷方账户在后，将各会计科目所记应借应贷的金额分别填列在"借方金额"和"贷方金额"栏内。借、贷方金额合计数应该相等。在凭证右侧填写所附原始凭证的张数，有关会计人员应在填制凭证下面签名盖章。现以表7-8说明其填制方法。

在实际工作中，对收款凭证、付款凭证、转账凭证往往以不同颜色印刷，以便记账汇总时，易于识别。

(二) 通用记账凭证的填制

经济业务比较简单的企业，为了简化凭证，可以只使用一种通用记账凭证，来记录企业所发生的各种经济业务。

通用记账凭证是指不分收款、付款、转账业务，全部采用一种格式的记账凭证。其填制方法与专用凭证中的转账凭证相同。如表7-9所示。

表 7-8 转账凭证

20××年 10 月 14 日　　　　转字第 25 号

摘 要	一级科目	明细科目	借方金额	贷方金额	过账
计提本月折旧	制造费用		8 000		√√
	管理费用		4 600		√√
	累计折旧			12 600	√√
合 计			¥12 600	¥12 600	

附件 1 张

会计主管：　　记账：　　审核：　　制单：

表 7-9 记账凭证

20××年 11 月 15 日　　　　凭证编号 1020 号

摘 要	一级科目	明细科目	借方金额	贷方金额	过账
销售乙产品一批	银行存款		107 757		
	主营业务收入	乙产品		92 100	
	应交税费	应交增值税		15 657	
合 计			¥107 757	¥107 757	

附件 3 张

会计主管：　　记账：　　出纳：　　审核：　　制单：

(三) 单式记账凭证的填制方法

单式记账凭证按一项经济业务所涉及的每个会计科目单独填制一张记账凭证，每一张记账凭证只登记一个会计科目。单式记账凭证为了单独反映每项经济业务所涉及的会计科目及对应关系，又分为“借项记账凭证”和“贷项记账凭证”。两者可用不同的印刷颜色加以区别。在借项记账凭证和贷项记账凭证中所列示的对应总账科目只起参考作用，不作为登记账簿的依据。现以表 7-10、表 7-11、表 7-12 举例说明其填制方法。

表 7-10 借项记账凭证

对应科目：主营业务收入、应交税费　　20××年 11 月 15 日　　凭证编号：1025 1/3 号

摘 要	一级科目	明细科目	金额	过账
销售乙产品一批	银行存款		107 757	
合 计			¥107 757	

附件 3 张

会计主管：　　记账：　　出纳：　　审核：　　制单：

表 7-11 贷项记账凭证

对应科目:银行存款　　20××年 11 月 15 日　　凭证编号 1025 2/3 号

摘 要	一级科目	明细科目	金额	过账
销售乙产品一批	主营业务收入	乙产品	92 100	
合 计			￥92 100	

附件见 1/3 号张

会计主管：　记账：　出纳：　审核：　制单：

表 7-12 贷项记账凭证

对应科目:银行存款　　20××年 11 月 15 日　　凭证编号 1025 3/3 号

摘 要	一级科目	明细科目	金额	过账
销售乙产品一批	应交税费	应交增值税	15 657	
合 计			￥15 657	

附件见 1/3 号张

会计主管：　记账：　出纳：　审核：　制单：

三、记账凭证的填制要求

记账凭证是登记账簿的直接依据,记账凭证的填制除了严格按原始凭证的填制要求填制外,还应注意以下填制要求。

1. 凭证摘要简明

记账凭证中的摘要栏是对经济业务的简要说明,应当用简练明确的语句概括经济业务内容的要点,以便登记账簿和以后查阅凭证。

2. 业务记录明确

在一张记账凭证上,不能把不同类型的经济业务合并填制在一张记账凭证上。一张记账凭证上只能反映某一项经济业务,或若干项同类经济业务。这主要是为了明确经济业务的来龙去脉和账户对应关系。

3. 正确填写会计科目

根据经济业务的内容,按照会计制度统一规定的会计科目,正确编制会计分录。设有二级或明细科目的,还应填写二级或明细科目,以便登记总账和明细账。会计科目的名称和核算内容要前后一致,以使不同时期的核算指标在口径上一致。

4. 凭证要顺序编号

如果使用通用记账凭证时,可按经济业务发生的先后顺序编号;如果采用专用凭证时,可采用“字号编号法”,即按凭证类别顺序编号。如,“现收字第×号”“银收字第×

号”“转字第×号”等；如果一笔经济业务需编制两张转账凭证，凭证的顺序号为9，则两张凭证编号分别为“转字第 $9\frac{1}{2}$ 号”与“转字第 $9\frac{2}{2}$ 号”。

5. 正确填写附件张数

记账凭证所附的原始凭证必须完整无缺，并在记账凭证上注明所附原始凭证的张数，以便核对摘要及所编会计分录是否准确无误。对于同一张原始凭证需填制两张以上记账凭证的，应在未附有原始凭证的记账凭证上注明其原始凭证在哪张记账凭证下，以便查询。对于结账和更正错账的记账凭证，可以不附原始凭证。

四、记账凭证的审核

记账凭证是登记账簿的直接依据，为了保证账簿记录的准确性，在登记账簿之前必须对已编制的记账凭证由专人进行认真、严格的审核，记账凭证的审核，也是对原始凭证的复核。审核的内容主要有以下几个方面：

(1) 按原始凭证审核的要求，对所附的原始凭证进行复核。

(2) 记账凭证所附的原始凭证是否齐全，记账凭证所记录的经济业务与所附原始凭证所反映的经济业务是否相符，金额是否一致。

(3) 凭证中会计科目使用是否准确，应借应贷的金额是否一致，账户的对应关系是否清楚，金额是否正确，核算的内容是否符合会计制度的规定。

(4) 记账凭证所需填写的项目是否齐全，摘要是否清楚，有关人员是否都已签章等。

在审核中如发现记账凭证有记录不全或错误的，应重新填制或按规定办理更正手续。只有经过审核无误的记账凭证，才能据以登记账簿。

第四节　会计凭证的传递与保管

一、会计凭证的传递

会计凭证的传递是指会计凭证从填制到归档保管整个过程中，在本单位内部各有关部门和人员之间的传递程序和传递时间。

(一) 正确地组织会计凭证传递的意义

正确地组织会计凭证的传递，对于及时反映和监督经济业务，合理地组织经济活动，提高工作效率，加强经济责任制，都具有重要意义。

(1) 有利于有关部门和人员及时了解经济业务活动的情况，加速对经济业务的处理。

(2) 有利于加强各有关部门的经济责任，也有利于实现会计监督，以充分发挥会计的监督作用。

(3) 可以及时地记账，提高会计核算工作的效率。

(二) 正确地组织会计凭证传递应注意的问题

由于企业生产经营的组织不同,经济业务的内容不同,企业管理的要求也不尽相同,所以会计凭证传递程序和办理凭证手续所需的时间也不尽相同。科学地传递程序,应该使会计凭证沿着最迅速、最合理的流向运行。因此,在制定会计凭证传递程序时,应当注意以下三个问题:

(1) 要根据各单位经济业务的特点、机构设置和人员分工情况,明确会计凭证填制的联数和传递程序。既要保证会计凭证经过必要的环节进行处理和审核,又要避免会计凭证在不必要的环节停留。使有关部门和人员及时了解情况,掌握资料又按规定手续进行工作。

(2) 要根据有关部门和有关人员的工作内容和工作量在正常情况下完成的时间,恰当地规定会计凭证在各个环节停留的时间,保证业务手续的完成。要防止不必要的耽搁、拖延和积压会计凭证,以免影响会计工作的正常秩序。要使会计凭证以最快的速率传递,以充分发挥其及时传递经济信息的作用。

(3) 建立凭证交接的签收制度。为了确保会计凭证的安全和完整,在各个环节中都应指定专人办理交接手续,做到责任明确,手续完备、严密。

会计凭证的传递程序、传递时间和衔接手续明确后,可制成凭证流转图,制定凭证传递程序,规定凭证传递的路线、环节,在各环节上的时间、处理内容及交接手续,使凭证传递工作有条不紊、迅速有效地进行。

二、会计凭证的保管

会计凭证的保管是指会计凭证登账后的整理、装订和归档存查。会计凭证是记账的依据,是一个单位的重要经济档案和历史资料,所以对会计凭证必须妥善整理和保管,不得丢失或任意销毁,以备日后随时查阅。会计凭证保管的方法和要求是:

1. 定期归类整理

每月记账完毕,要将记账凭证按编号顺序加以整理,检查有无缺号,附件是否齐全,然后按顺序号排列,装订成册,加具封面,封面上需写明单位的名称、所属的年度和月份、起讫的日期、记账凭证的种类、起讫号数、总计册数,并由有关人员签章。凭证封面如图 7-2所示。

年 月 份 第 册	(企业名称) 会 计 凭 证 年　月份　　共　　册第　　册 收款 付款　　　　凭证第　　号至第　　号共　　张 转账 附:原始凭证共　　张 会计主管:　　　　　　保管:　　　　　　装订:

图 7-2　会计凭证封面

如果在1个月内凭证数量过多，也可分装若干册，在封面上加注共几册字样。如果某些记账凭证所附的原始凭证数量过多，也可以另行装订或单独保管，但应在有关记账凭证中加注说明。对重要原始凭证需要单独保管时应编制目录，并在原记账凭证上注明另行保管，以便查核。

2. 集中保管

装订成册的会计凭证应集中归档保管，并指定专人负责。要防止虫蛀鼠咬等损毁事故。当年的会计凭证，可由本单位会计部门保管1年，期满后应交有关档案部门保管。需要查阅已经归档保管的会计凭证时必须办理一定的审批手续。查阅时要登记查阅人、日期和凭证名称，并由提供人和查阅人共同签名。查阅的凭证不得外借，也不得拆卸，但经过批准可以复印。

3. 会计凭证的保管期限和销毁手续，必须严格执行会计制度的规定

会计凭证一般保管30年，对于某些重要的会计凭证，要永久保存。保管期满需要销毁的会计凭证，应严格审查，由专人监督，任何人无权自行销毁。销毁后，有关人员要在清单上签字盖章。

课后练习题

一、名词解释

会计凭证　原始凭证　累计凭证　记账凭证　转账凭证

二、单项选择题

1. 根据连续反映某一时期内不断重复发生而分次进行的特定业务编制的原始凭证是(　　)。
   A. 一次凭证　　B. 累计凭证
   C. 记账凭证　　D. 汇总原始凭证
2. 可以不附原始凭证的记账凭证是(　　)。
   A. 更正错误的记账凭证　　B. 从银行提取现金的记账凭证
   C. 以现金发放工资的记账凭证　　D. 职工临时性借款的记账凭证
3. 付款凭证左上角的贷方科目可能登记的科目是(　　)科目。
   A. "预付款项"　　B. "银行存款"　　C. "预收款项"　　D. "其他应付款"
4. 下列属于累计凭证的是(　　)。
   A. 领料单　　B. 限额领料单
   C. 耗用材料汇总表　　D. 工资汇总表
5. 会计凭证的传递是指(　　)，在单位内部有关部门及人员之间的传递程序。
   A. 会计凭证的填制到登记账簿止
   B. 会计凭证审核后到归档止
   C. 会计凭证审核后到登记账簿止
   D. 会计凭证的取得或填制时起至归档保管过程中
6. 在下列原始凭证中，属于外来原始凭证的是(　　)。
   A. 增值税专用发票　　B. 工资发放明细表
   C. 出库单　　D. 限额领料单

7. 为了分清会计事项处理的先后顺序，便于记账凭证与会计账簿之间的核对，确保记账凭证的完整无缺，填制记账凭证时，应当(　　)。

A. 依据真实　　B. 日期正确　　C. 连续编号　　D. 简明扼要

8. 下列关于记账凭证填制基本要求的表述中，错误的是(　　)。

A. 记账凭证可以根据若干张同类原始凭证汇总编制

B. 记账凭证的书写应清楚、规范

C. 所有记账凭证都必须附有原始凭证

D. 发现以前年度记账凭证有误的，应当用蓝字填制一张更正的记账凭证

9. 原始凭证按(　　)分类，分为一次凭证、累计凭证和汇总凭证。

A. 用途　　B. 形成来源

C. 填制方式　　D. 填制的手续和内容

10. (　　)是指每一张记账凭证只填列经济业务事项所涉及的一个会计科目及其金额的记账凭证。

A. 收款凭证　　B. 付款凭证　　C. 复式凭证　　D. 单式凭证

三、多项选择题

1. 下列凭证中，能证明交易或事项发生并可据以编制记账凭证的有(　　)。

A. 供应单位开的发票　　B. 购销合同

C. 材料入库单　　D. 收款单位开的收据

E. 限额领料单

2. 下列各项中，属于原始凭证必须具备的基本内容有(　　)。

A. 接受原始凭证的单位的名称

B. 凭证名称、日期、编号

C. 填制单位名称和有关人员签章

D. 会计交易或事项详细内容

E. 应借应贷的会计科目和金额

3. 记账凭证编制的依据可以有(　　)。

A. 收、付款凭证　　B. 一次凭证

C. 累计凭证　　D. 汇总原始凭证

E. 转账凭证

4. 下列原始凭证中，属于自制原始凭证的有(　　)。

A. 工资计算单　　B. 材料出入库单

C. 差旅费报销单　　D. 折旧计算单

E. 产品成本计算单

5. 记账凭证按其填制方法不同，可分为(　　)。

A. 收款凭证　　B. 付款凭证

C. 复式记账凭证　　D. 转账凭证

E. 单式记账凭证

6. 在原始凭证上书写阿拉伯数字，正确的有(　　)。

A. 有角无分的，分位不得用“—”代替

B. 无角分的，角位和分位写“00”或者符号“—”

C. 有角无分的，分位应当写“0”

D. 有角无分的，分位也可以用符号“—”代替

E. 无角分的，角位和分位可以不写

7. 下列符合原始凭证填制基本要求中内容完整的有（　　）。

A. 年、月、日要按照填制原始凭证的实际日期填写

B. 名称要齐全，不能简化

C. 品名或用途要填写明确，不能含糊不清

D. 有关人员的签章必须齐全

E. 连续编号

8. 下列凭证属于外来原始凭证的有（　　）。

A. 付款收据　　B. 银行转来的各种结算凭证

C. 工资发放明细表　　D. 出差人员车票

E. 林料单

9. 原始凭证按其填制手续和内容，可以分为（　　）。

A. 一次凭证　　B. 累计凭证　　C. 汇总凭证　　D. 通用凭证

E. 外来凭证

10. 记账凭证与原始凭证的填制方式不同，是因为（　　）。

A. 原始凭证根据发生或完成的经济业务填制

B. 记账凭证则根据审核后的原始凭证填制

C. 原始凭证仅用以记录、证明经济业务已经发生或完成

D. 记账凭证则依据会计科目对已经发生或完成的经济业务进行归类、整理编制

E. 原始凭证和记账凭证反应的不同的经济业务

四、判断题

1. 原始凭证原则上不得外借，其他单位如有特殊原因确实需要使用时，经本单位会计机构负责人、会计主管人员批准，可以外借。（　　）
2. 原始凭证是会计核算的原始资料和重要依据，是登记会计账簿的直接依据。（　　）
3. 一张记账凭证上只能反映某一项经济业务，或若干项同类经济业务。（　　）
4. 现金和银行存款之间的相互划转业务一般只填写收款凭证。（　　）
5. 自制原始凭证都是一次凭证，外来原始凭证绝大多数是一次凭证。（　　）

五、简答题

1. 简述原始凭证的主要内容。
2. 简述记账凭证的主要内容。
3. 简述原始凭证的填制要求。
4. 简述记账凭证的填制要求。
5. 简述记账凭证如何按照用途分类。

六、业务题

（一）目的：练习编制记账凭证。

（二）资料：某公司 2020 年 10 月发生下列经济业务。

1. 2 日，向新星公司购入甲材料买价 40 000 元，增值税税额 6 800 元，款项已通过银行存款支付。

2. 3 日，收到大化公司归还前欠货款 20 000 元，存入银行。

3. 5 日，从银行提取现金 50 000 元。

4. 8日，销售A产品一批计售价43 000元，增值税税额7 310元，款已收到，存入银行。

5. 10日，车间领用甲材料20 000元用来生产A产品。

6. 13日，收到投资者投入资本100 000元，存入银行。

7. 16日，管理人员李某出差回来，报销差旅费2 500元，交回现金50元。

8. 20日，以银行存款支付行政管理部门业务招待费6 000元。

9. 21日，以银行存款支付销售产品的销售费2 000元。

10. 22日，用库存现金支付职工退休金8 000元。

11. 23日，按规定用银行存款支付固定资产修理费，其中：生产车间修理费13 000元，行政管理部门修理费12 000元。

12. 30日，结转本月完工A产品成本700 000元。

13. 30日，用银行存款支付本月行政管理部门房租2 000元。

14. 30日，以银行存款支付管理部门办公费20 000元。

（三）要求：

1. 根据上列经济业务，确定应编制的记账凭证的种类。

2. 根据上列经济业务编制记账凭证。

第八章

会 计 账 簿

第一节　会计账簿的意义和种类

一、会计账簿的概念和意义

会计账簿简称账簿，是指由一定格式的账页所组成的，以会计凭证为依据，序时、分类地记录和反映各项经济业务的簿籍。

设置和登记账簿是会计核算的一种专门方法，是编制财务报表的基础，是连接会计凭证和财务报表的中间环节。

合理地设置和登记账簿，能全面、系统地记录和提供单位经济活动的各种数据，设置和登记会计账簿对加强经济核算，改善和提高经营管理有重要意义。

（一）提供全面、系统、连续的会计核算资料

企业通过科学、合理地设置账簿，可以为经营管理提供比较系统、完整的会计核算资料。虽然会计凭证也能提供会计核算资料，但是会计凭证数量多而且分散，每张凭证只是记录和反映某一项业务的情况，不能全面、连续、系统、综合地反映企业在某一时期所发生的经济活动的全过程和结果，只有通过设置和登记账簿，才能把会计凭证中所提供的大量核算资料，进行归类和汇总，序时地登记到各种账簿中，提供总括和具体的核算资料，所以设置和登记账簿，可以全面、系统、连续地记录和反映单位的经济活动情况。

（二）为编制会计报告提供依据

会计报表所需要的数据资料，绝大部分来源于会计账簿，账簿记录是编制会计报表的直接依据。通过账簿的序时核算和分类核算，把单位经营活动情况、收入的构成和支出情况，全面系统地反映出来，经过核对无误的账簿资料及其加工的数据为编制会计报表提供总括和具体的资料，所以正确设置并登记账簿，可以为会计报表的及时、准确编制提供依据和保障。

（三）为进行会计分析、会计检查提供依据

账簿记录了一定时期企业的资产、负债、所有者权益增减变动情况及费用、收入、利润实现和分配情况，结合有关资料可以了解企业贯彻有关方针、政策、制度的情况，可以考核各项计划完成情况，可以检查资金使用是否合理、费用开支是否符合标准，经济效益有无提高，从而找出差距，挖掘潜力，提出改进措施。

二、会计账簿的种类

会计账簿的种类是多样的，为了正确地了解和运用账簿，需要对账簿进行分类。

（一）账簿按用途分类

账簿按用途的不同可以分为序时账簿、分类账簿和备查账簿三大类。

1. 序时账簿

序时账簿亦称日记账，是按经济业务发生的时间先后顺序逐日、逐笔进行登记的账簿。序时账簿按其记录内容的不同，又可以分为普通日记账和特种日记账两种。

普通日记账也称通用日记账，是对全部经济业务按其发生时间的先后顺序逐日、逐笔登记的日记账。它的一般做法是按照每日发生的经济业务的先后顺序，逐项编制会计分录，逐日逐笔登记入账簿。普通日记账由一个人负责登记，不便于分工记账，而且普通日记账不是分类记录经济业务，不便于对重要经济业务的管理，因此实际工作中较少使用普通日记账。

特种日记账是指对某一特定经济业务按照业务发生的先后顺序记入账簿中的日记账。我国会计制度规定，那些发生频繁、要求严格管理和控制的业务，应设置特种日记账。企业一般需设置“库存现金日记账”和“银行存款日记账”，用以加强货币资金的管理。在会计实务中，经济单位为了简化记账手续，除了设置库存现金和银行存款日记账以外，其他各项目一般不再设置特种日记账进行核算。当然，各单位也可根据自身的业务特点和管理需要来确定是否需要设置其他的特种日记账，如可设置采购业务的日记账、销售业务的日记账。

2. 分类账簿

分类账簿，是对全部经济业务按总分类账户和明细账户进行分类登记的账簿。在分类账簿中反映了企业的资产、负债、所有者权益、费用成本和收入成果等增减变化情况，是单位经营管理的重要资料来源。分类账簿按其反映指标的详细程度分类，又分为总分类账簿和明细分类账簿。

总分类账簿简称总账，是根据总分类科目开设的，用来记录全部经济业务总括核算资料的账簿。总分类账簿主要为编制财务报表提供直接数据资料。

明细分类账簿简称明细账，是根据明细科目开设的，用来记录某一类经济业务明细核算资料的账簿。明细账是对总账的补充和具体化，并受总账的控制和统驭。

3. 备查账簿

备查账簿又称辅助账簿或补充登记簿，是指对某些在序时账簿和分类账簿中未能记载或记载不全的经济业务进行补充登记的账簿。此类账簿可以对某些经济业务的内容提供参考资料，例如“经营性租入固定资产登记簿”“委托加工材料登记簿”等。备查账簿可根据各单位的实际需要设置，它没有固定格式，可由各单位根据需要自行设计，也可使用分类账的账页格式。

(二) 账簿按外表形式分类

各种账簿都具有一定的外表形式，按其外表形式的不同可分为订本式账簿、活页式账簿和卡片式账簿三种。

1. 订本式账簿

订本式账簿简称订本账，是指将有顺序的一定数量账页装订成册的账簿。这种账簿，账页固定，既可以防止账页散失，也可防止非法抽换账页。但由于账页固定后，使用起来欠灵活，不能根据需要增减账页。订本式账簿主要适用于重要的和具有统驭性的总分类账以及库存现金日记账和银行存款日记账。

2. 活页式账簿

活页式账簿简称活页账，是将一定数量的账页装进账夹内，可根据需要增加或减少账页的账簿。采用这种活页式账簿，可以根据实际需要，将空白账页随时加入账簿，或抽去不需要的账页，使用较灵活，但是活页账簿中的账页容易散失和被非法抽换。空白账页在使用时必须按顺序编号并装置在账夹内，在更换新账后，应将其装订成册或予以封扎，同时妥善保管。活页式账簿一般适用于明细分类账。

3. 卡片式账簿

卡片式账簿简称卡片账，是由专门格式、分散的卡片作为账页组成的账簿。这种账页一般用卡片箱装置，可以随取随放。卡片式账簿不需每年更换，可以跨年度使用，单位一般对固定资产的明细核算等采用卡片账形式，如“固定资产卡片账”。

（三）账簿按账页格式分类

账簿按账页格式的不同，可以分为三栏式账簿、多栏式账簿和数量金额式账簿等。

1. 三栏式账簿

三栏式账簿是指将账页中登记金额的部分分为三栏，即借方栏、贷方栏和余额栏的账簿。这种格式适用于那些只需要提供价值核算信息，不需提供数量等其他核算信息的账簿，各种总账、资本及债权债务类明细账等都可采用三栏式账簿。

2. 多栏式账簿

多栏式账簿是指在借方栏或贷方栏下按需要分设若干专栏的账簿。这种格式适用于核算项目较多，且管理上要求提供各核算项目详细信息的账簿，收入、成本、费用类明细账一般均采用这种格式。

3. 数量金额式账簿

数量金额式账簿是指在借方、贷方和余额栏三个栏目内，每个栏目再分设数量、单价和金额三个小栏，用以反映财产物资的数量和价值的账簿。这种格式适用于既需要提供金额信息，又需要提供数量信息的账簿，原材料、库存商品等明细账一般都采用数量金额式账簿。

三、会计账簿的基本结构

各种会计账簿所记录的经济业务不同，账簿的格式也多种多样，但各种账簿应具备下列基本内容。

（一）封面

封面主要是用来写明账簿的名称和使用单位名称等内容。

（二）扉页

扉页主要填列账簿启用的日期和截止日期、页数、册次；启用及经管人员一览表和签章；会计主管人员签章；账户目录等。扉页中的账簿启用及经管人员一览表如表 8-1 所示，账户目录（科目索引）的格式如表 8-2 所示。

表 8-1　账簿启用和经管人员一览表

账簿名称：________　　　　单位名称：________
账簿编号：________　　　　账簿册数：________
账簿页数：________　　　　启用日期：________
会计主管(签章)　　　　记账人员(签章)

移交日期			移交人		接管日期			接管人		会计主管	
年	月	日	姓名	盖章	年	月	日	姓名	盖章	姓名	盖章

表 8-2　科 目 索 引

页数	科目	页数	科目	页数	科目	页数	科目

(三) 账页

账页是账簿的主要内容。账页的格式，因反映经济业务内容的不同，可有不同格式，但基本内容应包括：

(1) 账户的名称(总账科目、二级或明细科目)。

(2) 登记日期栏。

(3) 凭证种类和编号栏。

(4) 摘要栏(记录经济业务内容的简要说明)。

(5) 金额栏(借贷金额及金额方向、余额)。

(6) 总页次和分户页次。

第二节　会计账簿的设置和登记

一、日记账的设置与登记

日记账是按经济业务发生的时间先后顺序逐日、逐笔进行登记的账簿。日记账按其记录内容的不同，又可以分为特种日记账和普通日记账。我国大多数企业一般只设库存现金日记账和银行存款日记账。库存现金日记账和银行存款日记账须采用订本式账簿，账页格式可采用三栏式或多栏式。

(一) 库存现金日记账的登记

1. 三栏式库存现金日记账

库存现金日记账由出纳人员根据审核后的现金收款凭证、现金付款凭证和银行存款付款凭证(记录从银行提取现金的业务),按业务发生的时间先后顺序逐日逐笔进行登记,其格式如表8-3所示。它的基本结构为"收入""支出""结余"三栏或"借方""贷方""余额"三栏。出纳人员在每日业务终了后,应将收、付款项逐笔登记,结出余额,并同实存现金核对,借以检查每日现金的收、付、存情况及库存现金限额的执行情况。

表8-3 库存现金日记账(三栏式)

20××年		凭证		摘要	对方科目	收入	支出	结余
月	日	种类	编号					
7	1			月初余额				7 000
	1	银付	1	从银行提取现金	银行存款	5 000		12 000
	1	现付	1	采购员预借差旅费	其他应收款		3 000	9 000
	1	现付	2	购买办公用品	管理费用		600	8 400
	1	现收	1	出售废旧物资收入现金	营业外收入	1 800		10 200
	1	现付	3	将现金存入银行	银行存款		3 000	7 200
				本日合计		6 800	6 600	7 200
7		31		本月合计				

三栏式库存现金日记账的登记方法如下:

(1) 日期栏是指记账凭证的日期,应与库存现金实际收付日期一致。

(2) 凭证栏是指登记入账的收付款凭证的种类和编号,例如,"库存现金收款凭证",简写为"现收"。

"银行存款付款凭证",简写为"银付"。凭证栏还应登记凭证的编号数,以便查账和核对。

(3) 摘要栏用于简要说明登记入账的经济业务的内容。

(4) 对方科目栏是指库存现金收入的来源科目或支出的用途科目,其作用在于了解经济业务的来龙去脉。

(5) 收入、支出栏(或借方、贷方栏)是指库存现金实际收付的金额。每日终了,应分别计算现金收入和付出的合计数,结出余额,同时将余额与库存现金核对。月终同样要计算现金收、付和结存的合计数,做到日清月结。

2. 多栏式库存现金日记账

为了反映每一笔收支业务的来龙去脉,以便分析和汇总对应账户的发生额,可采用多栏式日记账。这种账簿是把收入栏和支出栏分别按对应科目设专栏进行登记,也就是按收入的来源和支出的用途设专栏。这种格式在月末结账时，可以结出各收入专栏和支出专栏的合计数，便于对现金收支的合理性、合法性进行审核分析，便于检查财务收支计划的执行情况。多栏式库存现金日记账的格式如表 8-4 所示。

表 8-4　库存现金日记账(多栏式)

年		凭证	摘要	收　入				支　出				余额
月	日			贷方科目				借方科目				
				银行存款	其他应收款	…	合计	管理费用	其他应收款	…	合计	

采用多栏式库存现金日记账时，如果借、贷两方对应的科目太多会形成账页过长，不便于保管和记账。因此，在实际工作中，可以分别设置库存现金收入日记账和库存现金支出日记账，其中，库存现金收入日记账按对应的贷方科目设置专栏，另设“支出合计”栏和“余额”栏；库存现金支出日记账则按支出的对方科目设专栏，不设“收入合计”栏和“余额”栏。多栏式库存现金日记账的登记方法是：根据有关收入业务的记账凭证登记库存现金收入日记账，根据有关现金支出业务的记账凭证登记库存现金支出日记账。每日终了，根据库存现金支出日记账结出的支出合计数，一笔转入库存现金收入日记账的“支出合计”栏中，并结出当日余额填入“余额”栏，然后与库存现金实有数核对。多栏式库存现金日记账的格式如表 8-5 和表 8-6 所示。

表 8-5　库存现金收入日记账(多栏式)

年		凭证	摘要	贷方科目				收入合计	支出合计	余额
月	日			银行存款	其他应收款	…	…			

表 8-6　库存现金支出日记账(多栏式)

年		凭证	摘要	借方科目				支出合计
月	日			管理费用	其他应收款	…	…	

(二) 银行存款日记账的登记

1. 三栏式银行存款日记账

银行存款日记账是由出纳人员根据银行存款收款凭证、银行存款付款凭证和现金付款凭证(记录将现金存入银行的业务),按经济业务发生的先后顺序,逐日逐笔进行登记的账簿。三栏式银行存款日记账的格式与三栏式库存现金日记账的格式基本相同。银行存款日记账中增设了"结算凭证种类和号数"专栏,反映银行存款收付所采用的结算方式,便于与银行对账。为了加强银行存款的日常管理,银行存款应逐日计算登记收入合计、支出合计和余额。银行存款日记账应定期与银行核对。三栏式银行存款日记账的格式与登记方法如表 8-7 所示。

表 8-7 银行存款日记账(三栏式)

20××年		凭证		摘要	结算凭证种类和号数	对方科目	收入	支出	结余
月	日	种类	编号						
8	1			月初余额					40 000
	1	银付	1	从银行提取现金	(略)	库存现金		5 000	35 000
	1	银收	1	销售产品收入存入银行		主营业务收入	25 000		60 000
	1	银付	2	支付购货款		原材料		30 000	30 000
	1	现付	3	将现金存入银行		库存现金	30 000		60 000
				本日合计			55 000	35 000	60 000
8	31			本月合计					

2. 多栏式银行存款日记账

多栏式银行存款日记账可以将收入和支出的核算在一本账上进行,也可以分设"银行存款收入日记账"和"银行存款支出日记账"两本账。其格式和登记方法与多栏式现金日记账基本相同。

(三) 普通日记账的登记

普通日记账是对全部经济业务按其发生时间的先后顺序逐日、逐笔登记的日记账。普通日记账实质是把会计分录按照业务发生的先后顺序记入到账簿中,是一种会计分录簿,每笔会计记录还需逐笔分别转记到分类账中。其格式如表 8-8 所示。

二、总分类账的设置与登记

总分类账是按照总分类科目开设的,用来分类登记全部经济业务的账簿。总分类账簿能够全面、总括地反映经济活动情况,是编制会计报表的主要资料,同时也对其所属的各明细账起控制和统驭作用,所有单位都必须设置总分类账。

表 8-8 普通日记账

20××年		凭证	摘要	会计科目	借方金额	贷方金额	过账
月	日						
9	1	银付 1 号	从银行提取现金	库存现金	15 000		√
				银行存款		15 000	√
9	2	现付 1 号	购买办公用品	管理费用	700		
				库存现金		700	
9	3	转字 1 号	购买材料,货款未付	原材料	10 000		
				应交税费	1 700		
				应付账款		11 700	

总分类账簿,通常应按照总账会计科目的编号顺序分别开设账户,并为每一个账户预留若干账页。总分类账通常采用借方、贷方、余额三栏式的订本式账簿,根据需要,也可采用多栏式总分类账。

总分类账的登记可以根据记账凭证逐日逐笔地登记,也可以将记账凭证定期汇总编制成"汇总记账凭证"或"科目汇总表",再据以登记总账。三栏式总分类账的格式如表 8-9 所示。

表 8-9 原材料总分类账

20××年		凭证	摘要	借方	贷方	借或贷	余额
月	日						
10	1		月初余额			借	32 000
	2	银付 1 号	以银行存款购进甲材料	67 000		借	99 000
	10	转字 1 号	生产领用甲材料		83 000	借	16 000
	15	转字 2 号	购进乙材料,货款未付	45 000		借	61 000
	20	转字 3 号	生产领用乙材料		20 000	借	41 000
	31		本月合计	112 000	103 000	借	41 000

三、明细分类账的设置与登记

明细分类账是根据明细分类科目开设的,详细记录某一类经济业务的账簿。明细分类账反映的是单位详细经济活动资料,是编制会计报表的依据之一。明细分类账是总分类账的补充,各单位在设置总分类账的基础上,应根据需要设置若干必要的明细分类账。这样,既可以根据总分类账了解某一账户的总括情况,又可以根据相关明细账了解该账户的详细情况。

明细分类账一般根据记账凭证和相应的原始凭证来登记。明细账通常采用活页式或卡片式账簿,账页格式有三栏式、多栏式、数量金额式等。

(一) 三栏式明细账

三栏式明细账的格式同三栏式总分类账的格式相同,只设借方、贷方和余额三栏。这种账页主要适用于那些只需进行金额核算的账户,如“应收账款”“应付账款”“其他应收款”“短期借款”“实收资本”“资本公积”等账户的明细账。其格式如表 8-10 所示。

表 8-10　应收账款明细账(三栏式)

明细科目:A 公司

20××年		凭证	摘要	借方	贷方	借或贷	余额
月	日						
3	1		月初余额			借	10 000
	15	银收 5 号	收到 A 公司偿还前欠的货款		4 000	借	6 000
	20	转字 10 号	向 A 公司销售产品,货款尚未收到	20 000		借	26 000
3	31		本月合计	20 000	4 000	借	26 000

(二) 数量金额式明细账

数量金额式明细账的账页,主要是在借方、贷方和余额栏内,分别设有数量、单价、金额三个栏次。这种账页格式通常适用于既要进行金额核算,又要进行实物数量核算的各种财产物资项目,如“原材料”“库存商品”等账户的明细核算。它能提供各种财产物资收入、发出、结存等的数量和金额资料,便于开展业务和加强管理。其格式如表 8-11 所示。

表 8-11　原材料明细账(数量金额式)

类别:甲材料　　　　计量单位:吨　　　　存放地点:　　　储备定额:　　　金额单位:元

20××年		凭证	摘要	收入			发出			结存		
月	日			数量	单价	金额	数量	单价	金额	数量	单价	金额
7	1	(略)	月初余额							40	1 500	60 000
	5		材料验收入库	70	1 500	105 000				110	1 500	165 000
	7		生产领用				60	1 500	90 000	50	1 500	75 000
	12		车间一般消耗				10	1 500	15 000	40	1 500	60 000
	20		材料验收入库	90	1 500	135 000				130	1 500	195 000
7	31		本月合计	160	1 500	240 000	70	1 500	105 000	130	1 500	195 000

（三）多栏式明细账

多栏式明细账是在账页上的借方栏、贷方栏内按有关明细项目分设若干专栏，用以在同一张账页上集中反映各有关明细项目的核算资料。这种格式主要适用于收入、成本、费用类账户的明细核算。按明细分类账登记的经济业务不同，多栏式明细分类账页又分为借方多栏式、贷方多栏式和借贷均多栏三种格式。

1. 借方多栏式明细账

借方多栏式明细账主要适用于借方需要设置多个明细项目的账户，如“生产成本”（格式如表8-12所示）、“制造费用”“管理费用”“主营业务成本”等成本费用类账户的明细分类账。

表8-12 生产成本明细账

产品名称：A产品

20××年		凭证		摘要	借方				借或贷	余额
月	日	种类	编号		直接材料	直接人工	制造费用	合计		
8	31			月末在产品成本	58 000	21 000	12 000	91 000	借	91 000
9	30	转	（略）	分配材料费用	1 391 400			1 391 400		
	30	转		分配工资费用		450 000		450 000		
	30	转		分配福利费用		63 000		63 000		
	30	转		分配制造费用			297 000	297 000		
	30	转		完工产品成本转出	1 426 200	525 600	304 200	2 256 000		
9	30			月末在产品成本	23 200	8 400	4 800	36 400	借	36 400

在实际工作中，由于“生产成本”这类账户发生的经济业务大都在借方，贷方发生额每月发生的笔数很少，因此，为减少栏次，可以不设贷方栏，贷方金额在借方栏内用红字登记。

2. 贷方多栏式明细账

贷方多栏式明细账适用于贷方需要设多个明细项目的账户，如“主营业务收入”“其他业务收入”“营业外收入”（格式如表8-13所示）等收入类账户的明细分类账。

表8-13 营业外收入明细账

年		凭证号数	摘要	贷方					合计
月	日			非流动资产处置利得	政府补助	盘盈利得	捐赠利得	……	

3. 借贷方多栏式明细账

借方贷方多栏式明细账适用于借方贷方均需要设多个明细项目的账户，如“本年利润”(格式如表 8-14 所示)的明细核算。

表 8-14　本年利润明细账

年		凭证	摘要	借方					贷方				借或贷	余额
月	日			主营业务成本	其他业务成本	财务费用	…	合计	主营业务收入	其他业务收入	…	合计		

第三节　会计账簿启用和登记的规则

登记账簿是会计工作的一项重要内容。为了做好记账工作，保证记账工作的质量，会计人员在记账时必须遵循记账的基本规则。

一、账簿启用的规则

账簿是企业重要的经济档案。为了保证账簿记录的完整性、合法性，防止舞弊行为，明确记账责任，会计人员在启用新的账簿时，应在账簿封面上写明启用单位名称和账簿名称，在账簿扉页上填制“账簿启用及经管人员一览表”(格式如表 8-1 所示)。如记账人员更换时，应在主管会计的监督下办理交接手续，并在表内注明交接日期，移交人和接管人双方都应签章，以明确责任。

启用订本式账簿应当从第一页到最后一页按顺序编定页数。使用活页式账簿应当按账户顺序编号，并需定期装订成册，装订后再按实际使用的账页顺序编定页码，另加目录以便于记明每个账户的名称和页次。

二、账簿登记的规则

(1) 为了保证账簿记录的准确性和真实性，必须根据审核无误的会计凭证，及时地登记各种账簿。

(2) 为了使账簿记录保持清晰和持久，防止涂改，记账时要用蓝黑墨水或碳素墨水书写，不得用铅笔和圆珠笔记账。平时一般不得使用红墨水登账，会计中的红字一般表示负数、冲销或冲减，只有在冲账、结账、划线、改错等情况时，才能使用红墨水书写。

(3) 账簿应当按照连续编号的页码顺序登记。各种账簿的账页不得任意抽换和撕毁。记账时不得隔页、跳行，如不慎发生此种情况，应在空页或空行处用红色墨水划对角划线注销，并注明“此页空白”或“此行空白”字样，同时由经手人员盖章。

(4) 账簿记录的文字要规范,摘要应简明清楚,数字要准确。账簿中书写的文字和数字上面要留有适当的空格,不要写满格,一般应占格距的1/2。

(5) 账簿登记完毕,应在记账凭证的"过账"栏内注明账簿的页数或作出"√"符号,表示已登记入账,以免重登、漏登,也便于查阅、核对。

(6) 各账户结出余额后,应在"借或贷"栏内写明"借"或"贷"字样。没有余额的账户在"借或贷"栏内写"平"字,并在"余额"栏写"0"。

(7) 每一账页登记完毕,应在账页的最末一行加计本页发生额合计及余额,并在摘要栏内注明"过次页",同时在新账页的首行记入上页加计的发生额和余额,并在摘要栏内注明"承前页"字样。月末结账时,应在账页上结出本月的发生额合计和月末余额。

(8) 账簿记录发生错误时,不得挖补、刮擦或用化学药水更改字迹,应根据错误的情况,采用规定的方法进行更正。

三、更正错账的规则

由于记账差错的具体情况不同,更正错误的方法也不同,一般常用的更正错误的方法有划线更正法、红字更正法和补充登记法三种。

(一) 划线更正法

划线更正法又称红线更正法,它主要适用于在结账前发现账簿记录有文字或数字错误,但记账凭证没有错误,纯属过账笔误。

具体更正做法是:首先,将错误的文字或数字划一条红色横线,表示注销,必须使原有字迹仍可辨认,以备查阅;然后,在划线的上方用蓝字或黑字将正确的文字或数字填写在同一行的上方位置,并由更正人员在更正处盖章,以明确责任。

采用划线更正法进行更正时,要注意:对于文字差错,一般可以只划去错误文字,不必将与错字相关的其他文字划去;但对于数字出现的差错,应将错误的数字全部划线注销,而不得只划销错误数字。例如,把"6970.00"误记为"5970.00",应将错误数字"5970.00"全部用红线注销,然后在其上方写上正确的数字"6970.00",而不是只删改一个"6"字。如记账凭证中的文字或数字发生错误,但尚未过账前,也可采用划线更正法更正。

(二) 红字更正法

红字更正法又称为红字冲销法,主要适用于以下两种情况:

(1) 根据记账凭证的内容记账后,发现记账凭证中应借、应贷的会计科目或记账方向有错误,导致账簿记录错误。

更正方法是:首先,用红字金额填制一张与原错误的记账凭证内容完全相同的记账凭证,在凭证摘要栏内写明"注销某月某日某号凭证",并据以登记入账簿,用以冲销原有错误的账簿记录;其次,用蓝黑字填制一张正确的记账凭证,并据以用蓝黑字登记入账。

【例8-1】 以银行存款购买文具等办公用品1 800元。在填制记账凭证时,把应借的"管理费用"账户误记为"生产成本"账户,并已据以登记入账。

① 错误的会计分录为：

借：生产成本　　1 800
　　贷：银行存款　　1 800

② 更正时，先用红字填制一张与原错误的记账凭证内容完全相同的记账凭证。其会计分录是(用方框表示红字金额)：

借：生产成本　　$\boxed{1\ 800}$
　　贷：银行存款　　$\boxed{1\ 800}$

根据这张记账凭证，用红字金额登记入账。

③ 然后，再用蓝字填制一张正确的记账凭证。其会计分录是：

借：管理费用　　1 800
　　贷：银行存款　　1 800

根据这张记账凭证，用蓝字登记入账。

经过上述更正后的有关账簿记录，如图 8-1 所示。

借方	银行存款 贷方	借方	生产成本 贷方	借方	管理费用 贷方
	① 1 800	① 1 800		③ 1 800	
	② $\boxed{1\ 800}$	② $\boxed{1\ 800}$			
	③ 1 800				

图 8-1　更正后的有关账簿记录

(2) 根据记账凭证的内容记账后，发现记账凭证和账簿中应借、应贷的会计科目和记账方向都没有错误，只是所记金额大于应记的正确金额。

更正方法是：将多记的金额用红字填制一张与原错误记账凭证所记录的借贷方向、会计科目相同的记账凭证，在凭证摘要栏内写明“冲销某月某日某号记账凭证多记金额”，并据以登记入账，以冲销多记金额。

【例 8-2】 行政管理部门领用 A 材料 1 000 元，在填制记账凭证时把金额误写为 10 000 元，并已登记入账。

① 原错误的会计分录为：

借：管理费用　　10 000
　　贷：原材料——A 材料　　10 000

② 更正时，将多记的金额用红字作如会计下分录：

借：管理费用　　$\boxed{9\ 000}$
　　贷：原材料——A 材料　　$\boxed{9\ 000}$

根据这张记账凭证，用红字金额登记入账。

经过上述更正后的有关账簿记录，如图 8-2 所示。

管理费用		原材料	
① 10 000			① 10 000
② 9 000			② 9 000

图 8-2 更正后的有关账簿记录

（三）补充登记法

根据记账凭证的内容记账以后，发现记账凭证和账簿中应借、应贷的会计科目和记账方向都没有错误，只是所记金额小于应记的正确金额，应采用补充登记法。

更正方法是：将少记的金额用蓝字填制一张与记账凭证所记录的借贷方向、会计科目相同的记账凭证，在凭证摘要栏内写明“补记某月某日某号凭证少记金额”，并据以用蓝字登记入账，以补记少记金额。

【例 8-3】 以银行存款支付产品销售费用 2 000 元。

在填制记账凭证时，金额误记为 200 元，并已据以登记入账。

① 原错误的会计分录为：

借：销售费用　　200

　贷：银行存款　　200

② 更正时，将少记金额用蓝字作如下分录：

借：销售费用　　1 800

　贷：银行存款　　1 800

根据这张凭证，用蓝字登记入账。

经过上述更正后的有关账簿记录，如图 8-3 所示。

销售费用		银行存款	
① 200			① 200
② 1 800			② 1 800

图 8-3 更正后的有关账簿记录

第四节 对账和结账

一、对账

对账就是核对账目，是对账簿记录所进行的核对工作。

在日常的会计核算中，难免在填制凭证、登记账簿、计算本期发生额和余额等方面出现错误，还会出现账实不符的情况，这些错误和情况都会影响账簿记录的正确、完整和真实,因此为了确保会计资料的真实性、完整性和可靠性,为编制会计报表提供真实、可靠的数据,必须定期或不定期地进行对账工作。

对账的内容主要包括三方面:账证核对、账账核对、账实核对。

(一) 账证核对

账证核对是指将账簿记录与会计凭证相核对。这种核对,一般是在平时记账过程中进行,记账后,应将账簿记录与记账凭证及其相应原始凭证进行核对。会计期末,如果发现账账不符,则应将账簿记录与会计凭证重新复核,确保账证相符。

(二) 账账核对

账账核对是指各种账簿之间的有关数字进行核对,主要内容有:

(1) 总分类账簿之间的核对。核对总分类各账户的期末借方余额合计数与总分类各账户的期末贷方余额合计数是否相等。

(2) 总账与所属明细账之间的核对。核对总分类账户期末余额与其所属的各明细分类账期末余额之和是否相符。

(3) 核对库存现金日记账和银行存款日记账的期末余额,与库存现金总账和银行存款总账的期末余额是否相符。

(4) 核对会计部门有关财产物资的明细分类账,与财产物资保管部门或使用部门相应的明细账是否相符。

以上各种账簿间的核对,可以直接进行核对,对内容较多的可以通过编表进行核对。

(三) 账实核对

账实核对是指各种财产物资的账面余额同实存数之间的核对,具体内容有:

(1) 库存现金日记账账面余额与库存现金的实际库存数逐日核对。

(2) 银行存款日记账的账面余额与银行对账单定期核对。

(3) 各种材料、物资明细分类账账面余额与材料、物资实存数相核对。

(4) 各种应收、应付款明细分类账账面余额与有关债权、债务单位相核对。

二、结账

结账,是把一定时期内发生的全部经济业务在登记入账的基础上,在期末计算各账户的本期发生额和期末余额,为编制会计报表做准备的一项会计工作。

为了总结一定期间内的经济活动情况及其结果,及时编制会计报表,向有关各方提供各种会计信息,必须定期地进行结账。结账工作一般于月末、季末和年末进行。

结账的内容和方法如下:

(1) 检查本期所发生的全部经济业务是否都已填制会计凭证,并已登记入账。为了准确计算当期的经营成果和成本,企业应当按照权责发生制原则进行调整和结转有关账项。例如,本期完工产品的实际生产成本是否已转记到"库存商品"账户;财产清查中发现的盘盈、盘亏是否按规定登记入账;是否按要求结转各收入类账户和费用成本类账户;是否结转本年利润和利润分配账户等。

(2) 计算本期发生额和期末余额。在本期全部经济业务登记入账的基础上，应当结算出各种日记账、总分类账和明细分类账的本期发生额和期末余额，并按规定在账簿上作出结账的手续。

月度结账时，在各账户的最后一笔数字下，结出本月借方发生额、贷方发生额和期末余额，在摘要栏内注明“本月发生额及余额”字样，并在下面通栏划单红线。

季度结账时，在本季度最后一个月的月结下面计算季结发生额和季末余额，摘要栏内注明“××季度发生额及余额”字样，并在下面通栏划单红线。

年度结账时，在第四季度季结下面计算本年发生额和年末余额，摘要栏内注明“本年发生额及余额”字样，并在下面通栏划双红线。对于有余额的账户，要将其账户余额结转下年，转入下年新账的第一页第一行的余额栏内，并在摘要栏内注明“上年结转”字样。

第五节 会计账簿的更换与保管

一、账簿的更换

为了清晰地反映各个年度单位的财务状况和经营成果，也为了保持账簿资料的连续性，在每一会计年度结束，新的会计年度开始时，都要按会计制度的规定，进行账簿的更换，启用新账，并把上年度的会计账簿归档保管。

(1) 总账、日记账和大部分的明细账，要每年更换一次。更换新账时，将旧账簿中各账户的余额直接记入新账簿中有关账户新账页的第一行“余额”栏内。同时，在“摘要”栏内注明“上年结转”或“年初余额”字样。在新旧账户之间转记余额，可不必填制记账凭证。

在年度内，订本账簿记满更换新账时，办理与年度更换新账簿相似的手续。

(2) 部分明细账，如固定资产明细卡片账，还有备查账等可以继续使用，不必每年更换。但在“摘要”栏注明“结转下年”字样，以划分新旧年度之间的金额。

二、账簿的保管

会计账簿、会计凭证和会计报表等都是企业重要的经济档案和资料，各单位必须妥善保管，不得任意丢失和销毁。

会计部门在更换新账后，必须对旧账按年度分类归档、整理、妥善保管。对于活页账，应在活页账簿前面加放“账簿启用表”和“经管账簿人员一览表”，装订成册，加上封面，统一编号后，与各种订本账一并归档保管。会计账簿暂由本单位财务会计部门保管1年，期满后，由本单位财务会计部门编造清册移交本单位的档案部门保管。

归档保管的账簿，应按会计制度规定的保管期限妥善保管。需要调阅时，须经严格的审批程序。保管期满，应按规定的审批程序报经有关部门批准后才能销毁。

课后练习题

一、名词解释

会计账簿 序时账簿 分类账簿 订本式账簿 活页式账簿 卡片式账簿 数量金额式账簿 三栏式账簿 多栏式账簿 对账和结账

二、单项选择题

1. 总分类账簿一般采用（ ）。
   A. 活页账簿 B. 卡片账簿 C. 订本账簿 D. 备查账簿
2. 生产成本明细账的格式一般采用（ ）。
   A. 数量金额式 B. 贷方多栏式 C. 三栏式 D. 借方多栏式
3. 原材料明细账的外表形式一般采用（ ）。
   A. 订本式 B. 活页式 C. 三栏式 D. 多栏式
4. 下列会计账户，采用三栏式明细账格式的是（ ）。
   A. 制造费用 B. 管理费用 C. 原材料 D. 应收账款
5. 新的会计年度开始，可以继续使用，不必更换新账的是（ ）。
   A. 总分类账 B. 银行存款日记账
   C. 固定资产卡片 D. 管理费用明细账
6. 会计人员在结账前发现，在根据记账凭证登记入账时，误将 600 元写成 6 000 元，而记账凭证无误，应采用（ ）进行更正。
   A. 补充登记法 B. 划线更正法 C. 红字更正法 D. 平行登记法
7. 记账以后，发现记账凭证中的应借应贷会计科目有错误，应采用（ ）进行更正。
   A. 划线更正法 B. 红字更正法 C. 横线登记法 D. 补充登记法
8. 发现记账凭证中的会计科目和应借应贷方向未错，但所记金额大于应记金额，并已据以登记入账，应采用（ ）进行更正。
   A. 划线更正法 B. 补充登记法 C. 红字更正法 D. 平行登记法
9. 记账以后，发现记账凭证和账簿的所记金额小于应记金额，而应借应贷的会计科目并无错误，应采用（ ）进行更正。
   A. 划线更正法 B. 余额调整法 C. 红字更正法 D. 补充登记法
10. 下列情况中，可用补充登记法的是（ ）。
   A. 记账凭证中的应记科目与金额正确，但登记入账时所记金额大于应记金额
   B. 记账凭证中的应记科目与金额正确，但登记入账时所记金额小于应记金额
   C. 记账凭证中的应记科目正确，但所记金额大于应记金额，并已入账
   D. 记账凭证中的应记科目正确，但所记金额小于应记金额，并已入账

三、多项选择题

1. 账簿按其用途分为（ ）。
   A. 订本式账簿 B. 序时账簿 C. 分类账簿 D. 备查账簿
2. 账簿按其外表形式分为（ ）。
   A. 订本式账簿 B. 序时账簿 C. 卡片式账簿 D. 活页式账簿

3. 对账的内容主要包括(　　)。
A. 账证核对　B. 账账核对　C. 账实核对　D. 账表核对
4. 一般常用的更正错账的方法有(　　)。
A. 补充登记法　B. 余额调整法　C. 划线更正法　D. 红字更正法
5. 任何会计主体都必须设置的账簿有(　　)。
A. 日记账　B. 辅助账簿
C. 总分类账簿　D. 明细分类账簿
6. 库存现金日记账的借方栏登记的依据有(　　)。
A. 库存现金收款凭证　B. 库存现金付款凭证
C. 银行存款收款凭证　D. 银行存款付款凭证
7. 数量金额式明细分类账的账页格式适用于(　　)。
A. "库存商品"账户　B. "生产成本"账户
C. "应收账款"账户　D. "原材料"账户
8. 可以采用三栏式账页格式的账簿有(　　)。
A. 库存现金日记账　B. 预付款项明细账
C. 原材料明细账　D. 总分类账
9. 下列属于"借方多栏式明细账"的有(　　)。
A. 制造费用明细账　B. 营业外收入明细账
C. 生产成本明细账　D. 本年利润明细账
10. 下列各项中,符合账簿登记规则的有(　　)。
A. 每一账页登记完毕,应在最末一行加计本页发生额及余额
B. 每一页登记完毕,应在最末一行的摘要栏内注明"过次页"
C. 开始登记后一页时,首行应记入前一页加计的发生额及余额,并在摘要栏内注明"承前页"
D. 月末结账时,应在账页上结出本月的发生额和月末余额

四、判断题

1. 库存现金日记账和银行存款日记账,必须采用订本式账簿。(　　)
2. 库存现金日记账和银行存款日记账是序时账簿;反之,序时账簿就是库存现金日记账和银行存款日记账。(　　)
3. 账簿按用途分类,可分为日记账、分类账和备查账。(　　)
4. 库存商品明细账应采用三栏式账簿,以反映其收入、发出和结存金额。(　　)
5. 每天纪录的账簿称之为日记账。(　　)
6. 结账就是把一定时期内发生的经济业务在全部登记入账的基础上,结出每个账户本期发生额和期末余额的工作。(　　)
7. 在新的会计年度开始时,必须更换全部账簿,不能只更换总账、库存现金日记账和银行存款日记账。(　　)
8. 登记账簿要用蓝黑墨水或蓝黑圆珠笔书写,不得使用铅笔书写。(　　)
9. 各种明细账的登记依据,既可以是原始凭证,汇总原始凭证,也可以是记账凭证。(　　)
10. 总分类账户及其所属明细分类账户的账项必须在同一会计期间内登记。(　　)

五、简答题

1. 简述账簿按内容、按外表形式、按账页格式的分类。

2. 简述明细分类账账页的格式及适用范围。

3. 简述分类账、日记账和备查簿的区别。

4. 简述错账的更正方法及其适用范围。

5. 简述对账和结账的主要内容。

六、业务题

业务题一

（一）目的：练习错账更正方法。

（二）资料：某企业 2020 年 4 月底结账时发现下列错账：

1. 4 月 6 日，以现金购买厂部办公用品 187 元。编制的记账凭证如下，并已据以登记入账。

借：管理费用　　178
　贷：库存现金　　178

2. 4 月 10 日，以银行存款支付前欠货款 56 000 元。编制的记账凭证如下，并已据以登记入账。

借：应付账款　　65 000
　贷：银行存款　　65 000

3. 4 月 15 日，用银行存款支付短期借款利息 3 000 元。编制的记账凭证如下，并已据以登记入账。

借：管理费用　　3 000
　贷：银行存款　　3 000

4. 4 月 20 日，基本生产车间生产 A 产品领用甲材料一批，计价 8 500 元。编制的记账凭证如下，并已据以登记入账。

借：生产成本——A 产品　　5 800
　贷：原材料——甲材料　　5 800

5. 4 月 30 日，结转本月完工 A 产品成本 75 000 元，编制的记账凭证如下，在登记总账时，误记为 57 000 元。

借：库存商品——A 产品　　75 000
　贷：生产成本——A 产品　　75 000

（三）要求：

1. 根据上述资料说明错误原因。

2. 说明应采用何种更正方法，并对错账予以更正。

业务题二

（一）目的：练习三栏式库存现金日记账、银行存款日记账的登记方法。

（二）资料：津申公司 2020 年 3 月初库存现金账户余额为 12 000 元，银行存款账户余额为 100 000 元。

津申公司 2020 年 3 月份发生下列经济业务：

1. 3 月 1 日，接银行收款通知，向银行申请短期借款 50 000 元，已批准并划存企业银行存款户。

2. 3 月 4 日，采购员王宇出差预借差旅费 4 000 元，以现金付讫。

3. 3 月 6 日，开出转账支票一张面值 11 700 元，支付购入 A 材料款 10 000 元及应交增值税（进项税额)1 700 元。

4. 3 月 8 日,接银行收款通知,中华厂归还前欠货款 84 600 元,已存入企业银行存款户。

5. 3 月 10 日,从银行提现 6 000 元作财务科零星支出备用。

6. 3 月 11 日,销售 201 号产品 2 800 件,每件售价 10 元,该产品增值税税率为 17%,销货款项当即收妥存入银行。

7. 3 月 14 日,从银行提取现金 25 000 元,以备发本月职工工资。

8. 3 月 15 日,发放本月职工工资 25 000 元。

9. 3 月 20 日,采购员王宇报销差旅费 2 650 元,交回多余现金 1 350 元。

10. 3 月 25 日,管理部门购买办公用品 430 元,用银行存款支付。

(三) 要求:

1. 开设“库存现金日记账”和“银行存款日记账”,登记期初余额。

2. 根据以上经济业务填制会计凭证(以会计分录代替记账凭证)。

3. 根据会计凭证登记三栏式“库存现金日记账”、三栏式“银行存款日记账”。

第九章

账务处理程序

第一节　账务处理程序的意义和种类

一、账务处理程序的意义

账务处理程序又称会计核算组织程序或会计核算形式，是指账簿组织、记账程序和记账方法三者有机结合的方式。具体地说，就是填制会计凭证，根据凭证登记各种账簿，根据账簿记录编制会计报表，提供会计信息这一过程的步骤和方法。

账簿组织是核心部分，是指账簿的种类、格式以及各种账簿之间的关系。记账程序是指从填制会计凭证、登记各种账簿到编制会计报表为止的整个过程的步骤和方法。各种不同的账簿组织和不同的记账程序、记账方法结合在一起，就构成了各种不同的会计核算程序。

各个企业、单位因为业务的性质不一样，组织规模有大小之分，经济业务有繁简之别，它们需要设置的凭证、账簿的格式和种类不同，需要编制的会计报表不尽相同。为了保证会计工作的质量和效率，充分发挥会计核算的基本职能，各单位应当根据各自的实际情况和具体条件，正确地选择、科学地组织自己的账务处理程序。

账务处理程序是做好会计工作的一个重要前提，合理地安排和组织账务处理程序对于提高会计工作的质量和效率，简化会计核算手续、节约费用支出，对于正确及时地提供经营管理所需的各种会计信息，都起着极其重要的作用。

二、建立账务处理程序的基本要求

建立科学、合理的账务处理程序，应当符合下列基本要求：

(1) 要与本单位经济活动的特点、规模大小、业务繁简程度、经济管理的要求相适应。

(2) 要能准确及时完整地提供经营管理所需的各种会计资料，以满足企业内部及外部的信息使用者的需要。

(3) 要在保证会计工作质量的前提下，尽可能地提高会计工作的效率，节约账务处理的费用。

三、账务处理程序的种类

我国目前一般采用的账务处理程序有：

(1) 记账凭证账务处理程序。

(2) 汇总记账凭证账务处理程序。

(3) 科目汇总表账务处理程序。

(4) 多栏式日记账账务处理程序。

上述账务处理程序，既有共同点，又有各自的特点。不同账务处理程序的特点主要表现为登记总账的依据和程序不同。

第二节　记账凭证账务处理程序

一、记账凭证账务处理程序的特点

记账凭证账务处理程序是指根据原始凭证或原始凭证汇总表编制记账凭证，然后根据记账凭证直接登记总分类账的一种账务处理程序。它是一种最基本的账务处理程序，其他账务处理程序都是在此基础上发展、演变而来的。

记账凭证处理程序的特点是直接根据记账凭证逐笔登记总分类账。

二、记账凭证账务处理程序的凭证和账簿组织

采用记账凭证账务处理程序时，记账凭证一般设置收款凭证、付款凭证和转账凭证三类，也可只设置一种通用记账凭证；设置库存现金日记账、银行存款日记账、总分类账和明细分类账。各种日记账和总账的格式采用“三栏式”，明细账根据管理需要，可分别采用“三栏式”“数量金额式”和“多栏式”。

三、记账凭证账务处理程序的操作步骤

(1) 根据原始凭证或原始凭证汇总表编制记账凭证。

(2) 根据收款凭证和付款凭证逐笔登记库存现金日记账、银行存款日记账。

(3) 根据记账凭证及其所附原始凭证或原始凭证汇总表逐笔登记有关各明细账。

(4) 根据记账凭证逐笔登记总分类账。

(5) 月末，将库存现金日记账、银行存款日记账余额及各种明细分类账的余额分别与相应的总账的余额相核对。

(6) 月终，根据总账和明细账的资料编制会计报表。

记账凭证账务处理程序如图 9-1 所示。

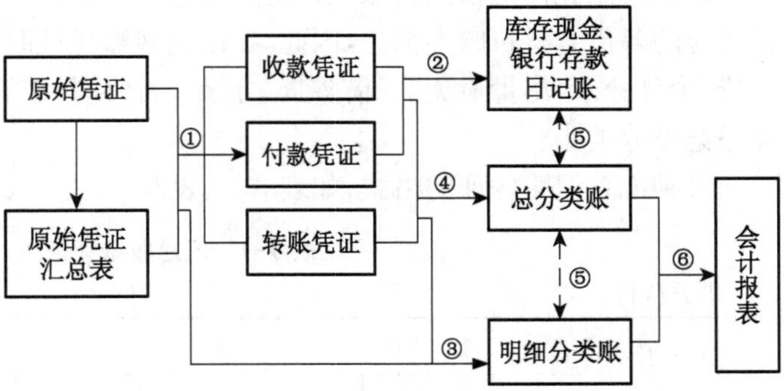

图 9-1　记账凭证账务处理程序

四、记账凭证账务处理程序的优缺点及适用范围

(1) 优点：简单明了，易于理解、掌握，便于分工记账。其总账可以比较详细地反映各项核算内容，便于查账。

(2) 缺点：登记总账的工作量较大。因此，对于经济业务较多的企业，既不利于记账，也不利于对账。

(3) 适用范围:适用于规模较小,业务量较少,凭证不多的企业和单位。

第三节　汇总记账凭证账务处理程序

一、汇总记账凭证账务处理程序的特点

汇总记账凭证账务处理程序是指定期地将记账凭证按照账户对应关系进行汇总,编制汇总记账凭证,然后根据汇总记账凭证登记总分类账的一种账务处理程序。

其特点是:根据记账凭证定期汇总编制汇总记账凭证,然后根据汇总记账凭证登记总分类账。

汇总记账凭证账务处理程序是在记账凭证账务处理程序的基础上,为了简化登记总账的工作而建立的。

二、汇总记账凭证账务处理程序的凭证和账簿组织

采用汇总记账凭证账务处理程序时,除了设置收款凭证、付款凭证、转账凭证外,还需设置“汇总收款凭证”“汇总付款凭证”和“汇总转账凭证”。

汇总收款凭证是根据库存现金收款凭证、银行存款收款凭证定期汇总编制的。编制时按“库存现金”或“银行存款”科目的借方设置,按其对应的贷方科目定期(5 天或 10 天)进行归类汇总,月终时,结算出汇总收款凭证的合计数,据以登记总分类账。

汇总付款凭证是根据库存现金付款凭证、银行存款付款凭证定期汇总编制的,编制时按“库存现金”或“银行存款”科目的贷方设置,按其对应的借方科目加以归类汇总,月终时,结算出汇总付款凭证的合计数,据以登记总分类账。

汇总转账凭证是根据转账凭证定期汇总编制的,通常是按每一贷方科目分别设置,将对应的各借方科目归类汇总,因此,在编制转账凭证时,要求编制“一借一贷”或“多借一贷”会计分录,尽量避免“一借多贷”分录。月终时,结算出汇总转账凭证的合计数,据以登记总分类账。

各种汇总记账凭证的格式,如表 9-1、表 9-2、表 9-3 所示。

表 9-1　汇总收款凭证

借方科目:　　　　　　　　　　年　　月　　　　　　　　　　汇收第　号

贷方科目	金额				总账页次	
	1~10 日 收款凭证 自　号至　号	11~20 日 收款凭证 自　号至　号	21~31 日 收款凭证 自　号至　号	合计	借方	贷方
合　计						

记账:　　　　　　　　　　复核:　　　　　　　　　　编制:

表 9-2 汇总付款凭证

贷方科目： 年 月 汇付第 号

贷方科目	金额				总账页次	
	1～10 日 付款凭证 自 号至 号	11～20 日 付款凭证 自 号至 号	21～31 日 付款凭证 自 号至 号	合计	借方	贷方
合 计						

记账： 复核： 编制：

表 9-3 汇总转账凭证

贷方科目： 年 月 汇转第 号

贷方科目	金额				总账页次	
	1～10 日 付款凭证 自 号至 号	11～20 日 付款凭证 自 号至 号	21～31 日 付款凭证 自 号至 号	合计	借方	贷方
合 计						

记账： 复核： 编制：

三、汇总记账凭证账务处理程序的操作步骤

（1）根据原始凭证或原始凭证汇总表编制记账凭证。

（2）根据收款凭证、付款凭证逐笔登记库存现金日记账，银行存款日记账。

（3）根据记账凭证及其所附的原始凭证或原始凭证汇总表逐笔登记明细分类账。

（4）根据收款凭证、付款凭证和转账凭证定期编制各“汇总记账凭证”。

（5）月终，根据各种汇总记账凭证登记总分类账。

（6）月终，将库存现金、银行存款日记账及明细分类账的余额与相应的总分类账余额相核对。

（7）月终，根据总分类账和明细分类账有关资料编制会计报表。

汇总记账凭证账务处理程序如图 9-2 所示。

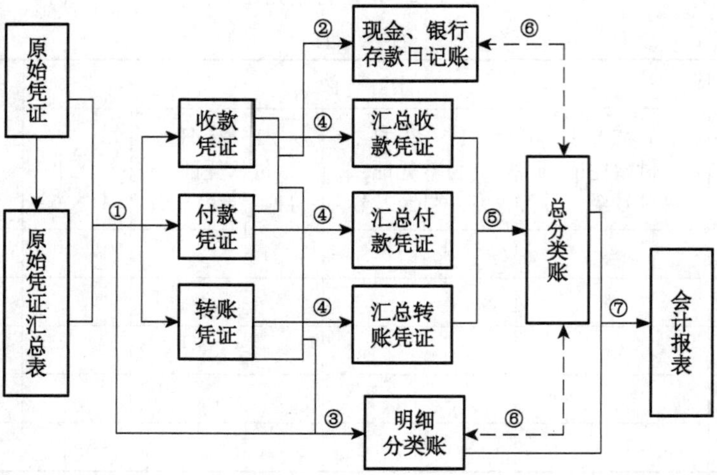

图 9-2　汇总记账凭证账务处理程序

四、汇总记账凭证核算程序的优缺点和适用范围

(1) 优点:由于记账凭证经过汇总登记总账,因而相对减少了登记总账的工作量。另外,汇总记账凭证是根据科目间的对应关系分别汇总编制的,因而能反映账户之间的对应关系。

(2) 缺点:汇总转账凭证是按每一贷方科目汇总的,没有考虑经济业务的性质,因而不利于会计核算工作的分工,而且编制汇总记账凭证的工作量较大,容易出差错。

(3) 适用范围:适用于规模较大,业务较多的企业。

第四节　科目汇总表账务处理程序

一、科目汇总表账务处理程序的特点

科目汇总表账务处理程序是指定期将所有记账凭证按相同的会计科目分类汇总编制成科目汇总表,再根据科目汇总表登记总分类账的一种账务处理程序。这种账务处理程序也是在记账凭证账务处理程序的基础上发展而来的。

科目汇总表账务处理程序的特点是:设置科目汇总表并定期根据记账凭证编制科目汇总表,并据以登记总分类账。

二、科目汇总表账务处理程序的凭证和账簿组织

采用科目汇总表账务处理程序时,需要设置的各种账簿除三栏式总分类账外,其他与汇总记账凭证账务处理程序相同。凭证的设置除了将汇总记账凭证改为科目汇总表外,也基本相同,科目汇总表的格式,如表 9-4 所示。

表 9-4 科目汇总表

年 月 日至 日

会计科目	账 页	本期发生额		记账凭证起讫号数
		借 方	贷 方	
合 计				

科目汇总表是根据记账凭证汇总编制，不分对应科目进行汇总，而是将所有科目的本期借方、贷方发生额汇总在一张科目汇总表内。

三、科目汇总表的编制方法

首先，把汇总期（如 5 天、10 天、半个月或 1 个月）内的记账凭证，按照相同科目归类，汇总每个科目的本期（汇总期）借方发生额和贷方发生额。科目发生额的汇总一般是通过编制“科目汇总底稿”进行的，科目汇总底稿一般采用“T”形账户的格式。

其次，把科目汇总底稿上的每个科目的本期借、贷方发生额合计数分别填入科目汇总表。为了便于登记总账，会计科目的顺序按总分类账上会计科目的先后顺序填写。

最后，计算科目汇总表中合计栏的借、贷方发生额合计数，并做到借贷两方合计数平衡。

四、科目汇总表账务处理程序的操作步骤

(1) 根据原始凭证或原始凭证汇总表编制记账凭证。

(2) 根据收款凭证、付款凭证逐笔登记库存现金日记账和银行存款日记账。

(3) 根据记账凭证及其所附原始凭证或原始凭证汇总表逐笔登记明细分类账。

(4) 根据收款凭证、付款凭证和转账凭证定期编制科目汇总表。

(5) 根据科目汇总表登记总分类账。

(6) 月终，将库存现金、银行存款日记账的余额及各种明细分类账余额与相应的总分类账余额相核对。

(7) 月终，根据总分类账和明细分类账有关资料编制会计报表。

科目汇总表账务处理程序如图 9-3 所示。

五、科目汇总表账处理程序的优缺点及适用范围

(1) 优点：由于记账凭证经过汇总登记总账，因而减少了登记总账的工作量；汇总方法简单，便于掌握；通过汇总期内所有账户本期借、贷方发生额合计数的试算平衡，可以检查记账凭证的填制和汇总是否正确。

(2) 缺点：科目汇总表无法表明账户之间的对应关系，不便于分析经济业务的全过程，不便于查对账目。

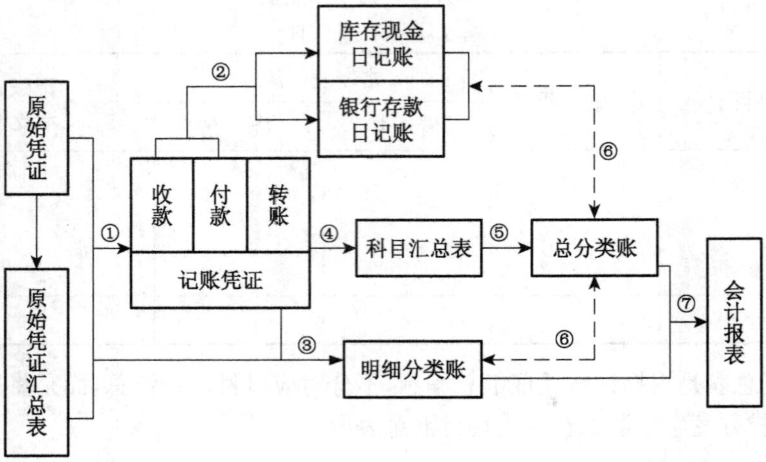

图 9-3　科目汇总表账务处理程序

(3) 适用范围:适用于规模较大、经济业务较多的大中型企业。

第五节　多栏式日记账账务处理程序

一、多栏式日记账账务处理程序的特点

多栏式日记账账务处理程序是指根据多栏式库存现金日记账、多栏式银行存款日记账、转账凭证(或转账凭证科目汇总表)登记总分类账的一种会计核算程序。

其特点是:根据收、付款凭证逐日逐笔登记多栏式日记账,月末根据多栏式日记账和转账凭证(或转账凭证科目汇总表)登记总账。

多栏式日记账账务处理程序也是在记账凭证账务处理程序的基础上,为了简化登记总账的工作而建立的。

二、多栏式日记账账务处理程序的凭证和账簿组织

采用多栏式日记账账务处理程序时,仍设置收款凭证、付款凭证和转账凭证;设置四本多栏式日记账,即"库存现金收入日记账""库存现金支出日记账""银行存款收入日记账"和"银行存款支出日记账";其他账簿的设置及其格式与记账凭证账务处理程序相同。

三、多栏式日记账账务处理程序的操作步骤

(1) 根据原始凭证或原始凭证汇总表填制记账凭证。

(2) 根据收款凭证、付款凭证逐笔登记多栏式库存现金日记账、银行存款日记账。

(3) 根据记账凭证及其所附的原始凭证、原始凭证汇总表逐笔登记各有关明细分类账。

(4) 月终,根据多栏式库存现金日记账、银行存款日记账及转账凭证(或根据转账凭证编制的科目汇总表)登记总分类账。

(5) 月终,将各明细分类账的余额合计数分别与有关的总分类账户余额核对。

(6) 月终,根据总分类账和明细分类账有关资料编制会计报表。

多栏式日记账账务处理程序如图 9-4 所示。

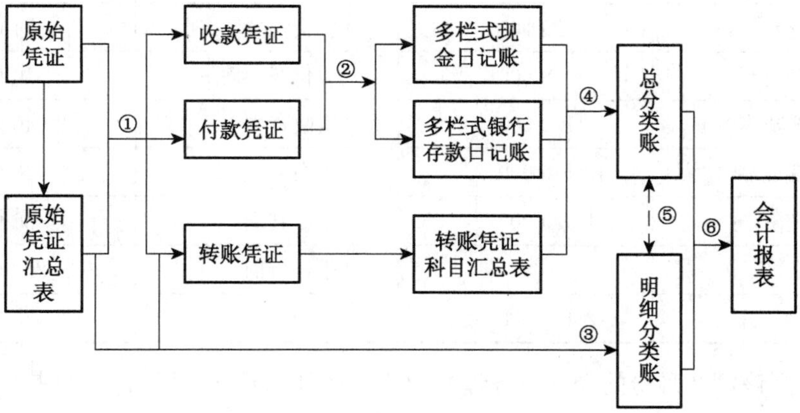

图 9-4　多栏式日记账账务处理程序

多栏式日记账账务处理方式下,登记总账时根据多栏式日记账"收入合计栏"的本月发生额合计数,记入库存现金、银行存款总分类账的借方,并将"收入栏"下对应贷方科目的本月发生额合计数记入有关总分类账户的贷方。同理,根据多栏式日记账"付出合计栏"的本月发生额合计数,记入库存现金、银行存款总分类账户的贷方,并将"付出栏"下对应借方科目的本月发生额合计数记入有关总分类账户的借方。对于转账业务,则可视业务量的大小,或逐笔登记总分类账,或根据转账凭证编制转账凭证科目汇总表,再据以登记总分类账。

四、多栏式日记账账务处理程序的优缺点和适用范围

(1) 优点:可以简化登记总分类账的工作量,可以具体反映有关库存现金、银行存款收支业务。

(2) 缺点:"库存现金""银行存款"账户的对应账户较多时,多栏式日记账上的专栏也较多,账页过宽,记账不方便,而且,转账凭证科目汇总表仍反映不出账户的对应关系。

(3) 适用范围:适用于中等规模、收付款业务比较多、所用会计科目较少的单位。

第六节　账务处理程序举例

1. 资料:

红星工厂 2020 年 2 月 1 日总分类账户余额如表 9-5 所示。

表 9-5 总分类账户余额

账户名称	借方余额	账户名称	贷方余额
库存现金	1 800	短期借款	107 000
银行存款	176 000	应付账款	12 000
应收账款	8 000	其他应收款	800
原材料	400 000	应交税费	4 000
周转材料	8 000	应付职工薪酬	10 000
生产成本	400 000	实收资本	2 040 000
库存商品	480 000	盈余公积	70 000
固定资产	1 000 000	本年利润	30 000
		累计折旧	200 000
合　计	2 473 800	合　计	2 473 800

2. 根据该厂2月份的经济业务编制记账凭证(以会计分录代替),如表9-6所示。

表 9-6 编制记账凭证

2020年		凭证号数	摘　要	借　方		贷　方	
月	日			账户名称	金额	账户名称	金额
2	1	银收1	销售产品,货款存入银行	银行存款	365 040	主营业务收入	312 000
						应交税费	53 040
	4	转1	仓库发出原材料	生产成本	198 000	原材料	200 000
				制造费用	1 200		
				管理费用	800		
	5	银付1	以银行存款缴纳上月增值税	应交税费	4 000	银行存款	4 000
	6	转2	购入原材料,货款未付	原材料	300 000	应付账款	351 000
				应交税费	51 000		
	7	现付1	以现金预支采购员差旅费	其他应收款	700	库存现金	700
	8	银付2	从银行提取现金备发工资	库存现金	26 000	银行存款	26 000
	9	现付2	以库存现金发放工资	应付职工薪酬	26 000	库存现金	26 000
	11	银付3	以银行存款偿还银行短期借款	短期借款	46 000	银行存款	46 000
	13	银收2	通过银行收回应收账款	银行存款	8 000	应收账款	8 000
	15	银付4	以银行存款支付电费	生产成本	2 400	银行存款	3 708.9
				制造费用	490		

（续表）

2020年		凭证号数	摘 要	借 方		贷 方	
月	日			账户名称	金额	账户名称	金额
				管理费用	280		
				应交税费	538.90		
	16	转3	采购员回厂报销差旅费并交回库存现金	管理费用	680	其他应收款	680
		现收1		库存现金	20	其他应收款	20
	17	银付5	购入低值易耗品，以银行存款支付	周转材料	1 200	银行存款	1 404
				应交税费	204		
	19	银付6	向银行提取库存现金备用	库存现金	1 400	银行存款	1 400
	20	银付7	以银行存款支付产品销售费用	销售费用	1 200	银行存款	1 332
				应交税费	132		
	27	现付3	以现金支付厂部办公用品费	管理费用	264	库存现金	264
	28	转4	领用低值易耗品	制造费用	100	周转材料	140
				管理费用	40		
	28	转5	分配工资费用	生产成本	23 000	应付职工薪酬	26 000
				制造费用	1 000		
				管理费用	2 000		
	28	转6	提取职工福利费	生产成本	3 220	应付职工薪酬	3 640
				制造费用	140		
				管理费用	280		
	28	转7	计提固定资产折旧	制造费用	4 500	累计折旧	6500
				管理费用	2 000		
	29	转8	结转制造费用	生产成本	7 430	制造费用	7 430
	28	转9	完工产品交库	库存商品	250 000	生产成本	250 000
	29	转10	结转已销产品成本	主营业务成本	260 000	库存商品	260 000
	29	转11	结转主营业务收入	主营业务收入	312 000	本年利润	312 000
	29	转12	结转主营业务成本	本年利润	260 000	主营业务成本	260 000
	29	转13	结转销售费用	本年利润	1 200	销售费用	1 200
	29	转14	结转管理费用	本年利润	6 344	管理费用	6 344

3. 根据收款凭证、付款凭证登记库存现金日记账、银行存款日记账，如表9-7、表9-8所示。

表9-7　库存现金日记账

第　页

2020年		凭证		摘　要	对方科目	收入	支出	结余
月	日	字	号					
2	1			月初余额				1 800
	7	现付	1	预支采购员差旅费	其他应收款		700	1 100
	8	银付	2	提现备发工资	银行存款	26 000		27 100
	9	现付	2	发放工资	应付职工薪酬		26 000	1 100
	16	现收	1	采购员交回差旅费余款	其他应收款	20		1 120
	19	银付	6	向银行提现备用	银行存款	1 400		2 520
	27	现付	3	付厂部办公用品费	管理费用		264	2 256
	29			本月发生额及月末余额		27 420	26 964	2 256

表9-8　银行存款日记账

第　页

2020年		凭证		摘　要	对方科目	收入	支出	结余
月	日	字	号					
2	1			月初余额				176 000
	1	银收	1	产品销售	主营业务收入	312 000		488 000
					应交税费	53 040		541 040
	5	银付	1	交纳增值税	应交税费		4 000	537 040
	8	银付	2	提现备发工资	库存现金		26 000	511 040
	11	银付	3	偿还银行借款	短期借款		46 000	465 040
	13	银收	2	收回销货款	应收账款	8 000		473 040
					生产成本		2 400	470 640
	15	银付	4	支付电费	制造费用		490	470 150
					管理费用		280	469 870
	17	银付			应交税费		538.9	469 331.1
	19	银付	5	购入低值易耗品	周转材料		1 404	467 927.1
	20	银付	6	提现备用	库存现金		1 400	466 527.1
			7	支付产品销售费用	销售费用		1 200	465 327.1
					应交税费		132	465 195.1
	29			本月发生额及月末余额		373 040	83 844.9	465 195.1

4. 根据各种记账凭证及所附原始凭证，登记各种明细分类账（只以“原材料”“应付账款”明细分类账为例说明，其余明细分类账从略），如表 9-9、表 9-10、表 9-11 所示。

表 9-9 原材料明细分类账

类别： 名称和规格：甲 计量单位：千克 金额单位：元 第 页

2020 年		凭证号数	摘要	收入			发出			结存		
月	日			数量	单价	金额	数量	单价	金额	数量	单价	金额
2	1		月初结存							120 000	2	240 000
	4	转 1	发出材料				60 000	2	120 000			
	6	转 2	购入材料	80 000	2	160 000						
	29		本月发生额及月末余额	80 000	2	160 000	60 000	2	120 000	140 000	2	280 000

表 9-10 原材料明细分类账

类别： 名称和规格：乙 计量单位：千克 金额单位：元 第 页

2020 年		凭证号数	摘要	收入			发出			结存		
月	日			数量	单价	金额	数量	单价	金额	数量	单价	金额
2	1		月初结存									
	4	转 1	发出材料				20 000	4	800 00	40 000	4	1600 00
	6	转 2	购入材料	35 000	4	140 000						
	29		本月发生额及月末余额	35 000	4	140 000	20 000	4	80 000	55 000	4	2700 00

表 9-11 应付账款明细账

户名：大福分司

2020 年		凭证号数	摘要	借方	贷方	借或贷	余额
月	日						
2	16	转 1	月初余额 购入材料，货款未付		351 000	贷 贷	12 000 363 000
	29		本月发生额及月末余额		351 000	贷	363 000

5. 根据记账凭证编制科目汇总表，如表 9-12 所示。

表 9-12 科 目 汇 总 表

2020 年 2 月 1 日至 29 日

会计科目	账页	本期发生额		记账凭证起讫号数
		借 方	贷 方	
库存现金		27 420	26 964	库存现金收款凭证
银行存款		373 040	83 844.90	第 1 号

（续表）

会计科目	账页	本期发生额		记账凭证起讫号数
		借　方	贷　方	
应收账款			8 000	库存现金付款凭证
其他应收款		700	700	第1号至第3号
原材料		300 000	200 000	银行存款收款凭证
周转材料		1 200	140	第1号至第2号
库存商品		250 000	260 000	银行存款付款凭证
累计折旧			6 500	第1号至第7号
短期借款		46 000		转账凭证第1号
应付账款			351 000	第14号
应付职工薪酬		26 000	29 640	
应交税费		55 874.90	53 040	
本年利润		267 544	312 000	
生产成本		234 050	250 000	
制造费用		7 430	7 430	
主营业务收入		312 000	312 000	
主营业务成本		260 000	260 000	
销售费用		1 200	1 200	
管理费用		6 344	6 344	
合　计		2 168 802.90	2 168 802.90	

6. 根据科目汇总表，登记总分类账，如表9-13。

表9-13　总 分 类 账

会计科目：库存现金

2020年		凭证		摘要	借方	贷方	借或贷	余额
月	日	种类	号					
2	1			月初余额			借	1 800
	29	科汇		发生额	27 420	26 964	借	2 256
	29			本期发生额及月末余额	27 420	26 964	借	2 256

会计科目：银行存款

2020年		凭证		摘要	借方	贷方	借或贷	余额
月	日	种类	号					
2	1			月初余额			借	176 000
	29	科汇		发生额	373 040	83 844.9	借	465 195.1
	29			本期发生额及月末余额	373 040	83 844.9	借	465 195.1

会计科目：应收账款

2020年		凭证		摘要	借方	贷方	借或贷	余额
月	日	种类	号					
2	1			月初余额			借	8 000
	29	科汇		发生额		8 000	平	0
	29			本期发生额及月末余额		8 000	平	0

会计科目：原材料

2020年		凭证		摘要	借方	贷方	借或贷	余额
月	日	种类	号					
2	1			月初余额			借	400 000
	29	科汇		发生额	300 000	200 000	借	500 000
	29			本期发生额及月末余额	300 000	200 000	借	500 000

课后练习题

一、名词解释

账务处理程序　记账凭证账务处理程序　汇总记账凭证账务处理程序　科目汇总表账务处理程序

二、单项选择题

1. 各种账务处理程序的主要区别在于(　　)。
   A. 登记总账的依据和方法不同　　B. 登记明细账的依据和方法不同
   C. 会计凭证的种类不同　　D. 登记明细账的依据和方法不同
2. 最基本的账务处理程序是(　　)账务处理程序。
   A. 记账凭证　　B. 科目汇总表
   C. 汇总记账凭证　　D. 多栏式日记账
3. 规模较小、业务较少的单位适用的账务处理程序是(　　)。
   A. 记账凭证　　B. 汇总记账凭证
   C. 多栏式日记账　　D. 日记总账
4. 科目汇总表账务处理程序和汇总记账凭处理程序的主要相同点是(　　)。
   A. 记账凭证汇总和方法相同　　B. 登记总账的依据相同
   C. 会计凭证的种类相同　　D. 都减轻了登记总账的工作量
5. 科目汇总表账务处理程序登记总账的直接依据是(　　)。
   A. 各种记账凭证　　B. 科目汇总表
   C. 汇总记账凭证　　D. 多栏式日记账
6. 会计报表是根据(　　)资料编制的。

A. 日记账、总账和明细账

B. 日记账和明细分类账

C. 明细账和总分类账

D. 日记账和总分类账

7. 汇总记账凭证账务处理程序适用于(　　)的单位。

A. 规模较小,业务量较少

B. 规模较大,业务量较多

C. 规模较大,业务量较少

D. 规模较小,业务量较多

8. 关于记账凭证账务处理程序,下列说法不正确的是(　　)。

A. 根据记账凭证逐笔登记总分类账,是最基本的账务处理程序

B. 简单明了,易于理解,总分类账可以较详细地反映经济业务的发生情况

C. 登记总分类账的工作量较大

D. 适用于规模较大、经济业务量较多的单位

9. 规模较大、经济业务量较多的单位适用的账务处理程序是(　　)。

A. 记账凭证账务处理程序

B. 汇总记账凭证账务处理程序

C. 栏式日记账账务处理程序

D. 日记账账务处理程序

10. 在各种不同账务处理程序中,不能作为登记总账依据的是(　　)。

A. 记账凭证

B. 汇总记账凭证

C. 汇总原始凭证

D. 科目汇总表

三、多项选择题

1. 记账凭证账务处理程序的优点有(　　)。

A. 简单明了、手续简便

B. 适用于规模较小、业务量较少、记账凭证不多的单位

C. 便于了解账户之间的对应关系

D. 减轻了登记总分类账的工作

2. 汇总记账凭证账务处理程序的优点有(　　)。

A. 便于会计核算的日常分工

B. 便于了解账户之间的对应关系

C. 减轻了登记总分类账的工作量

D. 便于试算平衡

3. 汇总记账凭证账务处理程序的缺点有(　　)。

A. 不能减轻登记总账的工作量

B. 不能够反映账户间的对应关系

C. 汇总记账凭证的编制工作量较大

D. 不利于日常核算工作的合理分工

4. 科目汇总表账务处理程序的主要特点有(　　)。

A. 直接根据记账凭证登记总账

B. 直接根据记账凭证登记明细账

C. 定期编制科目汇总表

D. 直接根据科目汇总表登记总账

5. 汇总记账凭证包括(　　)。

A. 汇总收款凭证

B. 汇总付款凭证

C. 汇总转账凭证

D. 汇总原始凭证

6. 在常见的账务处理程序中,共同的账务处理工作有(　　)。

A. 均应填制和取得原始凭证

B. 均应编制记账凭证

C. 均应填制汇总记账凭证

D. 均应设置和登记总账

四、判断题

1. 记账凭证账务处理程序是最基本的一种账务处理程序。（　　）
2. 在各种不同账务处理程序下，会计报表的编制依据都是相同的。（　　）
3. 在采用汇总记账凭证处理程序下，企业应定期分别编制一张汇总收款凭证、汇总付款凭证及汇总转账凭证。（　　）
4. 科目汇总表账务处理程序，是以科目汇总表作为登记总账和明细账的依据。（　　）
5. 在各种不同的账务处理程序下，登记总分类账的依据和程序都是相同的。（　　）
6. 采用科目汇总表账务处理程序，记账凭证必须使用收、付、转三种格式。（　　）
7. 企业提高会计核算质量，充分发挥会计工作效能的一个重要前提，就是选用适当的账务处理程序。（　　）
8. 记账凭证账务处理程序的特点是直接根据每张记账凭证逐笔登记总分类账。（　　）
9. 记账凭证账务处理程序下是直接根据记账凭证登记总账，所以总分类账的登记工作非常简单，工作量相对比较小。（　　）
10. 利用科目汇总表可以进行试算平衡。（　　）

五、简答题

1. 什么是账务处理程序？账务处理程序有何重要作用？区别不同的账务处理程序的标志是什么？
2. 简述记账凭证账务处理程序的特点、步骤及适用范围。
3. 什么是汇总记账凭证账务处理程序和科目汇总表账务处理程序？简述其优缺点及适用范围。
4. 试比较汇总记账凭证账务处理程序和科目汇总表账务处理程序的异同。
5. 什么是多栏式日记账账务处理程序？简述其登记方法、优缺点及适用范围。

六、业务题

（一）目的：练习科目汇总表账务处理程序。

（二）资料：

飞达公司 2020 年 4 月 1 日各账户的余额如表 9-14 所示。

表 9-14　各账户的余额

账　户	借方余额	账　户	贷方余额
库存现金	1 750	短期借款	200 000
银行存款	192 250	应付账款	80 000
应收账款	70 000	应交税费	1 000
原材料	480 000	累计折旧	1 20 0000
生产成本	74 000	实收资本	3 637 000
库存商品	400 000	盈余公积	100 000
固定资产	4 000 000		
合　计	5 218 000	合　计	5 218 000

该月发生下列经济业务：

1. 1 日，销售产品 100 000 元，增值税 17 000 元，共计 117 000 元，货款已收存银行。

2. 3 日，购入材料一批 20 000 元，增值税税额 3 400 元，共计 23 400 元，货款已通过银行支付，材料已验收入库。

3. 4 日，以银行存款交纳上月增值税 1 000 元。

4. 5 日，生产领用材料 32 000 元。

5. 7 日，偿还某公司货款 30 000 元，以银行存款支付。

6. 8 日，以银行存款支付管理部门电话费 900 元。

7. 10 日，以库存现金支付产品销售运费 500，应交税费元。

8. 12 日，销售本厂生产的产品一件，收到库存现金 200 元(含增值税 29.06 元)。

9. 14 日，车间领用润滑油 35 元。

10. 14 日，向银行提取库存现金 45 000 元备发工资。

11. 15 日，用库存现金发放工资 45 000 元。

12. 17 日，以库存现金预付采购员差旅费 400 元。

13. 19 日，收回某单位前欠货款 45 000，已存入银行。

14. 21 日，采购员报销差旅费 400 元。

15. 23 日，以银行存款购入设备一台，货款 8 000 元，增值税 1 360 元，共计 9 360 元。

16. 27 日，向某工厂购入材料一批，计 24 000 元，增值税税额 4 080 元，共计 28 080，货款尚未支付，材料已验收入库。

17. 28 日，销售给某公司产品一批，计 16 000 元，增值税税额 2 720 元，共计 18 720 元，货款尚未收到。

18. 30 日，计提本月固定资产折旧 25 000 元，其中生产车间用固定资产折旧 15 000 元，企业管理部门用固定资产折旧 10 000 元。

19. 30 日，工资按用途分配：生产工人工资 34 000 元，车间管理人员工资 3 000 元，企业管理人员工资 8 000 元。

20. 30 日，结转本月制造费用。

21. 30 日，结转本月完工产品成本 120 000 元。

22. 30 日，结转本月已销产品成本 75 000 元。

23. 30 日，将主营业务收入结转“本年利润”账户。

24. 30 日，将主营业务成本结转“本年利润”账户。

25. 30 日，将销售费用结转“本年利润”账户。

26. 30 日，将管理费用结转“本年利润”账户。

(三) 要求：

1. 根据资料，设置三栏式总分类账户，登记期初余额。

2. 根据 4 月份发生的经济业务，按时间顺序编制收款凭证、付款凭证和转账凭证。

3. 根据各种记账凭证编制科目汇总表，一月汇总一次，月终过入总分类账户。

4. 结出各总分类账户的本期发生额和期末余额。

第十章

财产清查

第一节　财产清查的意义和种类

一、财产清查的概念

财产清查也称财产检查，是指通过各项财产物资、现金的实地盘点和对银行存款、债权债务的核对，来确定各项财产物资、货币资金、债权债务的实有数，并查明其实有数与账面数是否相符的一种会计核算的专门方法。

由于种种原因，企业、事业和机关等单位的财产物资、货币资金和债权、债务等，经常会发生账实不符的现象，这不仅会影响会计核算质量，也会给单位带来不应有的损失。因此，《会计法》规定：各单位应当建立、健全财产清查制度，应定期将会计账簿记录与实物、款项及有关资料相互核对，保证会计记录与实际相符。

二、造成账实不符的原因

为了加强财产管理，准确反映企业财产物资、货币资金和债权债务的真实情况，会计核算工作除通过正确填制凭证和登记账簿来反映企业各项资产、负债的增减变化和结存情况外，还应该定期进行账证核对、账账核对。但即使账证、账账相符，往往还会出现账面结存数与实际结存数不相符的情况。

财产清查作为会计核算的专门方法之一，其关键就是要发现并解决账实不符的问题。造成账实不符的原因很多，一般可以归纳为以下两个方面。

(一) 客观原因

(1) 财产物资在运输、保管、收发过程中，由于发生物理或化学变化，在数量上发生的自然增减变化和质量上的改变。

(2) 由于自然灾害造成短缺或毁损等非常损失。

(二) 主观原因

(1) 在收发物资中，由于计量、检验不准确而造成品种、数量或质量上的差错。

(2) 由于管理不善或保管人员失职而造成财产物资的损坏、变质或短缺。

(3) 在填制凭证或记录时发生漏记、错记或计量错误。

(4) 贪污盗窃、营私舞弊造成损失。

(5) 未达账项引起账实不符。

上述原因都会影响账面记录和实际数额的一致性。因此，运用财产清查手段，对各种财产物资进行定期或不定期的核对与盘点具有十分重要的意义。

三、财产清查的意义

财产清查的意义，主要表现在以下几个方面。

(一) 通过财产清查,可以保证会计核算资料的准确和真实

企业通过财产清查,可以查明哪些财产账实不符,并查明其原因,采取措施,消除差错,调整账面记录,以做到账实相符。

(二) 通过财产清查,可以保护企业财产的完整和安全

企业通过财产清查,可以查明各项财产在保管、使用过程中是否完整无缺,是否有因管理不善而发生霉变、毁损、丢失、被非法挪用、贪污盗窃等情况。如发现以上情况,可及时查明原因,明确责任,采取有效措施,妥善处理,加强防范,建立健全财产物资的管理制度,从而保证企业财产的完整和安全。

(三) 通过财产清查,可以挖掘财产物资潜力,提高物资使用效率

企业通过财产清查,可以查明各项财产物资的储备和利用情况,以便分别情况,采取不同措施。积极利用和处理,提高物资使用效率。对积压、呆滞和超储的财产物资,应及时处理和调剂解决,避免损失浪费,加速资金周转,提高资金使用效率。对储备不足的,应及时补充,保证生产经营的需要。

(四) 通过财产清查,可以促使企业遵守财经纪律和结算制度

企业通过对财产物资、货币资金和往来款项等的清查,可以查明企业是否切实遵守财经纪律,有无贪污盗窃、挪用公款、是否按期足额上缴税金;是否遵守结算制度,与其他单位的往来款项是否及时结算。如发现违反财经纪律和结算制度的情况,可以及时采取措施,加以改正,促使企业严格遵守各项财经纪律和结算制度。

四、财产清查的种类

财产清查可以按不同的标准进行分类。

(一) 按清查对象和范围分类

财产清查按清查对象和范围,可以分为全面清查和局部清查。

1. 全面清查

全面清查是对本单位的全部财产物资、货币资金、各项债权债务以及租入财产、代管和受托加工财产物资进行的全面盘点和核对。

全面清查的对象主要包括:原材料、在产品、半成品、库存商品、现金、银行存款(借款)、有价证券及外币、在途物资、委托加工物资、委托代销物资、往来款项、固定资产、租入财产、代管和受托加工财产物资等。

全面清查内容全面、范围广、工作量大,一般只在以下几种情况下进行:

(1) 年终决算前,为保证会计报表资料的真实性,可以进行一次全面清查。

(2) 企业撤销、合并或改变隶属关系时,为了明确经济责任,保证财产物资不受损失,进行全面清查。

(3) 中外合资、国内合营之前,要进行全面清查。

(4) 开展全面的资产评估、清产核资前,要进行全面清查。

(5) 单位主要负责人调离工作,要进行全面清查。

2. 局部清查

局部清查也称为重点清查，是根据管理需要，对部分财产物资、债权债务所进行的盘点和核对。

局部清查的对象主要包括：流动资金中变化频繁的原材料、库存商品、各种贵重物资、库存现金、银行存款(借款)等。

局部清查的范围小、工作量少，一般在以下情况下进行：

(1) 对现金，应该由出纳人员每天进行清点核对。

(2) 对银行存款，至少每月与银行核对一次。

(3) 对各种债权债务，每年至少与对方核对一到两次。

(4) 对各种贵重物资，每月至少清查盘点一次。

(5) 对流动性大，易于发生短缺的物资，如原材料、在产品、库存商品等，除在年度决算之前进行全面清查外，还应根据需要随时轮流盘点或重点抽查。

(6) 遭受自然灾害或发生贪污盗窃事件以及更换实物保管人员时，也应对有关财产物资进行局部清查。

(二) 按清查时间分类

财产清查按其清查时间的不同，可以分为定期清查和不定期清查。

1. 定期清查

定期清查是按照预先规定的时间对财产物资所进行的清查，通常是在月末、季末、年末结账时进行。

定期清查的范围可以根据清查的实际需要确定，既可以进行全面清查，也可以进行局部清查。

2. 不定期清查

不定期清查是根据实际需要所进行的临时清查，也称为临时清查。

不定期清查的范围也应该根据清查的实际需要确定，既可以进行全面清查，也可以进行局部清查。

不定期清查一般在以下情况下进行：

(1) 更换财产物资保管人员时，对保管的财产物资进行清查。

(2) 发生非常损失时，为查明损失情况，对遭受损失的财产进行清查。

(3) 企业发生撤销、合并等非常事件时，对各项财产物资进行全面清查。

(4) 上级主管部门、财政、审计或银行等对企业进行检查时，根据检查要求和范围进行清查。

五、财产清查的准备工作

财产清查是一项复杂繁琐的工作，涉及企业各项财产物资，需要多个部门共同配合才能够顺利完成。因此，在清查之前，需要做好以下准备：

(1) 成立财产清查小组，统一协调各个部门，全面负责财产清查工作。

(2) 事先制定周密详细的财产清查计划，确定清查对象和范围，明确清查任务，配备清查人员。

(3) 在清查之前，会计部门做好会计核算工作，做到账证相符、账账相符。

(4) 在清查之前，物资保管部门做好各类财产物资的账务登记工作，并将各类物资分门别类妥善存放，以便于清点。

(5) 做好其他准备工作。例如，对于财产清查过程中使用的称量器具，需要提前检验校准；凭证、账册以及其他统计表格等相关文件资料提前备妥。

第二节 财产物资的盘存制度和清查方法

一、财产物资的盘存制度

财产物资的盘存制度有两种，即“永续盘存制”和“实地盘存制”。企业可以根据经营管理的需要和财产物资品种的不同，分别采用不同的方法。

(一) 永续盘存制

永续盘存制也称“账面盘存制”，是对各项财产物资数量及金额的增加、减少，都要根据会计凭证逐笔、连续地记入有关账户，并随时结出账面结存数的方法。

采用永续盘存制度，为了随时反映各项财产物资的增减变动和结存情况，应该对各项财产物资分别设立明细账，并根据“期末结存数量(成本)＝期初结存数量(成本)＋本期增加数量(成本)－本期减少数量(成本)”随时计算、登记结存数量和金额。

在采用永续盘存制的情况下，由于主客观原因的存在，也可能发生账实不符的问题。因此，在实际工作中，采用永续盘存制时，对存货仍需进行至少每年一次的实地盘点，以便及时发现账实差异，找出原因，采取措施，妥善解决，保证账实相符。

永续盘存制能随时反映企业财产物资的增减变动和结存情况，便于企业及时计算销货成本和库存存货成本，便于企业将存货账面数与实际数进行核对，及时发现账实不符并采取措施，便于企业跟踪库存存货余额，及时取得存货积压或不足的信息并采取措施。永续盘存制要求企业详细记录各类存货的收发情况，因此工作量大，会计核算相对复杂。但是，因为永续盘存制能够相对有效地控制和保护企业的财产物资，所以在实际工作中被多数企业采用。

(二) 实地盘存制

实地盘存制是指根据有关会计凭证，平时只登记财产物资的增加数，不登记减少数。会计期末，根据实地盘点的结存数，倒算出本期减少数的方法。

采用实地盘存制度，根据实地盘点的结果，确定期末财产物资的数量与金额，并根据“本期减少数量(成本)＝期初结存数量(成本)＋本期增加数量(成本)－期末结存数量(成本)”确定本期减少的财产物资的数量与金额。

采用实地盘存制，虽然能够简化日常记账工作量，但是不能随时计算销货成本和库存存货成本，不能及时取得存货积压或不足的信息，难以发现因管理不善或偷盗引起的财产物资损失甚至将该损失作为销货成本的一部分，从而有损会计核算的真实性且无法有效地控制和保护企业的财产物资。由于实地盘存制有较大的缺陷，因此在实际工作中，仅用于那些品种多、价值低、交易频繁的财产物资，以及数量不稳定、损耗大的鲜活商品。

二、财产清查的方法

由于财产物资种类繁多，实物形态各异，因而对其清查的方法也各不相同。

（一）实物的清查方法

实物的清查是指对原材料、在产品、库存商品、固定资产等财产物资的清查。

由于各种实物财产物资的形态、体积、重量、存放方式不同，对其清查的方法也有所不同。实物的清查方法主要有实地盘点法、技术推算法、抽样盘点法和函证核对法等。

实地盘点法是通过逐一清点或过秤等方法确定实物数量的一种方法。这种方法主要适用于固定资产、原材料、在产品、库存商品等大多数财产物资的清查。

技术推算法是通过量方、计尺等技术推算财产物资实际数量的一种方法。该方法主要适用于堆垛笨重，难以点数、过秤的财产物资。

抽样盘点法是指通过统计抽样的方式来估算财产物资实际数量的一种方法。这种方法适用于数量多、分布广，无法或难以采用实地盘点法或技术推算法进行清查的财产物资。

函证核对法是指通过向对方单位发送信函的方式来核对财产物资实际数量的一种方法。这种方法一般适用于出租固定资产、出租包装物、委托外单位加工或保管的财产物资等。

在财产清查过程中，实物保管人员与盘点人员必须同时在场，以明确经济责任。清查盘点的结果，应及时地如实登记在盘存单上，并由盘点人和保管人签字或盖章。

盘存单是记录实物盘点结果的原始凭证。其格式如表10-1所示。

表10-1 盘 存 单

单位名称：　　　　　　　　　　　　　　　　　　　　　编号：

财产类别：　　　　　　　　　存放地点：　　　　　　　盘点时间：

编号	名称及规格	计量单位	数量	单价	金额	备　注

盘点人签章：　　　　　　　　　　　　　保管员签章：

为了进一步查明盘点结果与账簿记录是否一致，确定实存数与账存数之间的差异，还应根据盘存单和账簿记录编制实存账存对比表。其格式如表10-2所示。

实存账存对比表是一个非常重要的原始凭证，它既是调整账簿记录的依据，也是分析差异原因、查明责任的依据。

表 10-2　实存账存对比表

单位名称：　　　　　　　　　　　　年　　月　　日　　　　　　　　　　　　编号：

编号	名称规格	计量单位	单价	实存		账存		对比结果				备注
								盘盈		盘亏		
				数量	金额	数量	金额	数量	金额	数量	金额	

主管签章：　　　　　　　　　　　　会计签章：　　　　　　　　　　　　制表签章：

（二）库存现金的清查方法

库存现金的清查应该采用实地盘点法。

由于现金的收支业务非常频繁，容易出现差错，因此出纳人员必须经常对库存现金进行盘点，与现金日记账余额核对。清查时，如果是出纳员自查，出纳员可以担任盘点人；如果是专门人员清查，应该指派专人担任盘点人，但出纳员必须在场，或者由出纳员担任盘点人，但指定专人现场监督。现金清查除了检查现金溢缺，还要检查有无违反现金管理制度的情况，如以借条或白条抵充库存现金等。

清查结束后，应根据清查结果编制"库存现金盘点报告表"，其格式如表 10-3 所示。库存现金盘点报告表具有双重性质，它既是盘存单，又是实存账存对比表。

表 10-3　库存现金盘点报告表

单位名称：　　　　　　　　　　　　年　　月　　日

实存金额	账存金额	对比结果		备　注
		盘盈	盈亏	

盘点人签章：　　　　　　　　　　　　　　　　出纳员签章：

（三）银行存款的清查方法

银行存款的清查是采用与银行核对账目的方法进行的。

在与银行核对账目之前，首先必须详细检查银行存款日记账的记录是否正确和完整，确认无误后再与从银行取回的"银行对账单"逐笔核对。

通过核对，往往会发现企业银行存款日记账余额与银行对账单余额并不一致。其原因主要在于，一是企业与银行之间发生"未达账项"，二是双方账目可能发生错账或漏账。

未达账项是指一方已经入账，另一方由于凭证传递时间的影响尚未入账的款项。

未达账项有以下四种情况：

(1) 企业存入银行的款项，企业已作为存款增加入账，但银行尚未办理转账手续，尚未记入企业的存款户。

(2) 企业开出支票等付款凭证交给其他单位，企业已作为存款减少入账，但银行尚未收到有关凭证或尚未办理转账手续，尚未记入企业的存款户。

(3) 委托银行代收的款项，银行已作为企业的存款增加入账，但企业尚未收到收款通知，尚未入账。

(4) 银行直接代付的款项，银行已经作为企业存款减少入账，但企业尚未收到付款通知，尚未入账。

对于上述未达账项，应该在查明后编制"银行存款余额调节表"。经过调整，如果双方账目没有发生其他差错，双方余额应该是相等的，否则就要进一步核对。如果企业账簿有错误，可自行更正；如果银行方面的记账有错误，应向银行提供更正依据。更正差错后双方余额必然相等。

银行存款余额调节表起到查清未达账项，检查调整后的双方余额是否相符的作用。对于银行已入账而企业尚未入账的各项未达账项，企业不能根据银行存款余额调节表入账，而必须在接到银行转来的收、付款通知单后才能入账。

【例 10-1】 下面举例说明银行存款余额调节表的编制方法，其格式如表 10-4 所示。

某企业 20××年 6 月月末银行存款日记账的账面余额为 925 000 元，银行对账单上的余额为 942 700 元。经核对双方账目，发现下列未达账项：

(1) 企业于月末收到购货单位开出的转账支票一张，金额 218 000 元，当即填写进账单入账，并送存银行，但银行尚未办妥转账手续；

(2) 企业于月末开出一张转账支票，支付供货单位的货款 121 700 元.但供货单位尚未把支票送存银行。

(3) 企业委托银行收取货款 120 000 元，银行已收妥入账，但企业尚未收到收款通知。

(4) 银行为本企业支付电费 6 000 元，企业尚未收到银行的付款通知。

表 10-4 银行存款余额调节表

20××年 6 月 30 日

项 目	金 额	项 目	金 额
企业银行存款账上的余额	925 000	银行对账单上的存款余额	942 700
加：银行已收款记账而企业尚未记账的款项	120 000	加：企业已收款记账而银行尚未记账的款项	218 000
减：银行已付款记账而企业尚未记账的款项	6 000	减：企业已付款记账而银行尚未记账的款项	121 700
调整后的存款余额	1 039 000	调整后的存款余额	1 039 000

(四) 往来款项的清查

往来款项包括各种应收、应付、预收以及预付款项。

对往来款项的清查采用函证核对法，即通过发函的方式与对方单位核对账目。具体步骤如下：首先，检查往来账簿的记录是否正确和完整，确认无误后向对方单位填发往来款项对账单(格式如图 10-1 所示);其次,对方单位核对相符,应在回单联盖章退回,如果不相符,应将不符情况在回单上注明并退回,作为进一步核对的依据;最后,在收到对方单位的回单之后,应填制往来款项清查报告表。其格式如表 10-5 所示。

往来款项对账单

××单位:

你单位于××年×× 月××日购买我单位××产品××件,未付货款共计××元,请核对后将回联单寄回。

清查单位(盖章):

年　　月　　日

沿此虚线裁开,将以下回联单寄回!

往来款项对账单(回联)

××清查单位:

你单位寄来的"往来款项对账单"已经收到,我单位未付你单位货款共计××元,核对无误。

单位(盖章):

年　　月　　日

图 10-1　往来款项对账单

表 10-5　往来款项清查报告表

清查单位名称:　　　　　　　　年　　月　　日　　　　　　　　单位:元

明细分类账户		清查结果		差异原因和金额				备注
单位名称	金额	相符	不相符	未达账项	拖付款项	争执款项	无法收回	

账簿经管人签章:　　　　　　　　　　　　清查人签章:

通过往来款项的清查,企业要及时催收应收回的款项,偿还应偿付的款项。对于发生的坏账也应及时处理。

第三节　财产清查结果的处理

财产清查之后,对于发现的问题应认真分析,并以国家有关政策法令和企业的规章制度为依据,作出相应的处理。为此,应做好以下几方面的工作。

一、认真查明产生差异的原因

对于财产清查中发现的财产盘盈、盘亏、毁损以及逾期的债权债务等,都应认真查明其性质和原因,明确经济责任,提出处理意见,按规定程序报请有关部门和领导处理。

二、及时清理积压物资和长期拖欠的往来款项

对于长期积压的物资，应提出处理意见，报请批准，及时予以处理。对于长期拖欠以及发生争执的往来款项，应指定专人负责，限期处理。

三、认真总结、加强管理

财产清查之后，应针对所发现的问题，认真总结经验教训，提出改进措施。如属规章制度不健全或执行规章制度不严造成的问题，应该建立健全财产物资管理制度，进一步加强财产管理。

四、调整账簿记录，做到账实相符

为了做到账实相符，财务部门对于财产清查中发现的各种差异，应及时进行账务处理，对账簿记录进行调整。

第一步：将已查明的财产盘盈、盘亏和损失等，根据有关原始凭证（如财产物资盘存单等）编制记账凭证，登记有关财产账簿，以调整其账面数，使账存数与实存数相符。

第二步：根据差异发生的原因和报经批准的结果，填制记账凭证，登记有关账簿。

为了核算和监督企业在财产清查过程中查明的各种财产盘盈、盘亏和毁损情况，应设置"待处理财产损溢"账户。

"待处理财产损溢"账户属于资产类账户，其借方登记各种财产物资的盘亏和毁损数，以及批准后的盘盈转销数；贷方登记各种财产物资的盘盈数，以及批准后的盘亏转销数。该账户处理前的借方余额，反映企业尚未处理的各种财产的净损失；处理前的贷方余额，反映企业尚未处理的各种财产的净溢余。期末处理后该账户应没有余额。

为了分类核算和监督待处理财产的盘盈、盘亏、毁损和处理情况，在"待处理财产损溢"账户之下，可以设置"待处理固定资产损溢"和"待处理流动资产损溢"两个明细账户。

【例 10-2】 下面以某制造公司年终财产清查结果为例，说明财产清查结果的账务处理方法。

（1）现金清查后，发现长款 6 025 元，经查其中 6 000 元属于员工赵某未领工资，另外 25 元无法查明原因。

上报审批之前，根据"库存现金盘点报告表"，填制记账凭证，编制会计分录如下：

借：库存现金	6 025	
贷：待处理财产损溢——待处理流动资产损溢		6 025

经上级审批，其中 6 000 元作为其他应付款处理，另外 25 元作为营业外收入处理。根据批准文件，填制记账凭证，编制会计分录如下：

借：待处理财产损溢——待处理流动资产损溢	6 025	
贷：其他应付款——赵某		6 000
营业外收入		25

(2) 现金清查后，发现短缺 350 元，经查其中 200 元属于出纳李某私自挪用，另外 150 元无法查明原因。

上报审批之前，根据“库存现金盘点报告表”，填制记账凭证，编制会计分录如下：

借：待处理财产损溢——待处理流动资产损溢　　350
　　贷：库存现金　　350

经上级审批，其中 200 元要求出纳李某赔偿，另外 150 元作为营业外支出处理。根据批准文件，填制记账凭证，编制会计分录如下：

借：其他应收款——李某　　200
　　营业外支出　　150
　　贷：待处理财产损溢——待处理流动资产损溢　　350

(3) 盘盈甲材料 720 元，属于材料收发计量不准所致。

上报审批之前，根据“实存账存对比表”，填制记账凭证，编制会计分录如下：

借：原材料——甲材料　　720
　　贷：待处理财产损溢——待处理流动资产损溢　　720

经上级审批，该材料的盘盈作为冲减管理费用处理。根据批准文件，填制记账凭证，编制会计分录如下：

借：待处理财产损溢——待处理流动资产损溢　　720
　　贷：管理费用　　720

(4) 盘亏乙材料 360 元，属于定额范围内的自然损耗。

上报审批之前，根据“实存账存对比表”，填制记账凭证，编制会计分录如下：

借：待处理财产损溢——待处理流动资产损溢　　360
　　贷：原材料——乙材料　　360

经上级审批，该材料的盘亏属于定额内的合理损耗作为管理费用处理。根据批准文件，填制记账凭证，编制会计分录如下：

借：管理费用　　360
　　贷：待处理财产损溢——待处理流动资产损溢　　360

(5) 盘亏丙材料 10 000 元，属于税法中定义的非正常损失。经查，其中 3 000 元是定额范围之外的不合理损耗，属于保管人员常某过失造成的损失为 1 000 元。另外 7 000元属于自然灾害造成的非常损失，其中属于保险责任范围内的，应向保险公司索赔的金额为 4 000 元。

上报审批之前，根据“实存账存对比表”，填制记账凭证，编制会计分录如下：

借：待处理财产损溢——待处理流动资产损溢　　10 000
　　贷：原材料——丙材料　　10 000

经上级审批，定额范围之外的不合理损耗 3 000 元中，由于保管人员过失造成损失的部分，应该由有关过失人赔偿，其余 2 000 元作为管理费用处理。自然灾害造成的

7 000元非常损失，扣除向保险公司索赔之余的损失作为营业外支出处理。根据批准文件，填制记账凭证，编制会计分录如下：

借：管理费用　　2 390
　其他应收款——常某　　1 000
　其他应收款——保险公司　　4 000
　营业外支出　　3 000
　贷：待处理财产损溢　　10 000
　　应交税费——应交增值税（进项税额转出）　　390

为简化核算，本例题省略了增值税的影响。根据增值税的相关规定，企业购进的材料、商品发生非正常损失，其进项税额应该也转入"待处理财产损溢"账户，即借记"待处理财产损溢——待处理流动资产损溢"账户，贷记"应交税费——应交增值税（进项税额转出）"账户。税法中定义的非正常损失是指因管理不善造成被盗、丢失、霉烂变质的损失。

（6）盘盈原材料，价值500元。上报审批之前，根据"实存账存对比表"，填制记账凭证，编制会计分录如下：

借：原材料　　500
　贷：待处理财产损溢——待处理流动资产损溢　　500

（7）财产清查发现遭意外毁损的设备一台，账面原值100 000元，已提折旧50 000元；属于保险责任范围内的，应向保险公司索赔的金额为30 000元；残料价值为2 000元。

上报审批之前，根据"实存账存对比表"，填制记账凭证，编制会计分录如下：

借：待处理财产损溢——待处理固定资产损溢　　50 000
　累计折旧　　50 000
　贷：固定资产　　100 000

经上级审批，扣除残料收入和向保险公司索赔之余的损失作为营业外支出处理。根据批准文件，填制记账凭证，编制会计分录如下：

借：其他应收款——保险公司　　30 000
　原材料　　2 000
　营业外支出　　18 000
　贷：待处理财产损溢——待处理固定资产损溢　　50 000

（8）在财产清查中，发现有应收A公司的应收账款25 000元，因该公司破产确实无法收回。

对于确认无法收回的应收账款，在上报审批之前不作账务处理，上报审批之后作为坏账损失处理，冲减坏账准备。填制记账凭证，编制会计分录如下：

借：坏账准备　　25 000
　贷：应收账款——A公司　　25 000

（9）在财产清查中，发现有应付B公司的账款5 000元，因该公司已经停业并解散，无法支付。

对于确认无法支付的应付账款，在上报审批之前不作账务处理，上报审批之后作为营业外收入处理。填制记账凭证，编制会计分录如下：

借：应付账款——B公司　　5 000
　贷：营业外收入　　5 000

企业在财产清查中查明的有关债权、债务的收入或坏账损失，经批准后，直接予以转销，不需要通过“待处理财产损溢”账户核算。

课后练习题

一、名词解释

财产清查　永续盘存制　实地盘存制　未达账项　盘盈与盘亏

二、单项选择题

1. 企业仓库发生火灾，为查明损失立即进行清查盘点。按清查时间分，上述财产清查属于(　　)。
A. 定期清查　B. 不定期清查　C. 全面清查　D. 局部清查
2. 存货盘盈经批准后所作会计分录的贷方科目是(　　)。
A. 营业外支出　B. 管理费用
C. 待处理财产损溢　D. 营业外收入
3. 库存现金清查应采用的方法是(　　)。
A. 查询账目　B. 核对凭证　C. 实地盘点　D. 技术推算
4. 对于现金的清查，应将其结果及时填列(　　)。
A. 盘存单　B. 实存账存对比表
C. 库存现金盘点报告表　D. 对账单
5. “盘亏”是指(　　)。
A. 账存数大于实存数　B. 实存数等于账存数
C. 账存数小于实存数　D. 以上都不是
6. 年终结算前，企业应(　　)。
A. 对仓库物资进行实物盘点　B. 对重要财产进行局部清查
C. 对所有财产进行全面清查　D. 对货币性财产进行重点清查
7. 实地盘存制在登记账簿方面的特点是(　　)。
A. 只在账簿中登记发出数　B. 只在账簿中登记收入数
C. 既登记收入数，也登记发出数　D. 既不登记收入数，也不登记发出数
8. 进行账实核对的专门会计核算方法是(　　)。
A. 复式记账　B. 登记账簿　C. 财产清查　D. 会计报表
9. 清查往来款项应采用的方法是(　　)。
A. 实地盘点法　B. 函证核对法　C. 技术推算法　D. 抽查法
10. 以下项目中不是财产清查准备工作的是(　　)。
A. 成立清查组织　B. 确定清查对象
C. 制订清查方案　D. 编制汇总表

三、多项选择题

1. 财产清查按账户清查的范围可分为(　　)。

A. 不定期清查　B. 定期清查　C. 全面清查　D. 局部清查

2. “待处理财产损溢”账户借方登记的内容有(　　)。

A. 待批准处理的财产盘亏、毁损　B. 待批准处理的财产盘盈

C. 经批准转销的财产盘亏、毁损　D. 经批准转销的财产盘盈

3. 属于未达账项的情况有(　　)。

A. 企业已收,银行未收　B. 企业已付,银行未付

C. 企业未收,银行已收　D. 企业未付,银行已付

4. 需要进行全面清查的情况有(　　)。

A. 年终结算前　B. 企业因破产而被撤销

C. 企业合并　D. 更换仓库管理员

5. 属于账实核对的有(　　)。

A. 库存现金日记账账面余额与实存数的核对

B. 银行存款日记账账面余额与银行对账单的核对

C. 各种应收、应付款项明细账余额与有关债务人、债权人相关账面余额的核对

D. 各种财产物资明细账账面余额与实存数的核对

6. 盘盈固定资产,在批准前应(　　)账户。

A. 借记“营业外收入”　B. 借记“固定资产”

C. 贷记“固定资产”　D. 贷记“待处理财产损溢”

7. 因意外灾害所造成的材料损失,按规定报经批准后所作的会计分录应是(　　)账户。

A. 借记“待处理财产损溢”　B. 借记“营业外支出”

C. 贷记“待处理财产损溢”　D. 贷记“原材料”

8. 某小规模纳税企业月初库存A材料100千克,单位成本80元;本月购入A材料700千克,单位成本80元;本期生产领用A材料300千克,期末经实地盘点,A材料实存450千克,下列表述正确的有(　　)。

A. 永续盘存制下本月领用A材料的成本为24 000元

B. 永续盘存制下A材料的账面余额为40 000元

C. 实地盘存制下本月领用A材料的成本为28 000元

D. 实地盘存制下A材料期末盘亏4 000元,若系收发计量错误,应计入管理费用

9. 全面清查的对象包括(　　)。

A. 应收款项　B. 在途材料、商品

C. 应付款项　D. 委托加工物资

10. 财产清查中,可以作为调整账面记录的原始凭证有(　　)。

A. 库存现金盘点报告表　B. 银行对账单

C. 实存账存对比表　D. 银行存款余额调节表

四、判断题

1. “银行存款余额调节表”只起对账的作用,不能作为登记账簿的依据,所有未达账项只能待收到银行转来的有关收付款结算凭证时方可登记入账。(　　)

2. 盘点现金出现溢余,可以在“其他应付款”账户的贷方反映,待日后短缺时用于抵扣。(　　)

3. 对往来款项进行清查时,首先应将本单位的往来款项核对清楚,确认总分类账余额与所属明细分

类账余额相等。（　　）

4. 在“银行存款余额调节表”上，根据“企业账面存款余额”调节后的存款余额，必定等于根据“银行对账单存款余额”调节后的存款余额。（　　）

5. 在各种实物的清查过程中，实物保管人员必须在场，参加盘点，但不宜单独承揽财产清查工作。（　　）

五、简答题

1. 财产清查有什么重要意义？
2. 造成企业账实不符的原因是什么？
3. 永续盘存制和实地盘存制各有什么优缺点？
4. 如何进行现金、银行存款、债权债务的清查？
5. 财产清查的结果应该如何处理？

六、业务题

业务题一

（一）目的：练习银行存款余额调节表的编制。

（二）资料：某企业6月30日银行存款的账面余额为180 000元，开户银行对账单上的银行存款余额为175 000元。经查对，发现有以下几笔未达账项：

1. 6月28日，委托银行收款13 000元，银行已入账，收款通知尚未送达企业，企业尚未入账。

2. 6月30日，企业开出1 000元的支票一张，企业已入账，但支票持有人尚未支取，银行尚未入账。

3. 6月30日，银行已付企业水电费1 200元，银行已经入账，企业尚未收到付款通知，尚未入账。

4. 6月30日，企业因销售商品收到外单位转账支票两张，共计17 800元，企业已入账，但支票尚未送交银行，银行尚未入账。

（三）要求：根据以上资料，编制银行存款余额调节表。

业务题二

（一）目的：练习财产清查结果的账务处理。

（二）资料：某公司年终财产清查时，发现以下问题：

1. 现金清查后，发现现金日记账余额与库存现金数额不符，现金短缺1 520元。经查，发现公司经理陈某私自借款后以白条抵库5 000元，公司员工钱某应领未领款项3 500元，其余20元短缺款项无法查明原因。

2. 发现账外设备一台，估计重置价值23 000元，已提折旧6 000元。

3. 盘亏机器一台，账面原值5 000元，已提折旧3 000元。

4. 盘盈甲材料550元，属于收发计量不准确所致。

5. 盘亏乙材料5 460元。其中，1 000元属于定额范围内的自然损耗；460元属于保管人员王某失职造成的损失；其余4 000元属于由自然灾害造成的损失，为此可向保险公司索赔2 000元。

6. 查明应收账款中有应收A公司的2 000元，因该企业已经破产清算，该笔应收账款无法收回。

7. 查明应付账款中有应付B公司的1 800元，因该公司已经解散，确实无法支付。

上述盘盈、盘亏和损失，经查原因属实，报请有关领导审核批准，决定作如下处理：

1. 陈某私自所借5 000元款项由陈某负责归还，钱某未领款项3 500元作为其他应付款处理，其余20元作为营业外支出处理。

2. 盘盈的设备留归本企业使用，按其净值列作营业外收入处理。

3. 盘亏的机器，按其净值列作营业外支出处理。

4. 因收发计量不准确盘盈的甲材料，冲减管理费用。

5. 定额范围内的自然损耗1 000元列作管理费用；属于保管人员失职造成的损失460元责成过失人予以赔偿；向保险公司索赔2 000元，由自然灾害造成的其余损失2 000元作为营业外支出处理。

6. 确实无法收回的应收账款，冲减坏账准备。

7. 确实无法支付的应付账款，列作营业外收入处理。

（三）要求：

1. 根据财产清查结果，编制审批前的会计分录。

2. 根据报请批准处理的结果，编制审批后的会计分录。

第十一章

会计报表

第一节　会计报表的意义和种类

一、会计报表的意义

会计报表是企业根据日常会计核算资料定期编制的，用来总括地反映企业在一定时期的财务状况、经营成果和现金流量的书面报告。会计报表是财务会计报告的主要组成部分。财务会计报告由会计报表、会计报表附注和财务情况说明书组成。

会计报表为国家经济管理部门进行宏观管理提供了信息源；同时，会计报表是与企业有经济利害关系的外部单位和个人了解企业的财务状况，经营成果和现金流量等情况，并据此作出决策的重要依据；会计报表也是企业内部加强和改善经营管理的重要依据。

二、会计报表种类

会计报表可以按不同的标准进行分类，以区别其性质和内容。

（一）会计报表按反映的经济内容分类

按照会计报表反映的经济内容，可分为反映财务状况的报表、反映经营成果的报表以及反映财务状况变动的报表。

反映财务状况的报表主要有：资产负债表。

反映经营成果的报表主要有：利润表、主营业务收支明细表、产品生产成本表、制造费用明细表、管理费用明细表等。

反映财务状况变动的报表主要有：现金流量表、所有者权益变动表等。

（二）会计报表按其服务的对象分类

按照会计报表服务的对象，可分为对内报表和对外报表。

对内报表是指专门以企业内部职能部门和决策人为报告对象的报表。这类报表的主要目的是为企业内部经营决策提供资料，主要包括成本报表和有关附表，以及企业预算、计划、业绩考评等报表。这类报表无国家统一规定的种类、格式。

对外报表是指专门为投资人，债权人、政府部门、证券交易所、社会公众等使用者报送的报表。这些报表主要包括资产负债表、利润表、现金流量表、所有者权益变动表等。这类报表的格式、报告内容必须符合有关法律及国家统一会计制度的要求。

（三）会计报表按其编制单位分类

按照会计报表的编制单位，可以分为基层报表和汇总报表。基层报表是由独立核算的基层单位编制的反映本单位经济活动情况的报表。汇总报表是上级主管部门根据所属各单位报送的基层报表，连同汇总单位自身的会计报表汇总而编制的综合性会计报表。

汇总报表一般是按上下级的所属关系,逐级进行汇总。

(四) 会计报表按编报的时间分类

按照会计报表的编制时间不同,可分为月报、季报、半年报、年报。其中月报、季报、半年报称为中期会计报表。

月报、季报是指月份、季度终了提供的会计报表,只包括一些主要的报表,如资产负债表、利润表等。

半年报是指在每个会计年度的 6 个月结束后对外提供的会计报表。

年报是指在会计年度终了后对外提供的会计报表。它是全面反映企业财务状况、经营成果及其分配、现金流量等方面的报表,包括资产负债表、利润表、所有者权益变动表、现金流量表等。

三、会计报表的编制要求

为了充分发挥会计报表的作用,使会计报表使用者能清楚地了解企业的财务状况、经营成果、现金流动情况,会计报表的编制应达到以下几点要求。

(一) 真实可靠

会计报表各个项目的数字必须真实可靠,如实地反映企业的财务状况、经营成果和现金流量。因此,会计报表必须根据核实无误的账簿资料编制,不得以任何方式弄虚作假。否则不仅不能发挥会计报表的作用,反而会由于错误的信息,导致报表使用者对企业经营状况作出相反的结论,使其决策失误。同时,为了保证会计报表的真实性,在编制报表之前要核查报告期内所发生的经济业务,是否都已登记入账;要核查账册,保证账簿与账簿之间的有关数字是否相等;要清查财产物资,如发现盘盈盘亏,要找出原因,按规定办法办理入账手续。在编制报表时,要做到账账,账表、账实之间相符。

(二) 全面完整

会计报表的种类和内容,应按规定填报完整。有关规定的月、季、半年、年报的种类和数量,应填报齐全,不能遗漏,务必使会计报表全面、系统地反映出企业的财务状况、经营成果和现金流量。这样才能满足各个方面对会计信息资料的需要。

(三) 相关可比

会计报表提供的资料前后各期应当可比。企业编制会计报表时,在会计计量和填报方法上,应当保持前后一致,不能随便变动。如果确有必要变动,应当按照国家统一的会计制度的规定变更,并将变动情况和原因,变动后对企业财务和经营成果的影响,在财务会计报告中说明,以使会计报告使用者在会计政策变更的情况下仍能完成不同时期和不同企业的比较。

(四) 编报及时

会计信息的使用价值,具有很大的时效性。因而会计报表要按规定的报送日期报送,以供各方面了解企业的情况;主管部门也可以及时汇编报表,发挥会计报表的作用。

四、会计报表的编制程序

为了确保会计报表数据资料的可靠性,提高报表数据的相关性,使其成为有助于会计信息使用者作出准确决策的有用信息,会计报表的编制必须采取一系列科学的步骤和程序。编制会计报表的一般程序如下:

(1) 检查报告期间所有经济业务是否都已经登记入账。

(2) 进行财产清查。

(3) 整理和调查会计记录。

(4) 核对账目。

(5) 对会计记录进行试算。

(6) 结账。

(7) 编制会计报表。

此外,会计报表编制完成后,应依次编定页码,加具封面、装订成册、加盖公章,并由单位负责人和主管会计工作的负责人、会计机构负责人签名并盖章;经过注册会计师审查合格以后,及时向主管财税机关等政府部门以及其他有关的使用者报出。

第二节 资产负债表

一、资产负债表的概念和作用

资产负债表是反映企业在某一特定时期财务状况的会计报表。任何企业单位都必须定期编制并向有关部门报送资产负债表。编制资产负债表的作用在于:

(1) 通过资产负债表,可以了解企业所掌握的经济资源总量和经营实力,各种资产的分布和构成比例等。

(2) 通过资产负债表,可以了解企业举债经营程度,长短期债务的比例,并与资产相比可以了解企业的偿债能力及财务风险程度。

(3) 通过资产负债表,可以反映所有者权益的大小,资本金的构成和分布等。

(4) 通过资产负债表,将年初数与年末数对比分析,可以看出企业的财务趋势。

二、资产负债表的结构

资产负债表的结构,一般按资产、负债和所有者权益三类项目进行排列。

1. 资产类项目

资产类项目按其流动性的大小,或按资产变现能力强弱,分为流动资产和非流动资产两大类。

流动资产项目包括:“货币资金”“应收账款”“预付款项”“其他应收款”“存货”等。

非流动资产项目包括:“长期股权投资”“持有至到期投资”“投资性房地产”“固定资产”“无形资产”等。

2. 负债类项目

负债类项目按其承担经济义务期限的长短，分为流动负债和长期负债两类，并分项列示。

流动负债项目包括："应付账款""预收款项""应付职工薪酬""应交税费""应付利息""应付股利""其他应付款"等。

长期负债项目包括："长期借款""应付债券""长期应付款"等。

3. 所有者权益项目

所有者权益类项目按其来源划分，一般分为"实收资本""资本公积""盈余公积""未分配利润"等项目。

资产负债表的格式有账户式和报告式两种。按照我国会计制度规定，我国各单位的资产负债表采用账户式。

账户式资产负债表是以"资产＝负债＋所有者权益"为依据，将资产项目列在表的左方，将负债和所有者权益项目列在表的右方，使资产负债表的左方资产项目的合计，等于右方负债和所有者权益项目的合计。

为了提高资产负债表的利用率，资产负债表设计是采用了前后期对比式编制的。表中各项目不仅列出了期末数，还列出了年初数，相当于 2 年期的资产负债表(亦称比较资产负债表)。报表使用者利用期末数与年初数的比较，可以了解企业财务状况变动情况以及企业经营的发展趋势。

三、资产负债表的编制方法

资产负债表是一种静态报表，所以在编制时，应根据有关账户的期末余额填列。

资产负债表"年初余额"栏内各项数字，应根据上年年末资产负债表"期末余额"栏内所列的数字填列。

资产负债表"期末余额"栏内各项数字，应根据会计账簿记录数填列。大多数报表项目可以直接根据账户余额填列，少数报表项目则要根据账户余额进行分析、计算后才能填列。其编制填列方法一般有以下几种情况。

(一) 根据总分类账户余额直接填列

资产负债表各项目的数据来源，主要是根据总账账户期末余额直接填列。具体项目有"应收票据""短期借款""应付票据""其他应付款""应付职工薪酬""应交税费""应付利息""应付股利""实收资本""资本公积""盈余公积"等。

(二) 根据总分类账户余额分析计算填列

资产负债表某些项目需要根据若干个总账账户的期末余额计算填列。具体项目有"货币资金""存货"等。

"货币资金"项目应根据"库存现金""银行存款""其他货币资金"账户期末余额合计填列。

"存货"项目应根据"原材料""物资采购""库存商品""生产成本"等账户的期末余额计算填列。

（三）根据明细分类账户余额分析计算填列

资产负债表某些项目不能根据总账账户的期末余额，若干个总账账户的期末余额计算填列，需要根据有关账户所属相关明细账户的期末余额计算填列。具体项目有：“应收账款”“预付款项”“应付账款”“预收款项”等。

“应收账款”项目应根据“应收账款”和“预收款项”总分类账户所属各明细分类账户借方期末余额合计填列。

“预付款项”项目应根据“预付款项”和“应付账款”总分类账户所属各明细分类账户借方期末余额合计填列。

“应付账款”项目应根据“应付账款”和“预付款项”总分类账户所属各明细分类账户贷方期末余额合计填列。

“预收款项”项目应根据“预收款项”和“应收账款”总分类账户所属各明细分类账户贷方期末余额合计填列。

（四）根据总账账户和明细账户余额分析计算填列

资产负债表某些项目不能根据总账账户的期末余额直接或计算填列，也不能根据有关账户所属相关明细账户的期末余额计算填列，需要根据总账账户和明细账户余额分析计算填列。具体项目有“长期债权投资”“长期借款”“应付债券”项目等。

“长期股权投资”项目根据“长期股权投资”总账账户余额扣除“长期股权投资”账户所属的明细账户中反映的将于1年内到期的长期股权部分分析计算填列。

“长期借款”项目根据“长期借款”总账账户余额扣除“长期借款”账户所属的明细账户中反映的将于1年内到期的长期借款部分分析计算填列。

“应付债券”项目根据“应付债券”总账账户余额扣除“应付债券”账户所属的明细账户中反映的将于1年内到期的应付债券部分分析计算填列。

（五）根据账户余额减去其备抵项目后的净额填列

具体项目有“可供出售金融资产”“应收账款”“存货”“固定资产”“无形资产”等。

“可供出售金融资产”账户的期末余额减去“可供出售金融资产减值准备”备抵账户余额后的净额填列。

“应收账款”账户的期末余额减去其“坏账准备”备抵账户余额后的净额填列。

“存货”账户的期末余额减去其“存货跌价准备”备抵账户余额后的净额填列。

“固定资产”账户的期末余额减去“累计折旧”和“固定资产减值准备”账户余额后的净额填列。

“无形资产”账户的期末余额减去其“无形资产减值准备”备抵账户余额后的净额填列。

下面举例说明资产负债表的编制方法。

【例11-1】 某制造公司2020年12月31日有关总分类账户的余额如表11-1所示。

表 11-1 总分类账户余额表

2020 年 12 月 31 日　　单位:元

账户名称	借方余额	贷方余额	账户名称	借方余额	贷方余额
库存现金	2 000		短期借款		50 000
银行存款	786 135		应付票据		100 000
其他货币资金	7 300		应付账款		953 800
交易性金融资产	0		其他应付款		82 215.85
应收票据	66 000		应付职工薪酬		180 000
应收账款	600 000		应交税费		226 731
坏账准备		1 800	1 年内到期的非流动负债		0
预付款项	100 000		长期借款		1 160 000
其他应收款	5 000		股本		5 000 000
在途物资	275 000		盈余公积		124 770.40
原材料	45 000		利润分配(未分配利润)		190 717.75
周转材料	38 050				
库存商品	2 126 650				
其他流动资产	90 000				
长期股权投资	250 000				
固定资产	2 401 000				
累计折旧		170 000			
固定资产减值准备		30 000			
工程物资	150 000				
在建工程	578 000				
无形资产	600 000				
累计摊销		60 000			
递延所得税资产	9 900				
其他非流动资产	200 000				
合　计	8 068 235		合　计		8 068 235

根据以上资料,编制该公司 12 月 31 日的资产负债表期末数栏,如表 11-2 所示。

表 11-2 资产负债表

编制单位:某制造公司　　　　2020 年 12 月 31 日　　　　单位:元

项　目	期末余额	年初余额（略）	项　目	期末余额	年初余额（略）
流动资产:			流动负债:		
货币资金	795 435		短期借款	50 000	
以公允价值计量且其变动计入当期损益的金融资产	0		以公允价值计量且其变动计入当期损益的金融负债	0	
应收票据	66 000		应付票据	100 000	
应收账款	598 200		应付账款	953 800	
预付款项	100 000		预收款项	0	
其他应收款	5 000		应付职工薪酬	180 000	
存货	2 484 700		应交税费	226 731	
1 年内到期的非流动资产	0		其他应付款	82 215.85	
其他流动资产	90 000		1 年内到期的非流动负债	0	
流动资产合计	4 139 335		其他流动负债	0	
非流动资产:			流动负债合计	1 592 746.85	
可供出售金融资产	0		非流动负债:		
持有至到期投资	0		长期借款	1 160 000	
长期应收款	0		应付债券	0	
长期股权投资	250 000		长期应付款	0	
投资性房地产	0		专项应付款	0	
固定资产	2 201 000		预计负债	0	
在建工程	578 000		递延所得税负债	0	
工程物资	150 000		其他非流动负债	0	
固定资产清理	0		非流动负债合计	1 160 000	
生产性生物资产	0		负债合计	2 752 746.85	
油气资产	0		所有者权益:		
无形资产	540 000		实收资本(或股本)	5 000 000	
开发支出	0		资本公积	0	
商誉	0		减:库存股	0	

（续表）

项 目	期末余额	年初余额（略）	项 目	期末余额	年初余额（略）
长期待摊费用	0		盈余公积	124 770.40	
递延所得税资产	9 900		未分配利润	190 717.75	
其他非流动资产	200 000		所有者权益合计	5 315 488.15	
非流动资产合计	3 928 900				
资产总计	8 068 225		负债及所有者权益总计	8 068 235	

第三节 利 润 表

一、利润表的意义

利润表是反映企业一定期间生产经营成果的会计报表。

企业从事生产经营活动的直接目的之一，就是要最大限度地获取合法的经营成果。为了及时了解企业在一定期间内经营成果的大小，每个企业都必须按月编制利润表。编制利润表的意义在于：

(1) 通过利润表，可以了解企业在一定期间内实现利润或发生亏损的情况，据以分析企业的获利能力。

(2) 通过利润表，可以了解企业经营的收益情况、成本和费用情况，据以考核企业的经营业绩和经营管理水平。

(3) 通过利润表，可以对企业未来的经营状况、获利能力进行预测，分析企业未来的盈利趋势。

(4) 通过利润表(附表部分)，还可了解企业利润分配的情况。

二、利润表的结构

利润表在形式上分为表头、表身两个部分。表头主要反映利润表的名称、编制单位、编制日期和金额单位；表身反映报告期间的各项收支及利润指标，表中分为“本月数”栏和“本年累计数”栏。

利润表的格式有多步式和单步式两种。我国会计制度规定企业利润表采用多步式。

多步式利润表，是根据“收入－费用＝利润”这一会计等式，通过多步式计算求出当期损益的。以制造业为例，计算当期损益一般分为以下三步：

第一步，以营业收入为基础，减去营业成本、税金及附加，销售费用、管理费用、财务费用、资产减值损失等费用，加上公允价值变动收益、投资收益，计算得出营业利润。

第二步，以营业利润为基础，加上营业外收入，减去营业外支出，计算得出利润总额。

第三步，以利润总额为基础，减去所得税费用，计算得出净利润。

三、利润表的一般编制方法

利润表是反映企业经营成果的动态报表，所以编制时，应根据有关损益类账户的发生额填列。

利润表中的“本月金额”栏反映各项目的本月实际发生数，在编制年度报表时，填列上年全年累计实际发生数，并将“本月金额”栏改成“上年金额”栏。

利润表各项目的具体填列方法：

(1)“营业收入”项目。该项目反映企业经营主要业务和其他业务取得的收入总额。本项目应根据“主营业务收入”和“其他业务收入”账户发生额分析填列。

(2)“营业成本”项目。该项目反映企业经营主要业务和其他业务所销发生的成本总额。本项目应根据“主营业务成本”和“其他业务成本”账户发生额分析填列。

(3)“税金及附加”项目。该项目反映企业经营业务应负担的消费税、城市建设维护税、资源税、土地增值税和教育费附加等。本项目应根据“税金及附加”账户发生额分析填列。

(4)“销售费用”项目。该项目反映企业销售产品和提供劳务等主要经营业务所发生的各项费用。本项目应根据“营业费用”账户发生额分析填列。

(5)“管理费用”项目和“财务费用”项目。这两个项目分别反映企业发生的管理费用和财务费用，应分别根据“管理费用”“财务费用”账户的发生额分析填列。

(6)“资产减值损失”项目。该项目反映企业各项资产发生的减值损失，应根据“资产减值损失”科目的发生额分析填列。

(7)“投资收益”项目。该项目反映企业以各种方式对外投资所取得的收益。本项目应根据“投资收益”账户的发生额分析填列。如为投资损失，则以“－”号填列。

(8)“营业利润”项目。改选目反映企业实现的营业利润。如为亏损，本项目以“－”填列。

(9)“营业外收入”项目和“营业外支出”项目。这两个项目反映企业发生的与其生产经营无直接关系的各项收入和支出，应分别根据“营业外收入”“营业外支出”账户的发生额分析填列。

(10)“利润总额”项目。该项目反映企业本期实现的利润。该项目可根据上述有关项目在“利润表”中计算求得。如为亏损，则以“－”表示。

(11)“所得税费用”项目。该项目反映企业按规定从本期损益中减去的所得税，该项目应根据“所得税”账户的本期发生额分析填列。

(12)“净利润”项目。该项目反映企业本期应实现的净利润。该项目可根据本表中的“利润总额”项目和“所得税”项目计算求得。

(13)“基本每股收益”和“稀释每股收益”项目。“基本每股收益”仅考虑当期实际发行在外的普通股股份，按照归属于普通股股东的当期净利润除以当期实际发行在外普通股的加平均数计算确定。企业存在稀释性潜在普通股的，应当根据其影响分别调整归属于普通股股东的当期利润以及发行在外普通股的加权平均数，并据以计算稀释每股收益。

计算稀释每股收益时，假设潜在普通股在当期期初已经全部转换为普通股，如果潜在普通股为当期发行的，则假设在发行日就全部转换为普通股，据此计算稀释每股收益。潜在普通股是指赋予其持有者在报告期或以后期间享有取得普通股权利的一种金融工具或其他合同。稀释性潜在普通股，是指假设当期转换为普通股会减少每股收益的潜在普通股。

下面举例说明利润表和利润分配表的编制方法。

【例 11-2】 某制造公司 2020 年各损益账户的累计发生额资料如表 11-3 所示。

表 11-3 损益类账户发生额 单位：元

账户名称	借方发生额	贷方发生额
主营业务收入		1 300 000
主营业务成本	850 000	
税金及附加	3 000	
其他业务收入	0	
其他业务成本		0
销售费用	30 000	
管理费用	150 000	
财务费用	40 000	
信用减值损失	0	
资产减值损失	30 000	
投资收益		30 000
营业外收入		50 000
营业外支出	10 000	
所得税费用	100 000	

根据以上资料编制的“利润表”如表 11-4 所示。

表 11-4 利 润 表

编制单位：××公司 2020 年 12 月 单位：元

项 目	本期金额	上期金额(略)
一、营业收入	1 300 000	
减：营业成本	850 000	
税金及附加	3 000	
销售费用	30 000	
管理费用	150 000	
财务费用	40 000	

（续表）

项　目	本期金额	上期金额(略)
信用减值损失	0	
资产减值损失	30 000	
加:公允价值变动收益	0	
投资收益	30 000	
二、营业利润	227 000	
加:营业外收入	50 000	
减:营业外支出	10 000	
三、利润总额	267 000	
减:所得税费用	100 000	
四、净利润	167 000	
五、每股收益		
(一) 基本每股收益		
(二) 稀释每股收益		

第四节　现金流量表

一、现金流量表的基础

现金流量表是反映企业一定期间内现金流入和现金流出情况的会计报表,是以现金为基础编制的财务状况变动表。

(一) 现金的概念

编制现金流量表时所称的现金包括以下内容：

(1) 库存现金。库存现金是指企业持有的可随时用于支付的现金限额,即与会计核算中“库存现金”账户所包括的内容一致。

(2) 银行存款。银行存款是指企业存在银行或其他金融机构随时可以用于支付的存款,即与会计核算中“银行存款”账户所包括的内容基本一致,但对于不能随时支取的定期存款,不作为现金流量表中的现金。

(3) 其他货币资金。其他货币资金是指企业存在银行或其他金融机构有特定用途的资金,如外埠存款、银行本票存款、银行汇票存款、信用卡存款、信用证存款、存出投资款等。

(4) 现金等价物。现金等价物是指企业持有的期限短、流动性强、易于转换已知金额的现金、价值变动风险很小的短期投资。通常是指购买在 3 个月或更短时间内即到期或即可转换为现金的投资。

(二) 现金流量的分类

现金流量是指现金的流入和流出。现金流量应进行适当的分类,以进一步反映各类经济活动引起的现金流入和流出。会计准则中将现金流量分为三类,即经营活动的现金流量、投资活动的现金流量、筹资活动的现金流量。

1. 经营活动的现金流量

经营活动是指企业投资活动和筹资活动以外的所有交易和事项，即直接与产品的生产、商品的销售或提供劳务有关的经济活动。经营活动的现金流入主要有：销售商品、提供劳务收到的现金，收到的税费返还等；现金流出主要有：购买商品、接受劳务所支付的现金，支付给职工以及为职工支付的现金，支付的各项税费等。

2. 投资活动的现金流量

投资活动是指企业长期资产的购建不包括在现金等价物范围内的投资及投资处置活动。投资活动的现金流入主要有：收回投资所收到的现金，取得投资收益所收到的现金，处置固定资产、无形资产和其他长期资产所收回的现金净额等；现金流出主要有：购建固定资产、无形资产和其他长期资产所支付的现金，投资所支付的现金等。

3. 筹资活动的现金流量

筹资活动是指导致企业资本及债务规模和构成发生变化的活动。筹资活动的现金流入主要有：吸收投资所收到的现金，取得借款所收到的现金等；现金流出主要有：偿还债务所支付的现金，分配股利、利润或偿付利息所支付的现金等。

二、现金流量表的作用

随着市场经济发展和企业经营机制的转变，现金流转已成为影响企业生存和发展的重要因素，编制现金流量表具有重要作用。

(1) 通过现金流量表，可以揭示企业在一定时期内现金的收入来源和支出途径，了解企业现金流入和流出的原因，为正确进行财务决策提供依据。

(2) 通过现金流量表，可以揭示企业经营活动、投资活动、筹资活动的现金流量，详细分析企业现金周转及偿付债务的能力。

(3) 通过现金流量表，可以了解企业未来生成现金的能力，为分析和判断企业的财务前景提供依据。

(4) 现金流量表，为报表使用者提供了按收付实现制、以现金流动为基础的会计报表，有助于分析企业收益的质量，更真实地反映企业的财务状况。

三、现金流量表的基本结构

现金流量表的格式，如表 11-5 所示。该表分为两部分，第一部分为正表，第二部分为补充资料。

表 11-5 现金流量表

编制单位：××公司　　　　20××年度　　　　单位：元

项　目	本期金额	上期金额
一、经营活动产生的现金流量：		
销售商品、提供劳务收到的现金		
收到的税费返还		

（续表）

项　　目	本期金额	上期金额
收到的其他与经营活动有关的现金		
现金流入小计		
购买商品、接受劳务支付的现金		
支付给职工以及为职工支付的现金		
支付的各项税费		
支付的其他与经营活动有关的现金		
现金流出小计		
经营活动产生的现金流量净额		
二、投资活动产生的现金流量：		
收回投资所收到的现金		
取得投资收益所收到的现金		
处置固定资产、无形资产和其他长期资产收回的现金净额		
收到的其他与投资活动有关的现金		
现金流入小计		
购建固定资产、无形资产和其他长期资产所支付的现金		
投资所支付的现金		
支付的其他与投资活动有关的现金		
现金流出小计		
投资活动产生的现金流量净额		
三、筹资活动产生的现金流量：		
吸收投资所收到的现金		
借款所收到的现金		
收到的其他与筹资活动有关的现金		
现金流入小计		
偿还债务所支付的现金		
分配股利、利润或偿付利息所支付的现金		
支付的其他与筹资活动有关的现金		
现金流出小计		
筹资活动产生的现金流量净额		
四、汇率变动对现金的影响		
五、现金及现金等价物净增加额		
加：期初现金及现金等价物余额		
六、期末现金及现金等价物余额		

（续表）

补充资料	本期金额	上期金额
1. 将净利润调节为经营活动现金流量：		
净利润		
加：计提的资产减值准备		
固定资产折旧、油气资产折耗、生产性生物资产折旧		
无形资产摊销		
长期待摊费用摊销		
待摊费用减少（减：增加）		
预提费用增加（减：减少）		
处置固定资产、无形资产和其他长期资产的损失（减：收益）		
固定资产报废损失（减：收益）		
财务费用		
投资损失（减：收益）		
递延所得税资产减少（减：增加）		
递延所得税负债增加（减：减少）		
存货的减少（减：增加）		
经营性应收项目的减少（减：增加）		
经营性应付项目的增加（减：减少）		
其他		
经营活动产生的现金流量净额		
2. 不涉及现金收支的投资和筹资活动：		
债务转为资本		
一年内到期的可转换公司债券		
融资租入固定资产		
3. 现金及现金等价物净增加情况：		
现金的期末余额		
减：现金的期初余额		
加：现金等价物的期末余额		
减：现金等价物的期初余额		
现金及现金等价物净增加额		

第五节　所有者权益变动表

一、所有者权益变动表的内容及结构

(一) 所有者权益变动表的内容

所有者权益变动表是指反映构成所有者权益各组成部分当期增减变动情况的报表。所有者权益变动表应当全面反映一定时期所有者权益变动的情况，不仅包括所有者权益总量的增减变动，还包括所有者权益增减变动的重要结构性信息，特别是要反映直接计入所有者权益的利得和损失，让报表使用者准确理解所有者权益增减变动的根源。

在所有者权益变动表中，企业至少应当单独列示反映下列信息的项目：①净利润；②直接计入所有者权益的利得和损失项目及其总额；③会计政策变更和差错更正的累积影响金额；④所有者投入资本和向所有者分配利润等；⑤提取的盈余公积；⑥实收资本或股本、资本公积、盈余公积、未分配利润的期初和期末余额及其调节情况。

(二) 所有者权益变动表的结构

为了清楚地表明构成所有者权益的各组成部分当期的增减变动情况，所有者权益变动表应当以矩阵的形式列示：一方面，列示导致所有者权益变动的交易或事项，改变了以往仅仅按照所有者权益的各组成部分反映所有者权益变动情况，而是从所有者权益变动的来源对一定时期所有者权益变动情况进行全面反映；另一方面，按照所有者权益各组成部分(包括实收资本、资本公积、盈余公积、未分配利润和库存股)及其总额列示交易或事项对所有者权益的影响。此外，企业还需要提供比较所有者权益变动表，所有者权益变动表还就各项目再分为“本年金额”和“上年金额”两栏分别填列。

二、所有者权益变动表的填列方法

(一) 上年金额栏的填列方法

所有者权益变动表“上年金额”栏内各项数字，应根据上年度所有者权益变动表“本年金额”栏内所列数字填列。如果上年度所有者权益变动表规定的各个项目的名称和内容同本年度不相一致，应对上年度所有者权益变动表各项目的名称和数字按本年度的规定进行调整，填入所有者权益变动表“上年金额”栏内。

(二) 本年金额栏的填列方法

所有者权益变动表“本年金额”栏内各项数字一般应根据“实收资本(或股本)”“资本公积”“盈余公积”“利润分配”“库存股”“以前年度损益调整”账户的发生额分析填列。

所有者权益变动表格式如表 11-6 所示。

表 11-6 所有者权益变动表

编制单位:××公司　　20××年度　　单位:元

项目	本年金额						上年金额					
	实收资本(或股本)	资本公积	减:库存股	盈余公积	未分配利润	所有者权益合计	实收资本(或股本)	资本公积	减:库存股	盈余公积	未分配利润	所有者权益合计
一、上年年末余额												
加:会计政策变更												
前期差错更正												
二、本年年初余额												
三、本年增减变动金额(减少以"一"号填列)												
(一)净利润												
(二)直接计入所有者权益的利得和损失												
1. 可供出售金融资产公允价值变动净额												
2. 权益法下被投资单位其他所有者权益变动的影响												
3. 与计入所有者权益项目相关的所得税影响												
4. 其他												
上述(一)和(二)小计												
(三)所有者投入和减少资本												
1. 所有者投入资本												
2. 股份支付计入所有者权益的金额												
3. 其他												
(四)利润分配												
1. 提取盈余公积												
2. 对所有者(或股东)的分配												
3. 其他												
(五)所有者权益内部结转												
1. 资本公积转增资本(或股本)												
2. 盈余公积转增资本(或股本)												
3. 盈余公积弥补亏损												
4. 其他												
四、本年年末余额												

课后练习题

一、名词解释

会计报表　内部报表　对外报表　基层报表　汇总报表　资产负债表　利润表　现金流量表　所有者权益变动表

二、单项选择题

1. 下列各种报表属于反映财务状况的报表是（　　）。

A. 资产负债表　　B. 利润表

C. 现金流量表　　D. 所有者权益变动表

2. 资产负债表中的各个项目（　　）。

A. 都可以根据账户余额直接填列

B. 必须对账户余额进行分析计算后才能填列

C. 大部分是根据账户余额直接填列，少部分是根据账户发生额分析计算填列

D. 大部分是根据账户余额直接填列，少部分是根据账户余额分析计算填列

3. 确定资产负债表中资产各项目和负债各项目排列顺序的根据是其项目的（　　）。

A. 重要性程度　　B. 流动性的强弱程度

C. 金额大小　　D. 债务清偿的先后顺序

4. 在资产负债表中，下列项目中不是根据有关总账账户余额直接填列的是（　　）。

A. "短期借款"　　B. "应交税费"　　C. "应付账款"　　D. "应付股利"

5. 在不设置"预收款项"账户的情况下（预收款项直接记入"应收账款"账户的贷方），资产负债表中"预收款项"项目填列的根据是（　　）。

A. "应收账款"总账的期末余额

B. "应收账款"总账所属各明细账户的期末借方余额合计

C. "应收账款"总账所属各明细账户的期末贷方余额合计

D. "应收账款"和"应付账款"总账所属各明细账户的期末贷方余额合计

6. 在不设置"预付款项"账户的情况下（预付款项直接记入"应付账款"账户的借方），资产负债表中"预付款项"项目填列的根据是（　　）。

A. "应付账款"总账的期末余额

B. "应付账款"总账所属各明细账户的期末借方余额合计

C. "应付账款"总账所属各明细账户的期末贷方余额合计

D. "应付账款"和"应收账款"总账所属各明细账户的期末贷方余额合计

7. "预收款项"账户所属明细账户中若有借方余额，应将其计入资产负债表有关项目中的（　　）。

A. "应收账款"　　B. "预收款项"　　C. "预付款项"　　D. "应付账款"

8. 我国企业利润表采用（　　）。

A. 账户式　　B. 单步式　　C. 报告式　　D. 多步式

9. 下列项目中，不影响利润表中"营业利润"项目金额计算的是（　　）。

A. 财务费用　　B. 投资收益　　C. 营业收入　　D. 营业外收入

10. 某公司10月份"原材料"账户的月末借方余额60 000元，"库存商品"账户的月末借方余额80 000元，"生产成本"账户月末借方余额50 000元，"在途物资"账户的月末借方余额30 000元，则10

月份资产负债表中“存货”项目的“期末余额”应填列(　　)。

A. 220 000　　B. 200 000　　C. 180 000　　D. 160 000

三、多项选择题

1. 下列项目属于流动资产项目的有(　　)项目。

A.“其他应收款”　　B.“预付款项”　　C.“存货”　　D.“预收款项”

2. 下列资产负债表项目需要计算填列的是(　　)项目。

A.“货币资金”　　B.“固定资产净值”　　C.“存货”　　D.“坏账准备”

3. 资产负债表中存货项目应根据(　　)等账户的余额计算填列。

A.“原材料”　　B.“周转材料”　　C.“库存商品”　　D.“生产成本”

4. 下列属于流动负债项目的有(　　)项目。

A.“预收款项”　　B.“应付账款”　　C.“应付债券”　　D.“其他应付款”

5. 利润表可提供的重要信息有(　　)。

A. 营业收入　　B. 应交税费　　C. 资产总额　　D. 净利润

6. 在利润表中，应列入“税金及附加”项目中的税金有(　　)。

A. 消费税　　B. 城市维护建设税　　C. 资源税　　D. 教育费附加

7. 利润表提供的信息包括(　　)。

A. 实现的营业收入　　B. 发生的营业成本

C. 资产减值损失　　D. 利润或亏损总额

8. 下列报表中属于对外会计报表的有(　　)。

A. 资产负债表　　B. 利润表

C. 现金流量表　　D. 所有者权益变动表

9. 下列项目中属于资产负债表中的流动资产项目的有(　　)项目。

A.“货币资金”　　B.“预付款项”　　C.“应收账款”　　D.“预收款项”

10. 现金流量表中的“现金”包括(　　)。

A. 库存现金　　B. 银行存款　　C. 其他货币资金　　D. 现金等价物

四、判断题

1. 编制会计报表的目的是满足会计信息使用者对会计信息的需求。　(　　)
2. 为了及时提供会计信息，保证会计信息的质量，会计报表中的项目与会计科目是完全一致的，并以会计科目的本期发生额或余额填列。　(　　)
3. 资产负债表的各个项目，是按照项目的流动性从弱到强的顺序排列。　(　　)
4. 资产负债表的格式多步式和单步式。　(　　)
5. 编制利润表时，如有投资损失，应以“—”号填列在“投资收益”项目中。　(　　)
6. 我国会计制度规定资产负债表格式采用报告式。　(　　)
7. 编制会计报表是企业会计处理程序的组成部分。　(　　)
8. 利润表编制的基础是“收入—费用＝利润”这一会计等式。　(　　)
9. 利润表的作用之一就是反映企业的短期偿债能力和支付能力。　(　　)
10. 现金流量表是以库存现金为基础编制的财务状况变动表。　(　　)

五、简答题

1. 什么是会计报表？会计报表有什么作用？我国企业需编报的会计报表有哪几种？

2. 企业应怎样编制会计报表？编制会计报表有什么要求？

3. 什么是资产负债表？它提供了哪些会计信息？报表上的各项目应如何排列？如何填列？

4. 什么是利润表？它反映了什么内容？由哪几个部分组成？

5. 什么是现金流量表？有什么作用？现金流量表的结构有哪几个部分组成？

六、业务题

业务题一

（一）目的：熟悉根据总分类账户余额计算填列资产负债表项目。

（二）资料：某企业3月月末有关总分类账户余额如下：

1. "原材料"账户借方余额为62 500元。
2. "生产成本"账户借方余额为23 800元。
3. "库存商品"账户借方余额为34 700元
4. "在途物资"账户借方余额为18 600元。
5. "本年利润"账户贷方余额为72 000元。
6. "利润分配"账户借方余额为34 200元。

（三）要求：计算填列月末资产负债表中"存货"和"未分配利润"项目的期末金额。

业务题二

（一）目的：熟悉根据明细分类账户余额计算填列资产负债表有关项目。

（二）资料：某企业3月月末"应收账款"和"应付账款"总分类账户和所属明细分类账户余额如下：

1. "应收账款"总分类账户的借方余额为6 600元。其所属明细分类账户余额分别为：甲工厂借方余额4 000元；乙工厂借方余额4 700元；丙工厂贷方余额2 100元。

2. "应付账款"总分类账户的贷方余额为7 700元，其所属明细分类账户余额分别为：A公司借方余额1 600元；B工厂借方余额500元；C公司贷方余额4 300元；D工厂贷方余额5 500元。

（三）要求：根据以上资料计算填列月末资产负债表"应收账款""预付款项""应付账款""预收款项"项目金额，并说明各项目属于资产项目还是负债项目。

业务题三

（一）目的：练习资产负债表的编制。

（二）资料：某企业2020年12月31日全部总分类账户和有关明细分类账户余额如表11-7所示。

表11-7 账户余额表

2020年12月31日　　单位：元

账户名称	借方余额	贷方余额	账户名称	借方余额	贷方余额
库存现金	300		短期借款		300 000
银行存款	1 400 000		应付票据		200 000
其他货币资金	6 000		应付账款		953 800
交易性金融资产	15 000		其他应付款		51 000
应收票据	246 000		应付职工薪酬		110 000
应收账款	300 000		应交税费		36 600

（续表）

账户名称	借方余额	贷方余额	账户名称	借方余额	贷方余额
坏账准备		900	1 年内到期的非流动负债		1 000 000
预付款项	100 000		长期借款		600 000
其他应收款	5 000		股本		5 000 000
在途物资	500 000		盈余公积		100 000
原材料	40 000		利润分配(未分配利润)		50 000
周转材料	30 000				
库存商品	2 010 000				
其他流动资产	100 000				
长期股权投资	250 000				
固定资产	2 100 000				
累计折旧		800 000			
固定资产减值准备		200 000			
工程物资	0				
在建工程	1 500 000				
无形资产	650 000				
累计摊销		50 000			
递延所得税资产	0				
其他非流动资产	200 000				

（三）要求：根据上述资料编制 2020 年度的资产负债表，如表 11-8 所示。

表 11-8 资产负债表

编制单位：某制造公司　　2020 年 12 月 31 日　　单位：元

项　目	期末余额	年初余额（略）	项　目	期末余额	年初余额（略）
流动资产：			流动负债：		
货币资金			短期借款		
以公允价值计量且其变动计入当期损益的金融资产			以公允价值计量且其变动计入当期损益的金融负债		
应收票据			应付票据		
应收账款			应付账款		
预付款项			预收款项		

（续表）

项　目	期末余额	年初余额（略）	项　目	期末余额	年初余额（略）
其他应收款			应付职工薪酬		
存货			应交税费		
1年内到期的非流动资产			其他应付款		
其他流动资产			1年内到期的非流动负债		
流动资产合计			其他流动负债		
非流动资产：			流动负债合计		
可供出售金融资产			非流动负债：		
持有至到期投资			长期借款		
长期应收款			应付债券		
长期股权投资			长期应付款		
投资性房地产			专项应付款		
固定资产			预计负债		
在建工程			递延所得税负债		
工程物资			其他非流动负债		
固定资产清理			非流动负债合计		
生产性生物资产			负债合计		
油气资产			所有者权益：		
无形资产			实收资本(或股本)		
开发支出			资本公积		
商誉			减：库存股		
长期待摊费用			盈余公积		
递延所得税资产			未分配利润		
其他非流动资产			所有者权益合计		
非流动资产合计					
资产总计			负债及所有者权益总计		

业务题四

（一）目的：练习利润表的编制。

（二）资料：某企业 2020 年度发生下列经济业务（见表 11-9）。

表 11-9　损益类账户发生额　　　　单位：元

账户名称	借方发生额	贷方发生额
主营业务收入		1 250 000
主营业务成本	750 000	
税金及附加	2 000	
其他业务收入		0
其他业务成本	0	
销售费用	20 000	
管理费用	157 100	
财务费用	41 500	
资产减值损失	30 900	
投资收益		31 500
营业外收入		50 000
营业外支出	19 700	
所得税费用	112 596	

（三）要求：根据上述资料编制 2020 年度的利润表（见表 11-10）。

表 11-10　利　润　表

编制单位：××公司　　　　2020 年 12 月　　　　单位：元

项　　目	本期金额	上期金额（略）
一、营业收入		
减：营业成本		
税金及附加		
销售费用		
管理费用		
财务费用		
资产减值损失		
加：公允价值变动收益		
投资收益		
二、营业利润		
加：营业外收入		
减：营业外支出		

（续表）

项　　目	本期金额	上期金额(略)
三、利润总额		
减:所得税费用		
四、净利润		
五、每股收益		
(一) 基本每股收益		
(二) 稀释每股收益		

第十二章

会计工作的组织与管理

第一节　会计工作组织的意义和要求

各单位要开展会计工作，都必须依据一定的会计法规，设置专门的会计机构，配备专职的会计人员，即做好会计组织工作。

会计组织工作，就是根据会计工作的特点，设置会计机构，配备相应的会计人员，制定并执行会计法规和制度，以保证合理有效地进行会计工作。

一、组织会计工作的意义

会计是一项复杂、细致的综合性经济管理活动。科学地组织会计工作，对于完成会计职能，实现会计目标，充分发挥会计在经济管理中的作用，具有十分重要的意义。具体体现在以下几个方面。

1. 有利于保证会计工作的质量和提高会计工作的效率

科学地组织会计工作，能使其有条不紊地进行，从而提高会计工作的质量和效益，保证会计工作任务的顺利完成。

会计是通过对社会再生产过程的经济活动和财务收支进行核算和监督，来为管理者以及社会各界提供准确、可靠的会计信息。会计所提供的信息，要经过从凭证到账簿、从账簿到报表等一系列的记录、计算、分类、汇总以及进一步的分析检查。全部过程包括了一系列的程序，需要履行各种手续，各程序及手续之间环环相扣、紧密相连。在实际工作中，可能由于某种手续的遗漏或某项工作环节的脱节，或某一数据的差错，造成整个核算结果不正确或不能及时完成，进而影响整个会计核算工作的质量和效率。所以必须要设置专职的会计机构并配备高素质的会计人员，建立一套科学的工作制度和办事程序，才能组织好会计工作，保证会计工作的质量。

2. 有利于协调与其他经济管理工作的关系

会计工作是经济管理的一个重要组成部分，它既有独立性，同时又与其他管理工作有着相互制约、相互促进的关系。科学而完善的会计工作组织，需要其他经济管理工作的配合与协调，同时也能促进其他经济管理工作的顺利进行。因此，只有科学地组织会计工作，才能处理好会计同其他经济管理工作之间的关系，做到相互促进、密切配合、口径一致，从而完成会计任务。

3. 有利于及时提供会计信息

会计核算的主要目的在于及时地向有关方面提供真实可靠、全面完整的会计信息。科学的组织会计工作，严密内部分工，建立岗位责任制、明确责任、调动有关人员的积极性，密切配合，互相协调，达到简明、准确、高质高效的目的，有利于保证及时提供各方面所需要的会计信息。

4. 有利于维护财经法纪，贯彻经济工作的方针政策

会计工作是一项错综复杂的系统工程，政策性也很强，必须通过核算如实地反映各

单位的经济活动和财务收支,通过监督来贯彻执行国家的有关政策、方针、法令和制度。科学的组织好会计工作,可以更好地发挥会计的监督职能,促使各单位更好地贯彻实施各项方针政策,维护好财经纪律,为建立良好的社会经济秩序打下基础。

二、组织会计工作的要求

组织会计工作的要求,是指组织好会计工作、提高会计工作质量和效率所应遵循的原则。具体要求有以下几方面。

1. 统一性要求

统一性要求是指组织会计工作必须按照会计法和企业会计准则对会计工作的统一要求,贯彻执行国家规定的法令制度,进行会计核算,实行会计监督,以便更好地发挥会计工作在维护社会主义市场经济秩序、加强经济管理、提高经济效益中的作用。

2. 适应性要求

适应性要求是指组织会计工作必须适应本单位经营管理的特点。国家对组织会计工作的统一要求,只是一般的原则规定,每个会计主体的经济活动因其范围、业务内容的不同,对会计信息的具体要求也有所不同。各单位应在遵守国家法规和准则的前提下,根据自身管理特点及规模大小等情况,制定出相应的具体办法,采用不同的账簿组织、记账方法和程序处理相应的经济业务,以适应企业自身的需要。

3. 效益性要求

效益性要求是指组织会计工作时,在保证质量的前提下,应讲求效益,节约人力和物力。会计工作十分繁杂,如果组织不好,就会造成重复劳动、浪费人力和物力。所以对会计管理程序的规定,会计凭证、账簿、报表的设计、会计机构的设置以及会计人员的配备等都应避免繁琐,力求精简。目前,会计工作已经逐步由手工操作向电算化发展,这种发展正是为了满足效益性要求而进行的。

4. 内部控制及责任制要求

内部控制及责任制要求是指组织会计工作时,要遵循内部控制的原则,在保证贯彻整个单位责任制的同时,建立和完善会计工作自身的责任制。从现金出纳、财产物资进出以及各项费用的开支等内容形成彼此相互牵制的机制。对会计工作进行合理分工,不同岗位上的会计人员各司其职,使得会计处理手续和会计工作程序达到规范化。

综上所述,组织会计工作,应该符合以上要求,保证会计工作有条不紊地进行,更好地发挥其核算、监督、预测、决策、控制、分析等方面的职能。

第二节 会 计 机 构

会计机构是指单位内部设置的、专门办理会计事项的机构。会计机构和会计人员是会计工作的主要承担者。广义的会计机构还包括政府财政部门管理会计工作的职能机构。建立和健全会计机构是保证会计工作正常进行,充分发挥会计管理作用的重要条件。

我国《会计法》第三十六条明确规定:各单位应当根据会计业务的需要,设置会计机构，或者在有关机构中设置会计人员并指定会计主管人员；不具备设置条件的，应当委托经批准设立从事会计代理记账业务的中介机构代理记账。

一、会计机构设置的类型

1. 国家管理部门设置的会计机构

《会计法》明确规定，国务院财政部门是主管全国会计工作的机构，地方各级人民政府的财政部门是主管全国会计工作的机构。国家各级管理部门分别设置会计司、处、科等。

2. 行政事业单位设置的会计机构

行政事业单位设置的会计机构，不仅须满足对经费收支及时进行核算和报告的要求，同时也须遵循内部控制的原则，以保证该单位预算资金安全与合理地使用。

3. 企业单位设置的会计机构

为保证顺利有效地完成会计任务，达到预期的会计目标，会计机构内部应进行合理的分工，按照会计核算的流程设置各责任岗位，配备会计人员。

二、企业会计机构的组织形式

为了科学地组织会计工作，必须根据企业规模的大小、业务的繁简程度以及企业内部其他各组织机构的设置情况，来确定会计工作的组织形式。企业会计机构的组织形式有独立核算和非独立核算、集中核算和非集中核算之分。由于企业会计工作的组织形式不同，企业财务会计机构的具体工作范围也有所不同。

1. 独立核算和非独立核算

独立核算是指对本单位的业务经营活动过程及其成果进行全面、系统的会计核算。实行独立核算的单位称为独立核算单位。独立核算单位的特点是：在管理上有独立的组织形式，具有一定数量的资金，在银行单独开户；独立进行经营活动，能同其他单位订立经济合同；独立计算盈亏，单独设置会计机构并配备会计人员，并有完整的会计工作组织体系。

非独立核算是指没有完整的会计凭证和会计账簿体系，只记录部分经济业务的单位所进行的会计核算。实行非独立核算的单位称为非独立核算单位，又称报账单位，它本身没有资本，其财产物资由上级单位拨付，也没有独立的银行账户，一切收入均存入上级单位账户，一切支出也由上级单位审核支付。非独立核算单位通常不设置专门的会计机构，仅配备会计人员进行原始凭证的填制、审核、整理和汇总，负责处理日常的会计事务。不独立计算盈亏，也不编制报表。

2. 集中核算和非集中核算

实行独立核算的单位，其记账工作的组织形式可以分为集中核算和非集中核算两种。

集中核算也称为一级核算，就是将整个企业的主要会计工作都集中在会计部门进行，企业内部各部门一般不单独核算，只是对发生的经济业务进行原始记录，编制原始凭证并进行适当汇总，定期把原始凭证和汇总原始凭证送交会计部门，由会计部门进行总分类核算和明细分类核算。

实行集中核算形式，由于核算工作集中在会计部门进行，便于会计人员进行合理的分工，采用科学的凭证整理程序，在核算过程中运用现代化手段，可以减少核算层次，精简会计人员，简化和加速核算工作、提高效率、节约核算费用，并可以根据会计部门的记录，随时了解企业内部各部门的生产经营活动情况。但企业规模较大时，不利于各部门及时掌握和随时利用核算资料检查和控制本部门的工作。

非集中核算又称分散核算或两级核算，是指企业内部各部门负责对本部门发生的经济业务进行比较全面的核算，包括凭证的整理、明细账的登记、成本的核算、有关会计报表特别是内部报表的编制和分析等工作，而会计部门只是根据内部各部门定期报来的资料进行总分类核算和一部分明细分类核算、编报整个单位的会计报表，并负责指导、检查和监督内部各部门的核算工作。

实行非集中核算形式，可以使企业内部各部门随时掌握和利用有关核算资料检查本部门工作，随时发现问题，解决问题。因此，非集中核算形式适用于实行内部经济核算的大、中型企业。但这种核算组织形式对企业会计部门而言，不便于采用最合理的凭证整理办法，会计人员的合理分工也会受到一定的限制，就整个企业来看，核算的工作总量有所增加，核算人员的编制加大，因而相应的核算费用也会增多。

一个企业实行集中核算组织形式还是非集中核算组织形式，主要取决于企业规模大小和是否实行内部经济责任制。企业在确定应采用的会计工作组织形式时，既要考虑保证正确、及时地反映企业单位的经济活动情况，又要注意简化核算手续，提高工作效率。

三、会计机构设置的要求

会计机构是各单位办理会计事务的职能部门，会计人员是直接从事会计工作的人员。建立健全会计机构、配备与工作要求相适应、具有一定素质和数量的会计人员，是做好会计工作、充分发挥会计职能作用的重要保证。

《会计法》和《会计基础工作规范》明确规定，各单位应当根据会计业务的需要设置会计机构；不具备单独设置会计机构条件的，应当在有关机构中配人员。

事业行政单位会计机构的设置和会计人员的配备，应当符合国家统一事业行政单位会计制度的规定。设置会计机构，应当配备会计机构负责人；在有关机构中配备专职会计人员，应当在专职会计人员中指定会计主管人员。会计机构负责人、会计主管人员的任免，应当符合《会计法》和有关法律的规定。

没有设置会计机构和配备会计人员的单位，应当根据《代理记账管理暂行办法》委托会计师事务所或者持有代理记账许可证书的其他代理记账机构进行代理记账。

四、会计机构负责人任职资格和条件的规定

会计机构负责人是指负责组织、领导会计机构依法进行会计核算、实行会计监督的负责人。设置会计机构，应当配备会计机构负责人。在有关机构中配备专职会计人员，应当在专职会计人员中指定会计主管人员。会计机构负责人、会计主管人员的任免，应

当符合《会计法》和有关法律的规定。

《会计法》第三十八条第二款对会计机构负责人(会计主管人员)的从业资格作出了明确规定:担任单位会计机构负责人(会计主管人员)的,应当具备会计师以上专业技术职务资格或者从事会计工作3年以上经历。《会计基础工作规范》第七条也规定,会计机构负责人、会计主管人员应当具备下列基本条件:坚持原则,廉洁奉公;具有会计专业技术资格;主管一个单位或者单位内一个重要方面的财务会计工作时间不少于2年;熟悉国家财经法律、法规、规章和方针、政策,掌握本行业业务管理的有关知识;有较强的组织能力;身体状况能够适应本职工作的要求。可见,会计机构负责人的任职条件较一般会计人员从业资格更为严格。这是由会计机构负责人的地位和职责所决定的。

第三节　会 计 人 员

《会计法》规定,各单位应当根据会计业务的需要,设置会计机构,或者在有关机构中设置会计人员并指定会计主管人员;不具备设置条件的,应当委托经批准设立从事会计代理记账业务的中介机构代理记账。

大、中型企业、事业单位、业务主管部门应当根据法律和国家有关规定设置总会计师。总会计师由具有会计师以上专业技术资格的人员担任。总会计师行使《总会计师条例》规定的职责、权限。总会计师的任命(聘任)、免职(解聘)依照《总会计师条例》和有关法律的规定办理。

合理地配备会计人员,提高会计人员的综合素质是每个单位做好会计工作的决定因素。

会计人员是指在公司、企业、事业单位和其他组织所设置的会计机构中,或者在国家机关、社会团体中从事会计工作的人员,包括会计机构负责人以及具体从事会计工作的会计师、会计员和出纳员等。设置总会计师的单位,总会计师也属于会计人员。

《会计法》《会计基础工作规范》对会计人员的职责、权限、专业职务、任免和奖励等都作出了明确规定。

一、会计人员的基本职责

会计人员的基本职责,也就是会计机构的基本职责。《会计法》规定,会计人员、会计机构的基本职责包括进行会计核算和实行会计监督。

1. 进行会计核算

会计核算是指会计工作中记账、算账、报账的总称。会计人员对国家机关、社会团体、公司、企业、事业单位和其他组织的经济活动,应当以人民币为记账本位币,通过设置账簿、填制凭证、运用一定记账方法登记账簿、清查财产、编制会计报表等,进行综合、连续、系统地反映和监督,定期形成一系列财务、成本指标,据以考察经营目标或计划的完成情况,为执行公共事务管理或制订经营决策提供可靠的信息和资料。会计核算是会计工作的基本职能之一,在会计基础工作中占有非常重要的位置。

会计人员应按照会计制度的规定，切实做好记账、算账、报账工作。要认真填制和审核会计凭证，编制记账凭证，登记账簿，正确计算各项收入、支出、成本、费用、财务成果。按期结算、核对账目，进行财产清查，编制和报出会计报表，保证账证相符、账账相符、账实相符，手续完备，数字真实。

2. 实行会计监督

《会计基础工作规范》第七十三条明确规定，各单位的会计机构、会计人员对本单位的经济活动进行会计监督。

会计监督主要指单位内部会计机构、会计人员通过会计核算，记录、计算、分析和检查等会计工作，对国家机关、社会团体、公司、企业、事业单位和其他组织的经济活动的合法性、合理性、会计资料的真实性、完整性及本单位内部预算执行情况所进行的监督。会计监督是会计的一项重要职能，有效发挥会计监督职能，不仅可以维护财经纪律和社会经济秩序，对健全会计基础工作、建立规范的会计工作秩序，也能起到重要作用。

会计人员应该通过会计工作，对本单位的各项经济业务和会计手续的合法性、合理性进行监督。对不真实、不合法的原始凭证不予受理；对账簿记录与实物、款项不符的问题，应按有关规定进行处理或及时向本单位领导人报告；对违反国家统一的财政制度，财务规定的收支不予办理。此外，各单位必须依照法律和国家有关规定，接受财政、审计、税务机关的监督，如实提供会计凭证、会计账簿、会计报表和其他会计资料以及有关情况。

会计监督的依据是：①财经法律、法规、规章；②会计法律、法规和国家统一会计制度；③各省、自治区、直辖市财政厅(局)和国务院业务主管部门根据《会计法》和国家统一会计制度制定的具体实施办法或者补充规定；④各单位根据《会计法》和国家统一会计制度制定的单位内部会计管理制度；⑤各单位内部的预算、财务计划、经济计划、业务计划。

各单位的一切财务收支活动只有通过会计核算和会计监督才能得到认可和实现，而要保证会计核算和会计监督顺利有效地进行，必须要求会计机构和会计人员在进行会计核算和会计监督时要严格按照法律规定的要求和程序进行，即依法行事。只有严格依法行事，才能真正做到为加强经济管理，提高经济效益服务。

除了会计核算和会计监督这两项基本职能之外，会计人员还应履行包括编制执行计划及预算、制定本单位办理会计事项的具体办法等其他职责。

会计主管人员应根据国家的有关会计法规、准则及其他相关规定结合本单位具体情况，制定本单位办理会计事项的具体办法，包括会计人员岗位责任制度、钱账分管制度、内部稽核制度、财产清查制度、成本计算办法、会计政策的选定以及会计档案的保管制度等。

二、会计人员的主要权限

为了保障会计人员更好地履行其职责，国家在明确了会计人员职责的同时，也赋予了他们相应的权限。如果有人干扰、阻碍会计机构、会计人员依法进行的会计核算和会计监督，就是违法行为，应当受到法律的追究。法律赋予会计人员的权限具体包括以下三个方面：

(1) 会计人员有权要求本单位有关部门及相关人员认真执行国家、上级主管部门等批准的计划和预算，遵守国家财经纪律、会计准则和相应会计制度。如果发现有违反上述规定的，会计人员有权拒绝付款、报销或拒绝执行，并及时向有关部门及领导汇报。会计人员对违反法令、制度的事项不拒绝执行，又不向有关部门或领导汇报的，应负连带责任。

(2) 会计人员有权履行其管理职能，即参与本单位编制计划、制定定额、签订合同、参加有关会议，并提出自己的建议和意见。

(3) 会计人员有权监督、检查本单位内部各部门的财务收支、资金使用和财产保管、收发、计量、检验等情况，各部门应该大力支持和协助会计人员的监督工作。

三、会计人员的任职条件

随着市场经济的不断发展和会计各方面内容的变化，现代会计对会计人员的从业资格和任职条件的要求也越来越高。《会计法》第三十八条明确规定：从事会计工作的人员。担任单位会计机构负责人(会计主管人员)的，还应当具备会计师以上专业技术职务资格或者从事会计工作3年以上经历。

目前，我国单位会计人员的专业技术职务分为高级会计师、会计师、助理会计师、会计员四级，高级会计师为高级职务，会计师为中级职务，助理会计师、会计员为初级职务。《会计专业职务试行条例》规定各级职务的会计人员应具备的任职条件如下。

1. 会计员的基本条件

(1) 初步掌握财务会计基本知识和技能。

(2) 熟悉并能够执行有关会计法规和财务会计制度。

(3) 能担任一个相应岗位的财务会计工作。

(4) 具备一定的学历并在会计工作岗位上见习满1年。

(5) 通过会计员专业技术职务资格统一考试。

2. 助理会计师的基本条件

(1) 掌握财务会计基础理论、基础知识。

(2) 能够准确地执行国家有关的财经法规、制度。

(3) 能担任某一方面或某一重要岗位的会计工作。

(4) 取得硕士学位或其他相应学位、具备履行助理会计师职责的能力；大学本科毕业、在会计岗位上见习1年期满；大学专科毕业并担任会计员职务2年以上；或中等专业学校毕业并担任会计员职务4年以上。

(5) 通过助理会计师专业技术职务资格统一考试。

3. 会计师的基本条件

(1) 较系统地掌握财务会计基础理论和专业知识。

(2) 掌握并能正确地贯彻执行有关的财经方针、政策和财务会计法规、制度。

(3) 具有一定的工作经验，能担负一个单位或管理一个地区、一个部门、一个系统某个方面的财务会计工作。

(4) 取得博士学位,并有履行会计师职责的能力;取得硕士学位并担任助理会计师职务 2 年左右;取得第二学士学位或研究生班结业证书,并担任助理会计师职务 2 至 3 年;大学本科或大学专科毕业担任助理会计师职务 4 年以上。

(5) 通过相关考试或考核合格,并能掌握一门外语。

4. 高级会计师的基本条件

(1) 较系统地掌握经济、财务会计理论和专业知识。

(2) 具有较高的政策水平和丰富的财务会计工作经验,能担负一个地区、一个部门或一个系统的财务会计管理工作。

(3) 取得博士学位,并担任会计师职务 2 至 3 年;取得硕士学位、第二学士学位或研究生班结业证书,或大学本科毕业并担任会计师职务 5 年以上。

(4) 较熟练地掌握一门外语。

四、会计人员的任免

会计工作者既要为本单位经营管理服务,维护本单位的合法经济利益,又要执行国家的财政、财务制度和财经纪律,维护国家的整体利益,同各种本位主义和一切违法乱纪行为作斗争。针对会计的这一工作特点,国家对会计人员,特别是对会计机构负责人和会计主管人员的任免,作出了若干特殊的规定,其主要内容包括:

(1) 国家企事业单位的会计机构负责人、会计主管人员的任免,应当经过上级主管单位同意,不得任意调动或撤换。各单位应该按照干部管理权限任命会计机构负责人和会计主管人员,在任命这些人员时应先由本单位行政领导人提名报上级主管单位,上级主管单位的人事和会计部门对提名进行协商、考核,并经行政领导人同意后,即可通知上报单位按规定任免。

(2) 会计人员在工作过程中忠于职守、坚持原则而受到错误处理的,上级主管单位应当责成所在单位予以纠正。会计人员在工作过程中玩忽职守、丧失原则,不宜担任会计工作的,上级主管单位应责成所在单位予以撤换。对于认真执行《会计法》,忠于职守,作出显著成绩的会计人员,应给予精神的或物质的奖励。

关于会计机构和会计人员的具体规定请参看附录二《会计基础工作规范》。

第四节 会 计 档 案

会计档案是指会计凭证、会计账簿和财务会计报表等会计核算专业资料,是记录和反映单位经济业务的重要史料和证据。《会计法》第二十三条规定:“各单位对会计凭证、会计账簿、财务会计报表和其他会计资料应当建立档案,妥善保管。会计档案的保管期限和销毁办法,由国务院财政部门会同有关部门制定。”

一、会计档案的种类

按照财政部和国家档案局 2015 年新发布的《会计档案管理办法》第六条的规定,会计档案具体包括：

(1) 会计凭证类，包括原始凭证、记账凭证。

(2) 会计账簿类，包括总账、明细账、日记账、固定资产卡片、辅助账簿以及其他会计账簿。

(3) 财务会计报告类，包括月度、季度、半年度、年度财务会计报告。

(4) 其他类，包括银行存款余额调节表、银行对账单、纳税申报表、会计档案移交清册、会计档案保管清册、会计档案销毁清册、会计档案鉴定意见书及其他具有保存价值的会计资料。

单位可以利用计算机、网络通信等信息技术手段管理会计档案。

会计档案是经济业务的历史记录，是总结经验、进行决策必不可少的重要资料，也是进行财务、审计检查的重要依据。它既是各单位的重要档案之一，也是国家档案的重要组成部分。各单位都必须认真做好会计档案的管理工作。

二、会计档案的管理

为了加强会计档案的管理，统一全国的会计档案制度，财政部和国家档案局于2015年12月发布了新的《会计档案管理办法》，统一规定了会计档案的立卷、归档、保管、调阅和销毁办法。各单位应根据国家的统一规定，制定和实施本单位具体的管理办法。

会计档案管理的主要内容如下。

(一) 关于会计档案工作的领导

各单位必须加强对会计档案管理工作的领导，建立会计档案的立卷、归档、保管、查阅和销毁等管理制度，保证会计档案妥善保管、有序存放、方便查阅，严防毁损、散失和泄密。

(二) 关于会计档案的形成

单位的会计机构或会计人员所属机构（以下统称单位会计管理机构）按照归档范围和归档要求，负责定期将应当归档的会计资料整理立卷，编制会计档案保管清册。

当年形成的会计档案，在会计年度终了后，可由单位会计管理机构临时保管1年，再移交单位档案管理机构保管。因工作需要确需推迟移交的，应当经单位档案管理机构同意。

单位会计管理机构临时保管会计档案最长不超过3年。临时保管期间，会计档案的保管应当符合国家档案管理的有关规定，且出纳人员不得兼管会计档案。

单位会计管理机构在办理会计档案移交时，应当编制会计档案移交清册，并按照国家档案管理的有关规定办理移交手续。

纸质会计档案移交时应当保持原卷的封装。电子会计档案移交时应当将电子会计档案及其元数据一并移交，且文件格式应当符合国家档案管理的有关规定。特殊格式的电子会计档案应当与其读取平台一并移交。

（三）关于会计档案的查阅、复制

各单位应当建立健全会计档案查阅、复制登记制度。

单位应当严格按照相关制度利用会计档案，在进行会计档案查阅、复制、借出时履行登记手续，严禁篡改和损坏。

单位保存的会计档案一般不得对外借出。确因工作需要且根据国家有关规定必须借出的，应当严格按照规定办理相关手续。

会计档案借用单位应当妥善保管和利用借入的会计档案，确保借入会计档案的安全完整，并在规定时间内归还。

（四）关于会计档案的保管期限

会计档案的保管期限分为永久、定期两类。定期保管期限一般分为10年和30年。保管期限从会计年度终了后的第一天算起。

会计档案的保管期限，从会计年度终了后的第一天算起。

按照《会计档案管理办法》第十五条规定：会计档案保管期限为最低保管期限，各类会计档案的具体保管期限，原则上应当按照《会计档案保管办法》附表（即会计档案保管期限表）所列的期限执行。各单位会计档案的具体名称如有同《会计档案保管期限表》所列档案名称不相符的，应当比照类似档案的保管期限办理。

（五）关于会计档案保管期满后的处理

会计档案保管期满之后，应有单位定期对已到保管期限的会计档案进行鉴定，并形成会计档案鉴定意见书。经鉴定，仍需继续保存的会计档案，应当重新划定保管期限；对保管期满，确无保存价值的会计档案，可以销毁。

会计档案鉴定工作应当由单位档案管理机构牵头，组织单位会计、审计、纪检监察等机构或人员共同进行。

经鉴定可以销毁的会计档案，应当按照以下程序销毁：

（1）单位档案管理机构编制会计档案销毁清册，列明拟销毁会计档案的名称、卷号、册数、起止年度、档案编号、应保管期限、已保管期限和销毁时间等内容。

（2）单位负责人、档案管理机构负责人、会计管理机构负责人、档案管理机构经办人、会计管理机构经办人在会计档案销毁清册上签署意见。

（3）单位档案管理机构负责组织会计档案销毁工作，并与会计管理机构共同派员监销。监销人在会计档案销毁前，应当按照会计档案销毁清册所列内容进行清点核对；在会计档案销毁后，应当在会计档案销毁清册上签名或盖章。

电子会计档案的销毁还应当符合国家有关电子档案的规定，并由单位档案管理机构、会计管理机构和信息系统管理机构共同派员监销。

保管期满但未结清的债权债务会计凭证和涉及其他未了事项的会计凭证不得销毁，纸质会计档案应当单独抽出立卷，电子会计档案单独转存，保管到未了事项完结时为止。

单独抽出立卷或转存的会计档案，应当在会计档案鉴定意见书、会计档案销毁清册和会计档案保管清册中列明。

(六) 关于使用电子计算机进行会计核算的会计档案管理

单位可以利用计算机、网络通信等信息技术手段管理会计档案。

同时满足下列条件的,单位内部形成的属于归档范围的电子会计资料可仅以电子形式保存,形成电子会计档案:

(1) 形成的电子会计资料来源真实有效,由计算机等电子设备形成和传输。

(2) 使用的会计核算系统能够准确、完整、有效接收和读取电子会计资料,能够输出符合国家标准归档格式的会计凭证、会计账簿、财务会计报表等会计资料,设定了经办、审核、审批等必要的审签程序。

(3) 使用的电子档案管理系统能够有效接收、管理、利用电子会计档案,符合电子档案的长期保管要求,并建立了电子会计档案与相关联的其他纸质会计档案的检索关系。

(4) 采取有效措施,防止电子会计档案被篡改。

(5) 建立电子会计档案备份制度,能够有效防范自然灾害、意外事故和人为破坏的影响。

(6) 形成的电子会计资料不属于具有永久保存价值或者其他重要保存价值的会计档案。

满足以上规定条件,单位从外部接收的电子会计资料附有符合《中华人民共和国电子签名法》规定的电子签名的,可仅以电子形式归档保存,形成电子会计档案。

(七) 关于单位变更以后的会计档案管理

(1) 单位因撤销、解散、破产或者其他原因而终止的,在终止和办理注销登记手续之前形成的会计档案,按照国家档案管理的有关规定处置。

(2) 单位分立后原单位存续的,其会计档案应当由分立后的存续方统一保管,其他方可查阅、复制与其业务相关的会计档案;单位分立后原单位解散的,其会计档案应当经各方协商后由其中一方代管或按照国家档案管理的有关规定处置,各方可以查阅、复制与其业务相关的会计档案;单位分立中未结清的会计事项所涉及的原始凭证,应当单独抽出由业务相关方保存,并按规定办理交接手续。

单位因业务移交其他单位办理所涉及的会计档案,应当由原单位保管,承接业务单位可查阅、复制与其业务相关的会计档案,对其中未结清的会计事项所涉及的原始凭证,应当单独抽出由承接业务单位保存,并按照规定办理交接手续。

(3) 单位合并后原各单位解散或者一方存续其他方解散的,原各单位的会计档案应当由合并后的单位统一保管。单位合并后原各单位仍存续的,其会计档案仍应当由原各单位保管。

(4) 建设单位在项目建设期间形成的会计档案,需要移交给建设项目接受单位的,应当在办理竣工财务决算后及时移交,并按照规定办理交接手续。

(八) 关于会计档案的交接

单位之间交接会计档案的,交接双方应当办理会计档案交接手续。

移交会计档案的单位,应当编制会计档案移交清册,列明应当移交的会计档案名称、卷号、册数、起止年度和档案编号、应保管期限、已保管期限等内容。

交接会计档案时，交接双方应当按照会计档案移交清册所列内容逐项交接，并由交接双方的单位有关负责人负责监督。交接完毕后，交接双方经办人和监督人应当在会计档案移交清册上签名或盖章。

电子会计档案应当与其元数据一并移交，特殊格式的电子会计档案应当与其读取平台一并移交。档案接受单位应当对保存电子会计档案的载体及其技术环境进行检验，确保所接收电子会计档案的准确、完整、可用和安全。

课后练习题

一、名词解释

集中核算　非集中核算 会计机构　会计人员　会计档案

二、单项选择题

1.《会计法》明确规定管理全国会计工作的部门是(　　)。

A. 国务院　B. 财政部　C. 全国人民代表大会　D. 注册会计师协会

2. 我国现行会计法规体系的最高层次是(　　)。

A.《企业会计制度》　B.《企业财务通则》　C.《企业会计准则》　D.《会计法》

3. 根据我国《会计法》的规定，会计人员对记载不准确、不完整的原始凭证应(　　)。

A. 予以退回　B. 更正补充　C. 不予受理　D. 无权自行处理

4. 企业年度会计报表的保管期限为(　　)。

A. 10 年　B. 15 年　C. 永久　D. 25 年

5. 在大中型企业中，领导和组织会计工作的是(　　)。

A. 厂长　B. 注册会计师　C. 高级会计师　D. 总会计师

6. 采用集中核算形式，整个企业的会计核算工作主要集中在(　　)进行。

A. 企业的会计部门　B. 企业内部的各职能部门　C. 上级主管部门　D. 会计师事务所

7. 企业单位记账凭证和原始凭证的保管年限是(　　)。

A. 10 年　B. 15 年　C. 30 年　D. 永久

8. 会计人员专业技术职务主要包括(　　)。

A. 高级会计师、总会计师、会计师、助理会计师

B. 总会计师、高级会计师、注册会计师、会计师

C. 注册会计师、高级会计师、会计师、会计员

D. 高级会计师、会计师、助理会计师、会计员

9. 会计工作组织形式一般分为(　　)。

A. 集中核算和分散核算　B. 永续盘存制和实地盘存制　C. 应计制和现金制　D. 确认、计量、记录和报告

10. 在一些规模小、会计业务简单的单位，可以（　　）。
A. 单独设置会计机构
B. 在有关机构中配备专职会计人员
C. 在单位领导机构中设置会计人员
D. 不进行会计核算

三、多项选择题

1. 属于永久保管的会计档案的有（　　）。
A. 年度财务会计报告
B. 季度财务会计报告
C. 总账和明细账
D. 会计档案保管清册
E. 会计档案销毁清册
2. 会计核算工作组织形式包括（　　）。
A. 全面核算　B. 专业核算　C. 群众核算　D. 集中核算
E. 非集中核算
3. 会计档案是记录和反映单位经济业务的重要史料和证据，下列属于会计档案的有（　　）。
A. 总分类账
B. 原始凭证
C. 产品成本计划表
D. 银行对账单
E. 固定资产卡片
4. 会计工作组织的内容包括（　　）。
A. 会计机构的设置
B. 会计人员的配备
C. 会计档案的保管
D. 会计人员的培训
E. 会计规范的制定与执行
5. 会计法规定会计人员的主要职责有（　　）。
A. 进行会计核算
B. 会计监督
C. 经营决策
D. 保管会计资料
E. 进行商业谈判
6. 会计法规包括（　　）。
A. 会计法
B. 会计准则
C. 会计制度
D. 其他有关法规
E. 企业财经制度
7. 下列属于会计执业资格的有（　　）。
A. 会计师　B. 注册会计师　C. 会计员　D. 总会计师
E. 高级会计师
8. 下列属于会计人员违法行为的有（　　）。
A. 伪造、变造、编制虚假会计资料
B. 隐匿或故意销毁应依法保存的会计资料
C. 不依法进行会计核算和监督
D. 按规定发布企业会计信息
E. 随意丢失会计档案
9. 下列关于总会计师表述正确的有（　　）。
A. 它是一个专业技术资格
B. 它是一个行政职务
C. 它是一个会计职称
D. 必须由会计师以上专业技术资格的人员担任

E. 总会计师直接对单位行政领导人负责

10. 会计档案的定期保管期限有( )年。

A. 5　　B. 10　　C. 15　　D. 20

E. 30

四、判断题

1. 会计人员有权参与单位编制计划、制定定额、签订经济合同,参加有关的生产经营管理会议。( )
2. 会计法是我国会计法律规范体系的最高层次,是制定其他会计法规的依据,也是指导会计工作的最高准则。( )
3. 会计档案中的总分类账属于重要档案,其保管年限统一为15年。( )
4. 无论是采用集中核算还是非集中核算,企业所属各车间、部门一般不能与外单位直接发生经济往来。( )
5. 《会计法》规定,任何企业单位都必须设置总会计师,其任职资格、任免程序、职责权限由国务院统一规定。( )
6. 为了便于查阅历史证据,企业各种会计资料应永久保存。( )
7. 一个实行独立核算的单位,其工作组织形式既可以选择集中核算形式,也可以选择非集中核算形式。( )
8. 《会计法》明确规定,国务院直接管理全国各地区的会计工作。( )
9. 银行对账单不属于会计凭证,因而也就不属于会计档案。( )
10. 组织会计工作的统一性要求是指组织会计工作必须适应本单位经营管理的特点。( )

五、简答题

1. 合理组织会计工作的意义是什么?
2. 组织会计工作应遵循哪些基本要求?
3. 会计机构的组织形式有哪几种?
4. 我国有关会计法规对会计人员的职责和权限是如何规定的?
5. 什么是会计档案?各种会计档案的保管期限是如何规定的?

课后练习题参考答案

第一章　导　　论

一、名词解释

（略）

二、单项选择题

1. C	2. B	3. A	4. C	5. B
6. B	7. C	8. C	9. D	10. D

三、多项选择题

1. ABC	2. ACDE	3. AC	4. ABCE	5. ABC
6. AD	7. BC	8. AC	9. BCD	10. ABCD

四、判断题

1. ×	2. √	3. √	4. √	5. ×
6. √	7. √	8. ×	9. ×	10. √

五、简答题

（略）

第二章　会计科目和账户

一、名词解释

（略）

二、单项选择题

1. A	2. B	3. D	4. A	5. C
6. D	7. B	8. C	9. B	10. A

三、多项选择题

1. ACD	2. ABCDE	3. ABCD	4. AB	5. ABC
6. ACDE	7. ABCDE	8. ABCE	9. BDE	10. BC

四、判断题

1. ×	2. √	3. ×	4. √	5. ×

五、简答题

（略）

六、业务题

业务题一

要求：指出哪些项目属于资产，哪些项目属于负债或所有者权益。

序号	项目	具体项目
1	资产	库存现金、银行存款、交易性金融资产、无形资产
2	负债	应付账款、短期借款、应付票据
3	所有者权益	实收资本、资本公积

业务题二

要求：

1. 根据资料分别确定所属的会计要素类别。
2. 分别加计资产、负债及所有者权益总额，并对结果作简要说明。

资产		负债		所有者权益	
库存的现金	9 800	向银行借入的短期借款	1 000 000	投资者投入的资金	1 800 000
在银行的存款余额	1 630 000	应付给某公司的欠款	500 000		
办公室的文件柜等家具	68 200				
应向某公司收取的账款	370 000				
库存的各种材料价值	22 000				
机器设备等价值	320 000				
运输用的各种车辆价值	880 000				
小　计	3 300 000	小　计	1 500 000	小　计	1 800 000

说明：该企业20××年3月31日的财务状况为：资产总额为3 300 000元，负债总额为1 500 000元，所有者权益总额为1 800 000元。其中负债总额1 500 000元加所有者权益总额为1 800 000元，总计为3 300 000元，正好与资产总额3 300 000元相等。符合“资产＝负债＋所有者权益”的平衡关系。

业务题三

要求：将所列各项按所属会计要素类别填入相关栏内，并分别计算其合计数。

序号	项目	金额	资产	负债	所有者权益
1	仓库中存放的产成品	160 000	160 000		

（续表）

序号	项目	金额	资产	负债	所有者权益
2	尚未缴纳的税金	46 000		46 000	
3	还在加工中的产品	380 000	380 000		
4	从银行取得的短期借款	540 000		540 000	
5	制造产品用的车间厂房	480 000	480 000		
6	运输用的汽车	260 000	260 000		
7	仓库中的原材料	340 000	340 000		
8	国家对本公司的投资	1 800 000			1 800 000
9	财会部门用的电脑	130 000	130 000		
10	生产用的机器设备	1 000 000	1 000 000		
11	欠红星工厂的材料价款	220 000		220 000	
12	外单位对本公司的投资	800 000			800 000
13	办公楼	420 000	420 000		
14	存入银行的资金	340 000	340 000		
15	本月实现的利润	242 000			242 000
16	库存现金	1 600	1 600		
17	出租包装物收取的押金	5 600		5 600	
18	采购人员预借的差旅费	2 000	2 000		
19	尚未收回的外单位欠款	140 000	140 000		
	合　计		3 653 600	811 600	2 842 000

业务题四

要求：分析所列各项经济业务的类型，填入下表。

类　型	经济业务序号
1. 一项资产增加，另一项资产减少	1、5
2. 一项所有者权益增加，另一项所有者权益减少	7
3. 一项资产增加，一项负债增加	6
4. 一项资产增加，一项所有者权益增加	4
5. 一项资产减少，一项负债减少	2、3

业务题五

要求：将资产、负债和所有者权益各项目的7月月初金额和月份内增减变化的金额填入下表，同时计算各项目的期末余额和合计数（为简化手续，暂不使用“材料采购”和“应交税金”科目）。

资产	期初数	本月增加数	本月减少数	月末余额	负债及所有者权益	期初数	本月增加数	本月减少数	月末余额
库存现金	2 000	2 000	1 000	3 000	负债：				
银行存款	126 000	100 000 300 000 15 000	50 000 2 000 10 000 8 000	471 000	短期借款	200 000	100 000		300 000
应收账款	28 000		15 000	13 000	应付账款	50 000	50 000	50 000	50 000
其他应收款	4 000	1 000		5 000	应付职工薪酬	10 000		10 000	0
原材料	200 000	50 000	60 000	190 000	负债合计	260 000	150 000	60 000	350 000
生产成本	290 000	60 000		350 000	所有者权益：				
库存商品	50 000			50 000	实收资本	1 200 000	300 000		1 500 000
固定资产	900 000	8 000		908 000	盈余公积	100 000			100 000
					未分配利润	40 000			40 000
					所有者权益合计	1 340 000	300 000		1 640 000
总　计	1 600 000	536 000	146 000	1 990 000	总　计	1 600 000	450 000	60 000	1 990 000

业务题六

要求：

1. 根据上述资料，用文字说明该工业企业本月份发生的五笔经济业务内容。
2. 计算并说明五笔经济业务对资产、负债及所有者权益增减变动的影响。

	资　　产				＝负债	＋所有者权益
	库存现金	银行存款	原材料	固定资产	应付账款	实收资本
期初：	800	7 900	2 800	16 500	14 000	14 000
业务 1		－40 000		＋40 000		
内容说明及对资产、负债及所有者权益增减变动的影响	这是企业发生的一项用银行存款 40 000 元购买了固定资产的经济业务。 该笔业务涉及企业一项资产（银行存款）增加了 40 000 元和另一项资产（固定资产）减少了 40 000 元，是资产内部项目以相等的金额一增一减					
业务 2		－1 000			－1 000	
内容说明及对资产、负债及所有者权益增减变动的影响	这是企业发生的一项用银行存款 1 000 元支付前欠的应付账款业务。 该笔业务涉及企业一项资产（银行存款）减少了 1 000 元和一项负债（应付账款）同时减少了 1 000 元，是一项资产和一项负债以相等的金额同时减少					
业务 3				＋6 000		＋6 000
内容说明及对资产、负债及所有者权益增减变动的影响	（略）					

（续表）

资　　产					=负债	+所有者权益
业务 4					−8 500	+8 500
内容说明及对资产、负债及所有者权益增减变动的影响	（略）					
业务 5		−2 000	+3 600		+1 600	
内容说明及对资产、负债及所有者权益增减变动的影响	这是企业发生的一项购买 3 600 元原材料，其中用银行存款支付了 2 000 元，另外赊欠（应付账款）1 600 元的经济业务。 该笔业务涉及企业一项资产（原材料）增加了 3 600 元和另一项资产（银行存款）减少了 2 000 元以及一项负债（应付账款）增加了 1 600 元，是一项资产和另一项资产减少，同时使一项负债增加的复合经济业务					

业务题七

要求：所列会计科目中哪些属于一级科目？哪些属于二级科目？哪些属于明细科目？将它们列示于下表。

一级总账科目	二级子目	三级细目
1. 原材料	14. 基本生产成本	3. B 产品生产成本
2. 短期借款	18. 生产用固定资产	4. 应收乙公司货款
8. 应付账款	22. 辅助生产成本	5. 原料及主要材料
10. 固定资产		6. 辅助材料
13. 生产成本		7. 应付丙工厂货款
21. 应收账款		9. 应付子公司货款
25. 应交税费		11. 甲材料
		12. 乙材料
		15. 润滑油
		16. 运输工具
		17. 生产用房
		19. A 产品生产成本
		20. 机器设备
		23. 应收甲公司货款
		24. 应交增值税

第三章 复式记账

一、名词解释

（略）

二、单项选择题

1. D	2. A	3. A	4. B	5. A
6. A	7. B	8. B	9. B	10. C

三、多项选择题

1. BCD	2. ABDE	3. ABCE	4. DE	5. ABCDE
6. BDE	7. BCD	8. BD	9. ACD	10. ACD

四、判断题

1. √	2. ×	3. √	4. √	5. √

五、简答题

（略）

六、业务题

业务题一

要求：编制上述经济业务的会计分录。

1. 借：银行存款 70 000
　　贷：实收资本 70 000

2. 借：银行存款 40 000
　　贷：短期借款 40 000

3. 借：固定资产 84 000
　　贷：实收资本——大发公司 84 000

4. 借：银行存款 3 000
　　贷：库存现金 3 000

5. 借：应付账款——宏伟公司 26 000
　　贷：银行存款 26 000

6. 借：银行存款 5 000
　　贷：应收账款——长江公司 5 000

7. 借：原材料 7 000
　　贷：银行存款 7 000

8. 借：生产成本 9 000
　　贷：原材料 9 000

9．借：库存现金　　2 000
　　贷：银行存款　　2 000

10．借：短期借款　　30 000
　　贷：银行存款　　30 000

11．借：原材料　　25 000
　　贷：应付账款——水大公司　　25 000

业务题二

要求：根据上述资料开设总分类账户。

总分类账户

库存现金

借方	贷方
期初余额 5 400	

银行存款

借方	贷方
期初余额 8 000	

应收账款

借方	贷方
期初余额 5 000	

原材料

借方	贷方
期初余额 4 000	

库存商品

借方	贷方
期初余额 1 000	

固定资产

借方	贷方
期初余额 97 000	

短期借款

借方	贷方
	期初余额 30 000

应付账款

借方	贷方
	期初余额 28 000

实收资本

借方	贷方
	期初余额 62 400

生产成本

借方	贷方

业务题三

要求：根据会计分录登记总分类账户（登记在业务题二开设的账户上）

总分类账户

借方 **库存现金** 贷方

期初余额	5 400		
(9)	2 000	(4)	3 000
本期发生额	2 000	本期发生额	3 000
期末余额	4 400		

借方 **银行存款** 贷方

期初余额	8 000		
(1)	70 000	(5)	26 000
(2)	40 000	(7)	7 000
(4)	3 000	(9)	2 000
(6)	5 000	(10)	30 000
本期发生额	118 000	本期发生额	65 000
期末余额	61 000		

借方 **应收账款** 贷方

期初余额	5 000		
		(6)	5 000
		本期发生额	5 000

借方 **原材料** 贷方

期初余额	4 000		
(7)	7 000	(8)	9 000
(11)	25 000		
本期发生额	32 000	本期发生额	9 000
期末余额	27 00		

借方 **库存商品** 贷方

期初余额	1 000		

借方 **固定资产** 贷方

期初余额	97 000		
(3)	84 000		
本期发生额	84 000		
期末余额	181 000		

借方 **短期借款** 贷方

		期初余额	30 000
(10)	30 000	(2)	40 000
本期发生额	30 000	本期发生额	40 000
		期末余额	40 000

借方 **应付账款** 贷方

		期初余额	28 000
(5)	26 000	(11)	25 000
本期发生额	26 000	本期发生额	25 000
		期末余额	27 000

借方 **实收资本** 贷方

		期初余额	62 400
		(1)	70 000
		(3)	84 000
		本期发生额	154 000
		期末余额	216 400

借方 **生产成本** 贷方

(8)	9 000		
本期发生额	9 000		
期末余额	9 000		

业务题四

要求：根据总分类账户，编制“试算平衡表”。

总分类账户发生额和余额试算平衡表

账户名称	期初余额		本期发生额		期末余额	
	借方	贷方	借方	贷方	借方	贷方
库存现金	5 400		2 000	3 000	4 400	
银行存款	8 000		118 000	65 000	61 000	
应收账款	5 000			5 000		
原材料	4 000		32 000	9 000	27 000	
库存商品	1 000				1 000	
固定资产	97 000		84 000		181 000	
短期借款		30 000	30 000	40 000		40 000
应付账款		28 000	26 000	25 000		27 000
实收资本		62 400		154 000		216 400
生产成本			9 000		9 000	
合　计	120 400	120 400	301 000	301 000	283 400	283 400

业务题五

要求：

1. 根据账户期初余额，开设“原材料”“应付账款”总分类账户和明细分类账户。
2. 根据经济业务，编制会计分录。
3. 根据会计分录，登记“原材料”“应付账款”总分类账户和明细分类账户。

（一）会计分录

（1）借：应付账款——宏伟公司　　2 000
　　贷：银行存款　　2 000

（2）借：原材料——甲材料　　3 000
　　贷：应付账款——龙江公司　　3 000

（3）借：生产成本——A 产品　　7 400
　　贷：原材料——甲材料　　6 000
　　　　——乙材料　　1400

（4）借：应付账款——龙江公司　　2 500
　　贷：银行存款　　2 500

（5）借：原材料——甲材料　　1 500
　　——乙材料　　3 200
　　贷：应付账款——宏伟公司　　4 700

（6）借：生产成本——B 产品　　2 000
　　贷：原材料——甲材料　　2 000

（7）借：应付账款——宏伟公司　　5 000
　　贷：银行存款　　5 000

（二）总分类账和明细分类账的平行登记

总 分 类 账

会计科目：原材料　　　　单位：元

2020 年		凭证号	摘要	借方	贷方	借或贷	余额
月	日						
3	1		期初余额			借	6 000
	5	业务题 2	采购甲材料	3 000		借	9 000
	6	业务题 3	生产领用甲、乙材料		7 400	借	1 600
	10	业务题 5	采购甲、乙材料	4 700		借	6 300
	15	业务题 6	生产领用甲材料		2 000	借	4 300
	31		月结	7 700	9 400	借	4 300

材料明细分类账

金额单位：元

明细科目：原材料——甲材料　　　　计量单位：千克

2020 年		凭证号	摘要	单价	收入		发出		结存	
月	日				数量	金额	数量	金额	数量	金额
3	1		月初余额	10					400	4 000
	5	业务题 2	采购	10	300	3 000			700	7 000
	6	业务题 3	生产领用	10			600	6 000	100	1 000
	10	业务题 5	采购	10	150	1 500			250	2 500
	15	业务题 6	生产领用	10			200	2 000	50	500
	31		月结		450	4 500	800	8 000	50	500

材料明细分类账

金额单位：元

明细科目：原材料——乙材料　　　　计量单位：千克

2020 年		凭证号	摘要	单价	收入		发出		结存	
月	日				数量	金额	数量	金额	数量	金额
3	1		月初余额	4					500	2 000
	6	业务题 3	生产领用	4			350	1 400	150	600
	10	业务题 5	采购	4	800	3 200			950	3 800
	31		月结	4	800	3 200	350	1 400	950	3 800

总 分 类 账 户

会计科目:应付账款

2020 年		凭证号	摘要	借方	贷方	借或贷	余额
月	日						
3	1		月初余额			贷	4 000
	2	业务题 1	还欠款	2 000		贷	2 000
	5	业务题 2	欠料款		3 000	贷	5 000
	6	业务题 4	还欠款	2 500		贷	2 500
	10	业务题 5	欠料款		4 700	贷	700
	20	业务题 7	还欠款	5 000		贷	2 200
	31		月结	9 500	7 700	贷	2 200

应付账款明细分类账户

明细科目:应付账款——宏伟公司

2020 年		凭证号	摘要	借方	贷方	借或贷	余额
月	日						
3	1		月初余额			贷	3 000
	2	业务题 1	还欠款	2 000		贷	1 000
	10	业务题 5	欠料款		4 700	贷	5 700
	20	业务题 7	还欠款	5 000		贷	700
	31		月结	7 000	4 700	贷	700

应付账款明细分类账户

明细科目:应付账款——龙江公司

2020 年		凭证号	摘要	借方	贷方	借或贷	余额
月	日						
3	1		月初余额			贷	1 000
	5	业务题 2	欠料款		3 000	贷	4 000
	6	业务题 4	还欠款	2 500		贷	1 500
	31		月结	2 500	3 000	贷	1 500

业务题六

要求:

1. 根据上述资料,编制“原材料”“应付账款”明细分类账户发生额和余额明细表。

2. 明细分类账户发生额和余额明细表合计数与有关总分类账户月结数核对，检查总分类账与明细账平行登记是否相符。

原材料明细分类账户发生额和余额明细表

2020 年 3 月

明细科目	计量单位	单价	月初余额		本期发生额				月末余额	
					收入		发出			
			数量	金额	数量	金额	数量	金额	数量	金额
甲材料	千克	10	400	4 000	450	4 500	800	8 000	50	500
乙材料	千克	4	500	2 000	800	3 200	350	1 400	950	3 800
合　计				6 000		7 700		9 400		4 300

应付账款明细分类账户发生额和余额明细表

2020 年 3 月

明细科目	月初余额		本期发生额		月末余额	
	借方	贷方	借方	贷方	借方	贷方
宏伟公司		3 000	7 000	4 700		700
龙江公司		1 000	2 500	3 000		1 500
合　计		4 000	9 500	7 700		2 200

第四章　账户与复式记账法的运用

一、名词解释

（略）

二、单项选择题

1. D	2. B	3. A	4. B	5. A

三、多项选择题

1. ABC	2. ABD	3. ABC	4. BC	5. AC

四、判断题

1. ×	2. ×	3. ×	4. √	5. ×

五、简答题

（略）

六、业务题

业务题一

要求:根据上述经济业务编制相关会计分录。

(1)借:生产成本——A产品　400 000
　　　　　　　——B产品　200 000
　　贷:原材料——甲材料　400 000
　　　　　　　——乙材料　200 000

(2)借:生产成本——A产品　300 000
　　　　　　　——B产品　150 000
　　　制造费用　30 000
　　　管理费用　50 000
　　贷:应付职工薪酬——工资　530 000

(3)借:生产成本——A产品　42 000
　　　　　　　——B产品　21 000
　　　制造费用　4 200
　　　管理费用　7 000
　　贷:应付职工薪酬——福利费　74 200

(4)借:制造费用　100 000
　　　管理费用　10 000
　　贷:累计折旧　110 000

(5)借:生产成本——A产品　100 000
　　　　　　　——B产品　50 000
　　贷:制造费用　150 000

(6)借:库存商品——A产品　842 000
　　　　　　　——B产品　421 000
　　贷:生产成本——A产品　842 000
　　　　　　　　——B产品　421 000

业务题二

要求:编制上述经济业务的会计分录。

(1)借:银行存款　150 000
　　贷:实收资本　150 000

(2)借:银行存款　50 000
　　贷:短期借款　50 000

(3)借:生产成本——A产品　78 000
　　　　　　　——B产品　42 000
　　　制造费用　18 000
　　　管理费用　30 000
　　贷:应付职工薪酬　168 000

(4) 借：生产成本——A产品　25 740
　　　　　　——B产品　13 860
　　贷：制造费用　39 600

制造费用分配率=39 600÷(78 000+42 000)=0.33

A产品应分摊的制造费用=0.33×78 000=25 740(元)

B产品应分摊的制造费用=0.33×42 000=13 860(元)

(5) 借：库存商品——A产品　19 332
　　　　　　——B产品　12 085
　　贷：生产成本——A产品　19 332
　　　　　　——B产品　12 085

(6) 借：税金及附加　1 200
　　贷：应交税费——应交城建税　700
　　　　　　——应交教育费附加　500

(7) 借：主营业务成本——A产品　33 000
　　　　　　——B产品　22 000
　　贷：库存商品——A产品　33 000
　　　　　　——B产品　22 000

(8) 应交所得税费用=91 800×25%=22 950(元)

A 借：所得税费用　22 950
　　贷：应交税费——应交所得税　22 950

B 借：本年利润　22 950
　　贷：所得税费用　22 950

(9) 净利润=91 800−22 950=68 850(元)

应提取法定盈余公积=68 850×10%=6 885(元)

借：利润分配——提取法定盈余公积　6 885
　贷：盈余公积　6 885

业务题三

要求：根据上述经济业务，编制相关会计分录。

(1) 借：原材料　100 500
　　应交税款——应交增值税(进项税额)　13 000
　　贷：应付账款——A公司　113 500

(2) 借：应付账款——A公司　113 500
　　贷：银行存款　113 500

(3) 借：制造费用　42 000
　　管理费用　16 000
　　贷：应付账款——供电部门　58 000

(4) 借：银行存款　135 600
　　贷：预收款项——D公司　135 600

借:预收款项——D公司　227 000
　贷:主营业务收入　200 000
　　应交税费——应交增值税(销项税额)　26 000
　　银行存款　1 000

(5) 借:银行存款　10 000
　贷:其他应付款——存入保证金　10 000

(6) 借:应付账款——B公司　2 000
　贷:银行存款　2 000

业务题四

要求:根据上述经济业务编制相关会计分录。

(1) 借:其他应收款——备用金(张正)　25 000
　贷:库存现金　25 000

(2) 借:银行存款　6 000
　贷:其他应付款——甲企业　6 000

(3) 借:应收账款——乙企业　136 200
　贷:主营业务收入　120 000
　　应交税费——应交增值税(销项税额)　15 600
　　银行存款　600

(4) 借:应收账款——丙企业　237 300
　贷:主营业务收入　210 000
　　应交税费——应交增值税(销项税额)　27 300

(5) 借:管理费用　24 500
　贷:库存现金　24 500

(6) 借:其他应付款——甲企业　6 000
　贷:银行存款　6 000

(7) 借:银行存款　95 340
　贷:应收账款——乙企业　95 340

(8) 借:应收账款——乙企业　113 000
　贷:主营业务收入　100 000
　　应交税费——应交增值税(销项税额)　13 000

(9) 借:银行存款　113 000
　贷:应收账款——乙企业　113 000

业务题五

要求:编制上述经济业务相关的会计分录。

(1) 7月5日,借:原材料——甲材料　102 000
　　应交税费——应交增值税(进项税额)　13 260
　　贷:银行存款　115 260

(2) 7月6日,借:预付款项——A公司　60 750
　　贷:银行存款　60 750

(3) 7 月 8 日，借：原材料——甲材料　128 000
应交税费——应交增值税(进项税额)　16 640
贷：实收资本　144 640

(4) 7 月 12 日，借：在途物资——甲材料　16 000
应交税费——应交增值税(进项税额)　2 080
贷：银行存款(或应付账款)　18 080

(5) 7 月 20 日，借：原材料——甲材料　21 600
应交税费——应交增值税(进项税额)　2 808
贷：应付账款　24 408

(6) 7 月 30 日，借：原材料——甲材料　135 000
应交税费——应交增值税(进项税额)　17 550
贷：预付款项——A 公司　152 550
借：预付款项——A 公司　91 800
贷：银行存款　91 800

第五章　成 本 计 算

一、名词解释

(略)

二、单项选择题

1. D	2. D	3. B	4. D	5. B
6. A	7. A	8. C	9. B	10. A

三、多项选择题

1. BCD	2. ABD	3. ACD	4. AC	5. ACD
6. ACD	7. ABC	8. AD	9. BC	10. ABCD

四、判断题

1. ×	2. √	3. ×	4. ×	5. ×

五、简答题

(略)

六、业务题

业务题一

要求：根据某制造企业(该企业系小规模纳税人)2020 年 6 月份业务资料编制会计分录。

1. 会计分录：

(1) 借：生产成本——A　27 500
——B　15 000
制造费用——甲材料　5 000
贷：原材料——甲材料　35 000
——乙材料　12 500

(2) 借：生产成本——A　　10 000
　　　　　　　——B　　5 000
　　制造费用——工资　　3 000
　　贷：应付职工薪酬——工资　　18 000

(3) 借：制造费用——折旧费　　10 000
　　管理费用——折旧费　　2 000
　　贷：累计折旧　　12 000

(4) 借：制造费用——办公费　　1 000
　　管理费用——办公费　　3 000
　　贷：银行存款　　4 000

(5) 借：生产成本——A　　1 000
　　　　　　　——B　　600
　　制造费用——电费　　800
　　贷：银行存款　　2 400

(6) 借：生产成本——A　　13 200
　　　　　　　——B　　6 600
　　贷：制造费用　　19 800

(7) 借：库存商品——A　　50 700
　　贷：生产成本——A　　50 700

(8) 借：主营业务成本——A　　30 420
　　贷：库存商品——A　　30 420

2. 制造费用分配表和产品生产成本计算表。

制造费用分配表

产品名称	分配标准(生产工人工资)	分配率	分配额(元)
A产品	10 000		13 200
B产品	5 000		6 600
合计	15 000	1.32	19 800

产品生产成本计算表

单位：元

成本项目	A产品(500件)	
	总成本	单位成本
直接材料	27 500	55
直接人工	10 000	20
制造费用	13 200	26.4
成本合计	50 700	101.4

业务题二

要求：

1. 假定你是海大公司的总账会计，请分别采用加权平均法和先进先出法，计算 2020 年 11 月份发出存货成本和月末结存成本。

2. 公司管理层估计，由于物价上涨等因素的影响，2021 年存货价格不可避免地将有大幅度上涨。假定海大公司管理层确定会计政策优先考虑的因素就是增加利润，在不考虑其他因素的情况下，你认为哪种方法能够实现管理层的意图？为什么？

1. 加权平均法和先进先出法。

（1）加权平均法：

加权平均单价＝(12 500＋14 400)÷(500＋600)≈24.45(元/件)

11 月份发出成本＝850×24.45＝20 782.5(元)

11 月份结存成本＝250×24.45＝6 112.5(元)

（2）先进先出法：

11 月份发出成本＝350×25＋150×25＋200×22＋150×25＝20 650(元)

11 月份结存成本＝250×25＝6 250(元)

2. 采用加权平均法下核算发出成本 20 782.5 元，先进先出法核算发出成本 20 650 元；物价上涨的情况下，先进先出法核算发出的成本低于加权平均法核算发出的成本；企业耗用成本低，利润增加；反之，耗用成本高则利润下降。所以，在不考虑其他因素的情况下，应采用先进先出法核算发出成本能实现管理层的意图。

第六章　账 户 分 类

一、名词解释

（略）

二、单项选择题

1. A	2. C	3. C	4. B	5. B
6. B	7. B	8. A	9. D	10. D

三、多项选择题

1. ACDE	2. DE	3. BC	4. ABCDE	5. ACD
6. ABCE	7. ACD	8. ABE	9. AD	10. ABCD

四、判断题

1. √	2. ×	3. ×	4. ×	5. ×

五、问答题

（略）

第七章　会计凭证

一、名词解释

（略）

二、单项选择题

1. B	2. A	3. B	4. B	5. D
6. A	7. C	8. C	9. D	10. D

三、多项选择题

1. ACDE	2. ABCD	3. BCD	4. ABCDE	5. CE
6. ABC	7. ABCD	8. ABD	9. ABC	10. CD

四、判断题

1. ×	2. ×	3. √	4. ×	5. ×

五、简答题

（略）

六、业务题

要求：

1. 根据上列经济业务，确定应编制的记账凭证的种类。
2. 根据上列经济业务编制记账凭证。

序号	日期	记账凭证种类	会计分录
1	2日	银行付款凭证	借：原材料——甲材料　40 000 应交税费——应交增值税（进项税额）　6 800 贷：银行存款　46 800
2	3日	银行收款凭证	借：银行存款　20 000 贷：应收账款——大化公司　20 000
3	5日	银行付款凭证	借：库存现金　50 000 贷：银行存款　50 000
4	8日	银行收款凭证	借：银行存款　50 310 贷：主营业务收入　43 000 应交税费——应交增值税（销项税额）　7 310
5	10	转账凭证	借：生产成本——A产品　20 000 贷：原材料——甲材料　20 000
6	13	银行收款凭证	借：银行存款　100 000 贷：实收资本　100 000

（续表）

序号	日期	记账凭证种类	会计分录
7	16日	① 转账凭证 ② 现金收款凭证	① 借：管理费用 2 450 贷：其他应收款——李某 2 450 ② 借：库存现金 50 贷：其他应收款——李某 50
8	20日	银行付款凭证	借：管理费用 6 000 贷：银行存款 6 000
9	21日	银行付款凭证	借：销售费用 2 000 贷：银行存款 2 000
10	22日	现金付款凭证	借：管理费用 8 000 贷：库存现金 8 000
11	23日	银行付款凭证	借：制造费用 13 000 管理费用 12 000 贷：银行存款 25 000
12	30日	转账凭证	借：库存商品——A产品 700 000 贷：生产成本——A产品 700 000
13	30日	银行付款凭证	借：管理费用 2 000 贷：银行存款 2 000
14	30日	银行付款凭证	借：管理费用 20 000 贷：银行存款 20 000

第八章　会计账簿

一、名词解释

（略）

二、单项选择题

1. C	2. D	3. B	4. D	5. C
6. B	7. B	8. C	9. D	10. D

三、多项选择题

1. BCD	2. ACD	3. ABC	4. ACD	5. ACD
6. AD	7. AD	8. ABD	9. AC	10. ABCD

四、判断题

1. √	2. ×	3. √	4. ×	5. ×
6. √	7. ×	8. ×	9. √	10. √

五、简答题

（略）

六、业务题

业务题一

要求：

1. 根据上述资料说明错误原因。

2. 说明应采用何种更正方法，并对错账予以更正。

1. 金额少记，用补充登记法，做如下记账凭证，并据以登记入账簿。

借：管理费用　　9
　　贷：库存现金　　9

2. 金额多记，用红字更正法，做如下记账凭证，并据以登记入账簿。

借：应付账款　　[9 000]
　　贷：银行存款　　[9 000]

3. 会计科目错误，用红字更正法，做如下记账凭证，并据以登记入账簿。

借：管理费用　　[3 000]
　　贷：银行存款　　[3 000]

借：财务费用　　3 000
　　贷：银行存款　　3 000

4. 金额少记，用补充登记法，做如下记账凭证，并据以登记入账簿。

借：生产成本——A产品　　2 700
　　贷：原材料——甲材料　　2 700

5. 过账笔误，用划线更正法，在账簿上将错误数字“57 000”用红线划去，然后在数字上方写上正确金额“75 000”并由更正人员盖章。

业务题二

要求：

1. 开设“库存现金日记账”和“银行存款日记账”，登记期初余额。

2. 根据以上经济业务填制会计凭证(以会计分录代替记账凭证)。

3. 根据会计凭证登记三栏式“库存现金日记账”、三栏式“银行存款日记账”。

1. 银收1号。

借：银行存款　　50 000
　　贷：短期借款　　50 000

2. 现付1号。

借：其他应收款——王宇　　4 000
　　贷：库存现金　　4 000

3. 银付1号。

借：在途物资——A材料	10 000	
应交税费——应交增值税(进项税额)	1 700	
贷：银行存款		11 700

4. 银收2号。

借：银行存款	84 600	
贷：应收账款——中华厂		84 600

5. 银付2号。

借：库存现金	6 000	
贷：银行存款		6 000

6. 银收3号。

借：银行存款	32 760	
贷：主营业务收入——201		28 000
应交税费——应交增值税(销项税额)		4 760

7. 银付3号。

借：库存现金	25 000	
贷：银行存款		25 000

8. 现付2号。

借：应付职工薪酬——工资	25 000	
贷：库存现金		25 000

9. 转字1号、现收2号。

借：管理费用	2 650	
贷：其他应收款		2 650
借：库存现金	1 350	
贷：其他应收款		1 350

10. 银付4号。

借：管理费用	430	
贷：银行存款		430

会计账簿(略)，其中，3月底，库存现金期末余额15 350元，银行存款期末余额224 230元。

第九章　账务处理程序

一、名词解释

(略)

二、单项选择题

1. A	2. A	3. A	4. D	5. B
6. C	7. B	8. D	9. B	10. C

三、多项选择题

1. AB	2. BC	3. CD	4. CD	5. ABC
6. ABD				

四、判断题

1. √	2. √	3. √	4. ×	5. ×
6. ×	7. √	8. √	9. ×	10. √

五、简答题

（略）

六、业务题

要求：

1. 根据资料，设置三栏式总分类账户，登记期初余额（略）。

2. 根据4月份发生的经济业务，按时间顺序编制收款凭证、付款凭证和转账凭证（以会计分录代替），如下表所示。

2020年		凭证号数	摘　要	借　方		贷　方	
月	日			账户名称	金额	账户名称	金额
4	1	银收1	销售产品，货款存入银行	银行存款	117 000	主营业务收入	100 000
						应交税费	17 000
	3	银付1	购入原材料，货款已付	原材料	20 000	银行存款	23 400
				应交税费	3 400		
	4	银付2	以银行存款缴纳上月增值税	应交税费	1 000	银行存款	1 000
	5	转1	生产领用原材料	生产成本	32 000	原材料	32 000
	7	银付3	偿还某公司货款	应付账款	30 000	银行存款	30 000
	8	银付4	支付管理部门电话费	管理费用	900	银行存款	900
	10	现付1	支付产品销售运费	销售费用	500	库存现金	500
	12	现收1	销售产品一件	库存现金	200	主营业务收入	170.94
						应交税费	29.06
	14	转2	车间领用润滑油	制造费用	35	原材料	35

（续表）

2020年		凭证号数	摘　要	借　方		贷　方	
月	日			账户名称	金额	账户名称	金额
	14	银付5	从银行提取现金备发工资	库存现金	45 000	银行存款	45 000
	15	现付2	以库存现金发放工资	应付职工薪酬	45 000	库存现金	45 000
	17	现付3	以现金预支差旅费	其他应收款	400	库存现金	400
	19	银收2	通过银行收回应收账款	银行存款	45 000	应收账款	45 000
	21	转3	采购员回厂报销差旅费	管理费用	400	其他应收款	400
	23	银付6	以银行存款购入一台设备	固定资产	8 000	银行存款	9 360
				应交税费	1 360		
	27	转4	购入材料一批	原材料	24 000	应付账款	28 080
				应交税费	4 080		
	28	转5	销售产品一批	应收账款	18 720	主营业务收入	16 000
						应交税费	2 720
	30	转6	计提固定资产折旧	制造费用	15 000	累计折旧	25 000
				管理费用	10 000		
	30	转7	工资按用途分配	生产成本	34 000	应付职工薪酬	45 000
				制造费用	3 000		
				管理费用	8 000		
	30	转8	结转本月制造费用	生产成本	18 035	制造费用	18 035
	30	转9	结转完工产品成本	库存商品	120 000	生产成本	120 000
	30	转10	结转已销产品成本	主营业务成本	75 000	库存商品	75 000
	30	转11	结转主营业务收入	主营业务收入	116 170.94	本年利润	116 170.94
	30	转12	结转主营业务成本	本年利润	75 000	主营业务成本	75 000
	30	转13	结转销售费用	本年利润	500	销售费用	500
	30	转14	结转管理费用	本年利润	19 300	管理费用	19 300

3. 根据各类记账凭证编制科目汇总表，一个月汇总一次，月终过入总分类账户。

科目汇总表

2020年4月1日至30日

会计科目	账　页	本期发生额		记账凭证起讫号数
		借　方	贷　方	
库存现金		45 200	45 900	库存现金收款凭证
银行存款		162 000	109 660	第1号

（续表）

会计科目	账页	本期发生额		记账凭证起讫号数
		借方	贷方	
应收账款		18 720	45 000	库存现金付款凭证
其他应收款		400	400	第1号至第3号
原材料		44 000	32 035	银行存款收款凭证
库存商品		120 000	75 000	第1号至第2号
固定资产		8 000		银行存款付款凭证
累计折旧			25 000	第1号至第6号
应付账款		30 000	28 080	转账凭证第1号
应付职工薪酬		45 000	45 000	至第14号
应交税费		9 840	19 749.06	
本年利润		94 800	116 170.94	
生产成本		84 035	120 000	
制造费用		18 035	18 035	
主营业务收入		116 170.94	116 170.94	
主营业务成本		75 000	75 000	
销售费用		500	500	
管理费用		19 300	19 300	
合计		891 000.94	891 000.94	

4. 结出各总分类账户的本期发生额和期末余额。

总 分 类 账

会计科目：库存现金

2020年		凭证		摘要	借方	贷方	借或贷	余额
月	日	种类	号					
4	1			月初余额			借	1 750
	30	科汇		发生额	45 200	45 900	借	1 050
	30			本期发生额及月末余额	45 200	45 900	借	1 050

会计科目：银行存款

2020年		凭证		摘要	借方	贷方	借或贷	余额
月	日	种类	号					
4	1			月初余额			借	192 250
	30	科汇		发生额	162 000	109 660	借	244 590
	30			本期发生额及月末余额	162 000	109 660	借	244 590

会计科目:应收账款

2020年		凭证		摘要	借方	贷方	借或贷	余额
月	日	种类	号					
4	1			月初余额			借	70 000
	30	科汇		发生额	18 720	45 000	借	43 720
	30			本期发生额 及月末余额	18 720	45 000	借	43 720

会计科目:原材料

2020年		凭证		摘要	借方	贷方	借或贷	余额
月	日	种类	号					
4	1			月初余额			借	480 000
	30	科汇		发生额	44 000	32 035	借	491 965
	30			本期发生额 及月末余额	44 000	32 035	借	491 965

第十章 财产清查

一、名词解释

(略)

二、单项选择题

1. B	2. B	3. C	4. C	5. A
6. C	7. B	8. C	9. B	10. D

三、多项选择题

1. CD	2. AD	3. ABCD	4. ABC	5. ABCD
6. BD	7. BC	8. ABC	9. ABCD	10. AC

四、判断题

1. √	2. ×	3. √	4. ×	5. √

五、简答题

(略)

六、业务题

业务题一

要求:根据以上资料,编制银行存款余额调节表。

银行存款余额调节表

项　目	金　额	项　目	金　额
银行存款日记账余额	180 000	银行对账单余额	175 000
加:银行已收,企业未收	13 000	加:企业已收,银行未收	17 800
减:银行已付,企业未付	1 200	减:企业已付,银行未付	1 000
调节后余额	191 800	调节后余额	191 800

业务题二

要求：

1. 根据财产清查结果,编制审批前的会计分录。
2. 根据报请批准处理的结果,编制审批后的会计分录。

1. 根据财产清查结果,编制审批前的会计分录：

(1) 借：待处理财产损溢——待处理流动资产损溢　1 520
　　贷：库存现金　1 520

(2) 借：固定资产　23 000
　　贷：累计折旧　6 000
　　　　待处理财产损溢——待处理固定资产损溢　17 000

(3) 借：待处理财产损溢——待处理固定资产损溢　2 000
　　　　累计折旧　3 000
　　贷：固定资产　5 000

(4) 借：原材料——甲材料　550
　　贷：待处理财产损溢——待处理流动资产损溢　550

(5) 借：待处理财产损溢——待处理流动资产损溢　5 460
　　贷：原材料——乙材料　5 460

2. 根据报请批准处理的结果,编制审批后的会计分录。

(1) 借：其他应收款——陈某　5 000
　　　　营业外支出　20
　　贷：其他应付款——钱某　3 500
　　　　待处理财产损溢——待处理流动资产损溢　1 520

(2) 借：待处理财产损溢——待处理固定资产损溢　17 000
　　贷：营业外收入　17 000

(3) 借：营业外支出　2 000
　　贷：待处理财产损溢——待处理固定资产损溢　2 000

(4) 借：待处理财产损溢——待处理流动资产损溢　550
　　贷：管理费用　550

（5）借：管理费用　1 000
　　其他应收款——王某　460
　　　　　　——保险公司　2 000
　　营业外支出　2 000
　　贷：待处理财产损溢——待处理流动资产损溢　5 460

（6）借：坏账准备　2 000
　　贷：应收账款——A公司　2 000

（7）借：应付账款——B公司　1 800
　　贷：营业外收入　1 800

第十一章　会计报表

一、名词解释

（略）

二、单项选择题

1. A	2. D	3. B	4. C	5. C
6. B	7. A	8. D	9. D	10. A

三、多项选择题

1. ABC	2. ABC	3. ABCD	4. ABD	5. AD
6. ABCD	7. ABCD	8. ABCD	9. ABC	10. ABCD

四、判断题

1. √	2. ×	3. ×	4. ×	5. √
6. ×	7. √	8. √	9. ×	10. ×

五、简答题

（略）

六、业务题

业务题一

要求：计算填列月末资产负债表中“存货”和“未分配利润”项目的期末金额。

“存货”项目的期末余额＝62 500＋23 800＋34 700＋18 600＝139 600（元）

“未分配利润”项目的期末余额＝72 000－34 200＝37 800（元）

业务题二

要求：根据以上资料计算填列月末资产负债表“应收账款”“预付款项”“应付账款”“预收款项”项目金额，并说明各项目属于资产项目还是负债项目。

“应收账款”项目金额＝4 000＋4 700＝8 700（元），属于资产项目。

"预收款项"项目金额＝2 100＋6 600＝8 700(元)，属于负债项目。

"应付账款"项目金额＝4 300＋5 500＝9 800(元)，属于负债项目。

"预付款项"项目金额＝1 600＋500＝2 100(元)，属于资产项目。

业务题三

要求：根据上述资料编制2020年度的资产负债表。

资产负债表

编制单位：某制造公司　　2020年12月31日　　单位：元

项　目	期末余额	年初余额（略）	项　目	期末余额	年初余额（略）
流动资产：			流动负债：		
货币资金	1406 300		短期借款	300 000	
以公允价值计量且其变动计入当期损益的金融资产	15 000		以公允价值计量且其变动计入当期损益的金融负债		
应收票据	246 000		应付票据	200 000	
应收账款	299 100		应付账款	953 800	
预付款项	100 000		预收款项		
其他应收款	5 000		应付职工薪酬	110 000	
存货	2 580 000		应交税费	36 600	
1年内到期的非流动资产			其他应付款	51 000	
其他流动资产	100 000		1年内到期的非流动负债	1 000 000	
流动资产合计	4 751 400		其他流动负债		
非流动资产：			流动负债合计	2 651 400	
可供出售金融资产			非流动负债：		
持有至到期投资			长期借款	600 000	
长期应收款			应付债券		
长期股权投资	250 000		长期应付款		
投资性房地产			专项应付款		
固定资产	1 100 000		预计负债		
在建工程	1 500 000		递延所得税负债		
工程物资			其他非流动负债		
固定资产清理			非流动负债合计	600 000	

（续表）

项　目	期末余额	年初余额（略）	项　目	期末余额	年初余额（略）
生产性生物资产			负债合计	3 251 400	
油气资产			所有者权益：		
无形资产	600 000		实收资本(或股本)	5 000 000	
开发支出			资本公积		
商誉			减:库存股		
长期待摊费用			盈余公积	100 000	
递延所得税资产			未分配利润	50 000	
其他非流动资产	200 000				
非流动资产合计	3 650 000		所有者权益合计	5 150 000	
资产总计	8 401 400		负债及所有者权益总计	8 401 400	

业务题四

要求：根据上述资料编制 2020 年度的利润表。

利　润　表

编制单位：××公司　　　　2020 年 12 月　　　　单位：元

项　目	本期金额	上期金额(略)
一、营业收入	1 250 000	
减:营业成本	750 000	
税金及附加	2 000	
销售费用	20 000	
管理费用	157 100	
财务费用	41 500	
资产减值损失	30 900	
加:公允价值变动收益		
投资收益	31 500	
二、营业利润	280 000	
加：营业外收入	50 000	
减：营业外支出	19 700	
三、利润总额	310 300	
减：所得税费用	112 596	

（续表）

项　目	本期金额	上期金额（略）
四、净利润	197 704	
五、每股收益		
（一）基本每股收益		
（二）稀释每股收益		

第十二章　会计工作的组织与管理

一、名词解释

（略）

二、单项选择题

1. B	2. D	3. A	4. C	5. D
6. A	7. C	8. D	9. A	10. B

三、多项选择题

1. ADE	2. DE	3. ABDE	4. ABCE	5. ABD
6. ABCD	7. ABCE	8. ABCE	9. BDE	10. BE

四、判断题

1. √	2. √	3. ×	4. √	5. ×
6. ×	7. √	8. ×	9. ×	10. ×

五、简答题

（略）

模拟试卷(A)

题号	一	二	三	四	五	总分
分数						
阅卷人						

一、单项选择题(共 20 小题,每小题 1 分,共 20 分。)

1. 会计主要利用的计量单位是(　　)。
   A. 实物计量单位　　B. 劳动计量单位
   C. 货币计量单位　　D. 工时计量单位
2. 会计分期是从(　　)引申出来的。
   A. 会计主体　　B. 权责发生制　　C. 会计对象　　D. 持续经营
3. 编制利润表主要是根据(　　)。
   A. 资产、负债及所有者权益各账户的本期发生额
   B. 资产、负债及所有者权益各账户的期末余额
   C. 损益类各账户的本期发生额
   D. 损益类各账户的期末余额
4. 某企业月初资产总额 300 万元,本月发生下列经济业务:①赊购材料 10 万元;②用银行存款偿还短期借款 20 万元;③收到购货单位偿还的欠款 15 万元,存入银行。月末资产总额为(　　)万元。
   A. 310　　B. 290　　C. 295　　D. 305
5. 下列经济业务中,会引起一项负债减少,而另一项负债增加的是(　　)。
   A.用银行存款购买材料　　B.以银行存款归还银行借款
   C.向银行借款偿还应付账款　　D.将银行借款存入银行
6. 在借贷记账法下,资产类账户的期末余额等于(　　)。
   A.期初借方余额+本期借方发生额一本期贷方发生额
   B.期初贷方余额+本期贷方发生额一本期借方发生额
   C.期初借方余额+本期贷方发生额一本期借方发生额
   D.期初贷方余额+本期借方发生额一本期贷方发生额
7. 复式记账法对每项经济业务都以相等的金额在(　　)账户中进行登记。
   A. 一个　　B. 两个及两个以上　　C. 两个　　D. 有关
8. 工业企业将购入的材料转售给其他单位所取得的收入应作为(　　)处理。
   A. 主营业务收入　　B. 营业外收入　　C. 其他业务收入　　D. 材料收入

9. 车间管理部门使用的固定资产提取折旧时，应借记（　　）账户，贷记“累计折旧”账户。
   A. “制造费用”　B. “管理费用”　C. “财务费用”　D. “折旧费用”
10. 我国《企业会计制度》规定，资产负债表的结构采用（　　）。
   A.单步式　B. 多步式　C.账户式　D.报告式
11. 下列费用不能计入产品成本的是（　　）。
   A. 制造费用　B. 原材料　C. 工资及福利费　D. 管理费用
12. 下列会计凭证中属于原始凭证的是（　　）。
   A. 收款凭证　B. 付款凭证　C. 转账凭证　D. 发出材料汇总表
13. “生产成本”账户的期末借方余额表示（　　）。
   A.期末完工产品的实际成本　B.期末在产品的实际成本
   C.本期产品的实际成本　D. 企业库存商品的实际成本
14. 原材料明细账的外表形式一般采用（　　）。
   A.订本式　B. 活页式　C. 三栏式　D. 多栏式
15. 某企业当月主营业务收入 100 000 元，其他业务收入 20 000 元，主营业务成本 70 000 元，营业费用 5 000 元，管理费用 15 000 元，应交增值税税额 8 000 元。本月利润总额为（　　）元。
   A.20 000　B.22 000　C.30 000　D.32 000
16. 发现记账凭证中的会计科目和应借应贷方向未错，但所记金额大于应记金额，并据以登记入账，应采用（　　）进行更正。
   A.划线更正法　B. 补充登记法　C. 红字更正法　D. 平行登记法
17. 对各项财产的变化，根据会计凭证连续记载并随时结出余额的制度是（　　）。
   A. 实地盘存制　B. 权责发生制　C. 应收应付制　D. 永续盘存制
18. 将现金存入银行这笔业务，按规定应编制（　　）。
   A.现金收款凭证　B. 银行存款收款凭证
   C. 转账凭证　D. 现金付款凭证
19. 某厂今年 5 月销售 A 产品一批，货款共计 20 000 元，下月才能收回；5 月销售 B 产品一批，货款 15 000 元已收讫；5 月收回上月赊销给荣华公司的 A 产品 30 000 元。按照权责发生制原则、该厂今年 5 月的收入应为（　　）元。
   A. 65 000　B. 45 000　C. 50 000　D. 35 000
20. 在编制资产负债表时，下列项目根据总分类账户余额直接填列的是（　　）。
   A. 应收账款　B. 应付账款　C. 存货　D. 应付利润

二、多项选择题（共 10 小题，每小题 2 分，共 20 分。多选、少选、错选、不选，均不得分。）

1. 会计核算的基本前提包括（　　）。
   A. 会计主体　B. 持续经营　C. 会计分期　D. 货币计量
2. 属于营业外收入的有（　　）。
   A. 罚没利得　B. 银行存款利息收入

C. 收到的捐赠款　　D. 出售原材料取得的收入

3. 企业为生产产品而发生的各项间接费用,包括(　　)。

A. 车间管理人员工资　　B. 车间照明电费

C. 管理部门一般耗用材料　　D. 管理人员差旅费

4. 数量金额式明细分类账的账页格式适用于(　　)科目。

A. "库存商品"　　B. "其他业务成本"

C. "应收账款"　　D. "原材料"

5. 下列账户中,期末结转后一定无余额的有(　　)账户。

A. "长期借款"　　B. "财务费用"　　C. "销售费用"　　D. "管理费用"

6. 下列各项中,属于确认资产的条件有(　　)。

A. 能为企业提供未来经济利益的经济资源

B. 企业拥有或控制

C. 有实物形态

D. 可用货币计量

7. 借贷记账法的试算平衡公式为(　　)。

A. 借方金额=贷方金额

B. 全部账户本期借方发生额合计=全部账户本期贷方发生额合计

C. 全部账户期末借方余额合计=全部账户期末贷方余额合计

D. 收入-费用=利润

8. 下列属于原始凭证的有(　　)。

A. 收料单　　B. 汇总原始凭证　　C. 购料合同　　D. 限额领料单

9. 下列各类账户中与资产类账户结构相反的账户有(　　)。

A. 负债类账户　　B. 费用类账户

C. 收入类账户　　D. 所有者权益类账户

E. 成本类账户

10. 下列账户中属于所有者权益类账户的有(　　)账户。

A. "利润分配"　　B. "实收资本"　　C. "资本公积"　　D. "盈余公积"

三、判断题(共10小题,每小题1分,共10分。将答案写在下面的表格内,正确的填"√"、错误的填"×"。)

1. 会计主体与法人主体是同一概念。(　　)

2. 谨慎性原则要求会计核算工作中做到谦虚谨慎,不夸大企业的资产。(　　)

3. 所有经济业务的发生都会引起会计等式两边发生变化。(　　)

4. 在我国,所有企业进行会计核算都必须统一采用借贷记账法。(　　)

5. 通过试算平衡表检查账户记录是否正确,如果借贷平衡,就说明记账没有错误。(　　)

6. 从银行提取现金的业务应该填写收款凭证。(　　)

7. 本期完工入库产品的生产成本就是本期产品销售成本。(　　)

8. 材料运到验收入库的成本包括买价、采购费用和支付的增值税进项税额。 (　　)

9. 库存现金日记账和银行存款日记账，必须采用订本式账簿。 (　　)

10. 对于银行已经登账，企业尚未登记入账的未达账项，可以根据“银行存款余额调节表”登记企业的银行存款日记账。 (　　)

四、业务题(共计 44 分)

1. 某企业 2020 年 6 月 25 日以后的银行存款日记账记录与 6 月 30 日收到的银行对账单记录如下(假定 25 日之前的记录全部相符)(每空 1 分，共 8 分。)：

银行存款日记账　　单位:元

日期	摘　要	借方	贷方	余额
6.25	略			30 000
6.26	销售 A 产品	12 000		
6.27	购买甲材料		22 000	
6.28	销售 B 产品，收到支票	300		
6.29	支付汽车修理费		2 100	
6.30	销售 A 产品，收到支票	1 800		20 000

银行对账单　　单位:元

日期	摘　要	借方	贷方	余额
6.25	略			30 000
6.26	A 产品货款		12 000	
6.27	A 产品货款		1 800	
6.28	甲材料货款	22 000		
6.29	M 公司汇款		400	
6.30	水费	200		22 000

请核对查出未达账项，编制银行存款余额调节表，检查双方银行存款账目记录的正确性。

银行存款余额调节表　　单位:元

项　目	金额	项　目	金额
企业银行存款日记账余额		银行对账单余额	
加:银行已入账、企业未入账的收入		加:企业已入账、银行未入账的收入	
减:银行已入账、企业未入账的支出		减:企业已入账、银行未入账的支出	
调节后的银行存款余额		调节后的银行存款余额	

2. 某企业 2020 年 5 月发生经济业务如下，请编制会计分录，要求列出细目。(每一个会计分录 2 分，共 36 分。)

(1) 借入长期借款 500 000 元,存入银行存款户。

(2) 购入甲材料 2 000 千克,单价 30 元,乙材料 6 000 千克,单价 15 元,进项税额合计 19 500 元,材料价税款尚未支付。

(3) 以银行存款支付上述材料运杂费 4 000 元,运杂费按材料重量分配。

(4) 购买的甲、乙两种材料运达企业,全部验收入库,结转成本。

(5) 本月发出甲材料 140 000 元,乙材料 45 000 元,其中,生产 A 产品耗用 100 000 元,生产 B 产品耗用 70 000 元,车间一般耗用 10 000 元,管理部门耗用 5 000 元。

(6) 计算本月职工工资 340 000 元,其中,生产 A 产品生产工人工资 180 000 元,B 产品生产工人工资 120 000 元,车间管理人员工资 15 000 元,企业管理人员工资25 000 元。

(7) 按规定提取本月固定资产折旧 25 000 元,其中,车间固定资产应提折旧 20 000 元,行政管理部门固定资产应提折旧 5 000 元。

(8) 月末分配上述业务中所发生的制造费用总额(分配标准为生产工人的工资比例:A 产品生产工人工资 180 000 元,B 产品生产工人工资 120 000 元)。

(9) 结转本月投产本月全部完工 A 产品的生产成本。

(10) 销售 A 产品 400 000 元,销项税额 52 000 元,产品已发出,价税款当即收到存入银行。

(11) 结转 A 产品的销售成本为 250 000 元。

(12) 以银行存款支付借款利息 15 000 元。

(13) 管理人员陈华报销差旅费 900 元,冲销上月预借的 1 000 元,退回剩余的 100 元。

(14) 以银行存款 20 000 元捐赠受灾地区。

(15) 盘亏机器一台,原价 30 000 元,已提折旧 9 000 元。

(16) 上述盘亏的机器,其净值经批准作为营业外支出。

(17) 收到一笔罚款收入 3 000 元,存入银行。

(18) 按本期应纳税所得额的 25%计算应交所得税。(假定本期无任何纳税调整事项,会计利润等于应纳税所得额)

五、问答题(本题 6 分。)

1. 请回答本学期《会计学基础教程》从前到后按顺序,除第一章总论以外还学过哪几章内容?(4 分)

2. 借贷记账方法的记账规则是什么?请根据该规则谈谈你对人生的感悟。(2 分)

模拟试卷(B)

题号	一	二	三	四	五	总分
分数						
阅卷人						

一、单项选择题(本类题共 20 题,每小题 1 分,共 20 分,每小题备选答案中只有一个是符合题意的正确答案。)

1. 在下列账户中,与负债账户结构相似的是(　　)账户。
   A. 资产　　B. 成本　　C. 费用　　D. 所有者权益
2. 借贷记账法中,账户哪一方记增加,哪一方记减少是由(　　)决定的。
   A. 记账规则　　B. 账户结构
   C. 账户性质　　D. 经济业务性质
3. 简单会计分录是指(　　)的会计分录。
   A. 一借多贷　　B. 一借一贷　　C. 一借多贷　　D. 多借多贷
4. 向银行提取现金应根据有关原始凭证填制(　　)。
   A. 收款凭证　　B. 付款凭证　　C. 转账凭证　　D. 收款和付款凭证
5. 记账凭证应根据合法的(　　)填列。
   A. 收款凭证　　B. 原始凭证　　C. 付款凭证　　D. 转账凭证
6. 管理部门使用的固定资产提取折旧费时,应借记(　　)账户,贷记“累计折旧”账户。
   A.“制造费用”　　B.“管理费用”　　C.“财务费用”　　D.“折旧费用”
7. 企业进行商品生产耗用的各项间接费用,不能直接确定核算对象时,应计入(　　)。
   A. 生产成本　　B. 制造费用　　C. 管理费用　　D. 库存商品
8. 会计主要利用的计量单位是(　　)计量单位。
   A. 实物　　B. 货币　　C. 劳动　　D. 工时
9. 下列属于自制原始凭证的是(　　)。
   A. 银行回单　　B. 收款凭证　　C. 材料入库单　　D. 购货发票
10. 把现金存入银行,一般应编制(　　)凭证。
    A. 收款　　B. 付款　　C. 转账　　D. 收款和付款
11. 经济业务发生仅涉及资产这一会计要素时,只引起该要素中某些项目发生(　　)。
    A. 同增变动　　B. 同减变动　　C. 一增一减变动　　D. 一增二减变动

12. 在物价上涨情况下,采用(　　)计价方法会使当期净利润最大。

A. 先进先出　　B. 计划成本　　C. 加权平均　　D. 移动平均

13. 法定盈余公积,一般按照净利润的(　　)提取。

A. 3%　　B. 5%　　C. 10%　　D. 15%

14. 编制利润表的主要依据是(　　)。

A. 资产、负债及所有者权益各账户的本期发生额

B. 资产、负债及所有者权益各账户的期末余额

C. 损益类账户的本期发生额

D. 损益类账户的期末余额

15. 复式记账的理论依据是(　　)。

A. 借方发生额=贷方发生额

B. 资产=负债+所有者权益

C. 收入-费用=利润

D. 期初余额+本期增加发生额=期末余额+本期减少发生额

16. 下列属于原始凭证的是(　　)

A. 限额领料单　　B. 收款凭证　　C. 付款凭证　　D. 转账凭证

17. 下列存货发出计价的各种方法中,存货的成本流转与实物流转完全一致,最能准确地反映销售成本和期末存货成本的是(　　)。

A. 先进先出法　　B. 实际成本法　　C. 加权平均法　　D. 个别计价法

18. 接受投资者投入的固定资产,其入账价值是(　　)。

A. 该资产当初的买价　　B. 该资产的当前市价

C. 投资合同或协议约定的价值　　D. 该资产未来现金流量的现值

19. 有些应付账款由于债权单位撤销或其他原因,使企业无法支付这笔应付款项,这笔无法支付的应付款项,应作为(　　)处理。

A. 其他业务收入　　B. 资本公积　　C. 营业外收入　　D. 冲减管理费用

20. 某企业本期已销产品的生产成本为 111 000 元,销售费用为 9 000 元,税金及附加 12 000 元,其主营业务成本应为(　　)元。

A. 111 000　　B. 132 000　　C. 120 000　　D. 123 000

二、多项选择题(本类题共 10 题,每小题 1 分,共 10 分。每小题备选答案中,有两或者两个以上是符合题意的正确答案。多选、少选、错选、不选,均不得分。)

1. 下列各项中应计入产品生产成本的有(　　)。

A. 直接用于产品生产的原材料　　B. 车间管理人员的工资

C. 企业行政管理人员的工资　　D. 生产工人的工资

2. 在下列账户中,与资产类账户结构相反的有(　　)类账户。

A. 所有者权益　　B. 费用　　C. 收入　　D. 支出

3. 在下列各项中,属于企业与银行之间的未达账项的有(　　)。

A. 企业已收,银行未收　　B. 银行已付,企业未付

C. 银行已收，企业已收　　D. 银行已收，企业未收

4. 涉及库存现金和银行存款之间划转业务时，可以编制的记账凭证有（　　）。

A. 银行存款收款凭证　　B. 银行存款付款凭证

C. 现金付款凭证　　D. 现金收款凭证

5. 下列各项目中，属于存货的有（　　）。

A. "生产成本"账户期末余额　　B. 库存商品

C. "在途物资"账户借方余额　　D. 正在使用中的机器设备

6. 我国的应收票据包括（　　）

A. 银行汇票　　B. 银行本票　　C. 商业承兑汇票　　D. 银行承兑汇票

7. 留存收益包括（　　）。

A. 资本公积　　B. 实收资本　　C. 未分配利润　　D. 盈余公积

8. 实现收入，可能会引起（　　）。

A. 资产增加　　B. 负债减少

C. 负债增加　　D. 所有者权益增加

9. 在下列有关项目的明细账户中，应计入资产负债表"应付账款"项目的有（　　）。

A. "应付账款"明细科目的借方余额

B. "应付账款"明细科目的贷方余额

C. "预收款项"明细科目的借方余额

D. "预付款项"明细科目的贷方余额

10. 会计的基本前提包括（　　）。

A. 会计主体　　B. 相互可比　　C. 持续经营　　D. 会计期间

三、判断题（本类题共10题，每小题1分，共10分。每小题判断结果正确的得1分，全选正确或错误本题不得分，不判断的不得分也不扣分，将答案填在答题纸题号对应空格内，正确的填"√"、错误的填"×"。）

1. 复式记账法可以反映每项经济业务的来龙去脉。（　　）
2. 银行存款余额调节表是企业调整银行存款余额的原始凭证。（　　）
3. 总分类账户期末余额应与所属明细分类账户期末余额合计数相等。（　　）
4. 企业为生产产品而购进材料时需要向供货方支付增值税税额，称为进项税额，计入所购商品成本。（　　）
5. 车间领用一般性消耗的材料，在会计处理上应属于增加管理费用。（　　）
6. 企业对实现的利润进行分配时，可以直接在"本年利润"账户的借方反映利润分配的实际数额，也可以单独设置"利润分配"账户反映利润分配的数额。（　　）
7. 利润表是反映企业某一特定日期财务状况的会计报表。（　　）
8. 收入能够导致所有者权益增加，但导致所有者权益增加的不都是收入。（　　）
9. 采用先进先出法，在物价上涨时，会过低估计企业的当期利润和库存货价值；反之，会高估企业存货价值和当期利润。（　　）
10. 在借贷记账法下，费用类账户期末一般无余额。（　　）

四、计算题(本类题共3题,共30分。需要计算的列出计算过程,计算过程及最后结果的金额有小数的,均保留两位小数,小数后面四舍五入。)

1. 甲企业8月初有A材料2 000千克,每千克40元。8月份有关A材料收发情况如下:8月4日,购入1 000千克,每千克42元;8月10日,车间领用2 500千克;8月15日,购入3 000千克,每千克43元;8月20日,车间领用2 000千克。

要求:(本题共计10分,要求列出计算过程。)

(1) 按先进先出法计算8月20日车间发出材料的成本及月末结存材料的成本;(6分)

(2) 计算加权平均单价。(4分)

2. 新华公司部分账户2020年年末余额如下表所示。

资产负债表 单位:元

账户名称	借方余额	贷方余额
库存现金	8 000	
银行存款	12 000	
其他货币资金	3 000	
应收账款		
——A公司	2 000	
——B公司		1 000
预付款项		
——D公司		1 680
应付账款		
——F公司		6 600
预收款项		
——G公司		4 200
——H公司	4 900	
固定资产	300 000	
累计折旧		210 000
材料采购	3 000	
原材料	4 600	
库存商品	18 000	
生产成本	2 200	

要求:计算资产负债表中其他货币资金、应收账款、预收款项、应付账款、固定资产净值、存货的金额。(每问2分,计12分,要求列出计算过程。)

3. 编制银行存款余额调节表。(本题共8分。)

金星公司6月30日银行存款有关资料如下:

(1) 银行存款日记账的余额为440 000元。

(2) 银行转来对账单的余额为730 000元。

(3) 经核对,发现以下未达账项:

① 企业收到转账支票600 000元,企业已入账尚未送存银行,银行未入账。

② 企业签发转账支票450 000元,但收款方尚未到银行入账。

③ 企业委托银行收款480 000元,银行已收妥入账,企业尚未收到通知,尚未记账。

④ 银行代企业支付水电费40 000元,银行已登记存款减少,企业未收到银行付款通知。

银行存款余额调节表 单位:元

项目	金额	项目	金额
企业银行存款余额		银行对账单余额	
加:银行已收企业未收		加:企业已收应行未收	
减:银行已付企业未付		减:企业已付银行未付	
调节后的存款余额		调节后的存款余额	

五、综合业务题(本类题共13题,每个会计分录2分、每步计算2分,共30分。)

某企业发生下列经济业务。

1. 企业签发转账支票一张给电业局,金额35 000元,其中行政管理部门应负担电费15 000元、生产车间应负担电费20 000元。

2. 企业购入的设备配件交付安装。该设备发生的买价400 000元、增值税税额为52 000元,共计452 000元,款项用转账支票支付。

3. 企业从北桥公司购进W材料一批,价款40 000元、增值税进项税额5 200元、运杂费500元,材料尚未验收入库。企业签发并承兑商业汇票一张交给对方。

4. W材料已全部验收入库,企业计算并结转已验收入库材料的实际采购成本。

5. 业务员王强从企业(借)差旅费7 000元,出纳员以现金支付。

6. 企业向开户银行申请签发银行汇票一张,金额300 000元。

7. 企业本月共发出W材料58 000元,其中,生产甲产品耗料30 000元、生产乙产品耗抖20 000元、车间一般耗料5 000元、行政管理部门耗料3 000元。

8. 已知该企业月初在产品的成本为5 500元,其中,甲产品为3 300元、乙产品为2 200元,本月新发生甲产品生产费用为30 300元、乙产品生产费用为20 200元,月末甲产品在产品成本为2 100元,乙产品全部完工,无在产品。计算并结转本月完工入库产成品的实际生产成本。

9. 16日,向南方公司销售甲产品10 000千克,产品已经发出,每件售价5元,增值税税率13%,货款及税款以银行汇票收取已存入银行。

10. 向长江公司销售甲产品 2 000 千克，产品已经发出，每件售价 6.2 元，增值税税率 13%，发票账单已经开出，收到对方企业签发并承兑的商业汇票。

11. 结转上述销售甲产品 12 000 件的实际成本，甲产品的单位实际成本为 3.6 元。

12. 21 日，以银行存款支付本季度利息 21 000 元，前两个月共计预提利息 14 000 元。

13. 本企业注册资本金 8 000 000 元，收到支票一张，金额 2 800 000 元。甲公司在本企业投资份额为 30%。

要求：编制会计分录。

模拟试卷(C)

题号	一	二	三	四	五	总分
分数						
阅卷人						

一、单项选择题(每小题1分,共20分。)

1. 存在应借应贷关系的账户称之为(　　)。

A. 联系账户　B. 对等账户　C. 对应账户　D. 平衡账户

2. 企业向银行借入短期借款而发生的利息费用应记入(　　)账户。

A. "管理费用"　B. "财务费用"　C. "应收票据"　D. "利息费用"

3. 不设置"预收款项"账户的企业发生的预收货款,应通过(　　)账户核算。

A. "其他应收款"　B. "应收账款"　C. "应付账款"　D. "预付款项"

4. 将库存现金2 000元送存银行,会计人员应根据有关原始凭证编制(　　)。

A. 付款凭证　B. 收款凭证

C. 现金付款凭证和银行存款收款凭证　D. 转账凭证

5. 甲企业销售产品一批,产品已发出,发票已交给购货方,但货款尚未收到。甲企业应根据有关原始凭证编制(　　)。

A. 收款凭证　B. 付款凭证　C. 转账凭证　D. 汇总凭证

6. 确定会计核算工作的空间范围的会计基本假设是(　　)。

A. 会计主体　B. 持续经营　C. 货币计量　D. 会计分期

7. 下列经济业务中,引起资产和权益同时减少的是(　　)。

A. 以银行存款偿还应付账款　B. 向银行借款直接偿还应付账款

C. 购买材料货款暂未支付　D. 工资计入产品成本但暂未支付

8. 下列属于外来原始凭证的是(　　)。

A. 材料入库单　B. 银行汇票收款通知单

C. 销货开出的发票　D. 商品出库单

9. 在实际工作中,下列应采用订本式账簿的是(　　)。

A. 材料明细账　B. 费用明细账

C. 银行存款日记账　D.固定资产明细账

10. 借贷记账法下把账户分为借贷两方,哪一方记增加数,哪一方记减少数,取决于(　　)。

A. 记账性质　B. 记账方法　C. 账户性质　D. 记账规则

11. “实收资本”账户的期末余额等于(　　)。
A. 期初余额+本期借方发生额-本期贷方发生额
B. 期初余额+本期借方发生额+本期贷方发生额
C. 期初余额+本期贷方发生额-本期借方发生额
D. 期初余额-本期借方发生额-本期贷方发生额

12. 一项资产增加、一项负债增加的经济业务发生后，会使资产与权益原来的总额(　　)。
A. 发生同增的变动　　B. 发生同减的变动
C. 不会变动　　D. 发生不等额变动

13. 在会计报表中，根据“资产=负债+所有者权益”这一会计等式编制的报表是(　　)。
A. 资产负债表　　B. 利润表
C. 现金流量表　　D. 所有者权益变动表

14. 单位撤销、合并或改变隶属关系时，对财产物资要进行(　　)。
A. 定期清查　　B. 不定期清查　　C. 局部清查　　D. 全面清查

15. 对存货清查结果盘盈盘亏的账务处理，作为调整账簿记录依据的原始凭证是(　　)。
A. 盘存单　　B. 实存账存对比表
C. 银行存款余额调节表　　D. 对账单

16. 存货盘盈是指(　　)。
A. 账存数大于实存数　　B. 实存数小于账存数
C. 实存数大于账存数　　D. 实存数等于账存数

17. 会计分期是从(　　)引申出来的。
A. 会计主体　　B. 权责发生制　　C. 会计目标　　D. 持续经营

18. 下列各项中，不属于反映企业一定期间经营成果的要素有(　　)。
A. 所有者权益　　B. 收入　　C. 利润　　D. 费用

19. 对会计要素具体内容进行再分类的项目称(　　)。
A. 会计项目　　B. 会计科目　　C. 会计账户　　D. 报表项目

20. 一般不会与“制造费用”账户发生对应关系的是(　　)账户。
A. “银行存款”　　B. “生产成本”　　C. “应付职工薪酬”　　D. “库存商品”

二、多项选择题(每小题2分，共10分，多选、少选、错选、不选，均不得分。)

1. 下列属于资产类账户的有(　　)账户。
A. “库存现金”　　B. “预收款项”　　C. “坏账准备”　　D. “盈余公积”

2. 期末一般无余额的账户有(　　)账户。
A. “固定资产”　　B. “管理费用”　　C. “实收资本”　　D. “财务费用”

3. 与负债类账户结构相同的账户包括(　　)账户。
A. 所有者权益类　　B. 损益类(收入)　　C.损益类(费用)　　D.资产类

4. 关于总分类账户与明细分类账户表述正确的有（　　）。
A. 明细分类账户概括地反映会计对象的具体内容
B. 总分类账户详细地反映会计对象的具体内容
C. 总分类账户对明细分类账户具有控制作用
D. 明细分类账户是对总分类账户的补充和说明

5. 会计核算方法包括（　　）。
A. 成本计算　　B. 填制审核会计凭证
C. 编制会计报表　　D. 分析会计报表

三、判断题（每小题1分，共10分，正确的填"√"、错误的填"×"。）

1. 采用永续盘存制，在账簿中，平时既登记增加数，又登记减少数，可以随时根据账簿记录计算出结存数。（　　）
2. 资产负债表是反映企业在一定时期内财务状况的会计报表。（　　）
3. 对于各种未达账项，会计人员应根据"银行余额调节表"登记入账。（　　）
4. 在登记账簿时，如果发生了跳行、隔页，必须补充登记，账簿不得留有空白行和空白页。（　　）
5. 外来原始凭证一般都是一次凭证，自制原始凭证可以是一次凭证，也可以是累计凭证。（　　）
6. 会计除了核算和监督职能外，还有预测、决策、控制、分析等职能。（　　）
7. 复式记账法是指对于发生的每一项经济业务都要以相等的金额同时在相互联系的两个账户中进行登记的一种记账方法。（　　）
8. "应收账款""应付账款"科目应分别按债权人、债务人名称设置明细来反映其具体对象。
9. 会计的一般对象是社会再生产过程中发生的经济活动。（　　）
10. 会计只能以货币计量，否则无法综合反映经济事项。（　　）

四、分录题（共40分）

1. 东风工厂2020年12月份发生下列材料采购业务：

(1) 12月9日，向大江工厂购入A材料1 500千克，每千克10元；B材料2 000千克，每千克6元，货款及增值税用银行存款支付，材料正在运输途中尚未运抵企业。（增值税税率为13%）

(2) 12月11日，以库存现金支付上述材料运杂费700元，运杂费按材料重量比例分摊。

(3) 上述A、B材料验收入库。

(4) 12月16日，向大江工厂购入A材料1 000千克，每千克10元，并签发一张面值为11 700元的转账支票给大江厂，材料已运抵企业并验收入库。（增值税税率为13%）

要求：根据上述经济业务编制会计分录。（8分）

2. A公司2020年12月发生部分经济业务如下：

(1) 企业销售产品一批，售价80 000元，增值税税额为10 400元，款项已通过银行收讫。

(2) 结转本期已售产品的生产成本61 400元。

(3) 以银行存款支付本月产品销售费用1 520元。

(4) 根据规定计算本月应负担的城市维护建设税8 750元。

(5) 企业管理部门职工李某出差归来报销差旅费350元(原已预支400元)，余额退回现金。

(6) 以库存现金820元支付厂部管理部门办公费。

要求：根据上述业务编制会计分录。(12分)

3. 某工厂2020年12月发生部分经济业务如下：

(1) 仓库发出材料如下：生产甲产品耗用120 000元，生产乙产品耗用80 000元，生产车间一般耗用12 000元，企业管理部门耗用5 000元。

(2) 结算本月工资如下：生产甲产品工人工资200 000元，生产乙产品工人工资150 000元，生产车间管理人员工资58 000元，企业管理部门人员工资65 000元。

(3) 本月计提折旧如下：生产车间5 600元，企业管理部门2 300元。

(4) 本月共发生制造费用140 000元，按生产工人工资比例分配结转。

(5) 本月完工甲产品2 000件，成本180 000元，予以结转。

要求：根据上述业务编制会计分录。(10分)

4. 沪江厂本月发生部分经济业务如下：

(1) 财产清查中发现盘盈原材料一批，价值2 000元，经查系计量器具不准造成。

(2) 期末账证核对时发现，有一笔业务的会计凭证编制有误。该笔业务内容：以现金支付采购员出差暂借差旅费2 000元。所编记账凭证为：

借：其他应付款　　2 000

　贷：库存现金　　2 000

上述凭证已记账。

要求：(1) 根据第一笔业务编制批准前后的会计分录。(4分)

(2) 根据第二笔业务指出应采用的错账更正方法并编制改错分录。(6分)

五、计算分析题(每小题10分，共20分。)

1. 明华公司2020年7月发生如下经济业务：

(1) 7月5日出售甲产品，销售价格4 000元，货款存入银行。(销售产品不考虑增值税)

(2) 7月8日出售乙产品，销售价格10 000元，货款尚未收到。(销售产品不考虑增值税)

(3) 7月10日用银行存款支付生产车间7月至12月的租金6 000元。

(4) 7月30日确认本月银行借款利息1 000元。(企业年初向银行借款100 000元，与银行约定年末归还并支付借款利息12 000元。)

(5) 7 月 31 日收到 6 月销货款 5 000 元,款项存入银行。

要求:根据上述经济业务按照收付实现制和权责发生制分别确认 2020 年 7 月的收入和费用。

2. 振兴工厂 2015 年 10 月份甲产品期初余额 100 千克,单位成本为 0.68 元,结存金额 68 元,10 月份发生下列业务:

(1) 10 月 5 日 生产完工入库甲产品 200 千克,单位成本 0.58 元。

(2) 10 月 10 日,销售发出甲产品 200 千克。

(3) 10 月 15 日,生产完工入库甲产品 800 千克,单位成本 0.622 5 元。

(4) 10 月 20 日,销售发出甲产品 100 千克。

(5) 10 月 27 日,销售发出甲产品 500 千克。

要求:(1) 根据资料用加权平均法计算本月销售商品的成本及月末结存商品成本(永续盘存制)。

(2) 根据资料用先进先出法计算本月销售商品成本及月末结存商品成本(永续盘存制)。

模拟试卷(D)

题号	一	二	三	四	五	总分
分数						
阅卷人						

一、单项选择题(每小题 1 分,共 20 分。)

1. 期末余额一定在贷方的账户是(　　)。
A.“库存现金”　B.“实收资本”　C.“管理费用”　D.“固定资产”

2. 下列不属于资产负债表项目的是(　　)。
A.“应收账款”　B.“应交税费”　C.“固定资产”　D.“管理费用”

3. 下列不属于企业负债类科目的是(　　)。
A.“坏账准备”　B.“预收款项”　C.“应付职工薪酬”　D.“短期借款”

4. 下列属于明细账账户的是(　　)。
A.“生产成本”　B.“原材料”　C.“应付账款”　D.“甲材料”

5. 对于所有者权益类账户而言(　　)。
A. 增加记借方　B. 增加记贷方　C. 减少记贷方　D. 期末无余额

6. 年初资产总额为 120 万元,本期负债减少 15 万元,所有者权益增加 20 万元,则期末资产总额为(　　)万元。
A. 125　B. 120　C. 115　D. 100

7. 对某项经济业务事项按照复式记账的要求,标明应借、应贷科目名称及其金额的记录称为(　　)。
A. 科目　B. 对应关系　C. 对应账户　D. 会计分录

8. 某企业“应付账款”账户月初有贷方余额 60 万元,本月购入材料新增欠款 20 万元,支付以前的应付账款 30 万元,则本月末“应付账款”账户的余额为(　　)万元。
A. 贷方 80　B. 借方 50　C. 贷方 50　D. 贷方 30

9. 用现金支票支付购物款,应填制(　　)。
A. 银行存款付款凭证　B. 转账凭证
C. 现金付款凭证　D. 现金收款凭证

10. 记账凭证应根据合法的(　　)填列。
A. 收款凭证　B. 原始凭证　C. 付款凭证　D. 单式凭证

11. (　　)属于外来原始凭证。
A. 材料入库单　B. 商品出库单　C. 工资结算单　D. 购货发票

12. 会计的基本职能是(　　)。

A. 记录和计算　B. 考核收支　C. 反映和监督　D. 分析和考核

13. 会计主要利用的计量单位是(　　)。

A. 实物计量单位　B. 货币计量单位　C. 劳动计量单位　D.工时计量单位

14. 企业和行政事业单位处理会计业务的方法和程序在不同会计期间要保持前后一致,不能随意变更,是(　　)原则的要求。

A. 可比性　B. 相关性　C. 客观性　D. 谨慎性

15. 以款项是否收付为标准来确认收入或费用的制度称为(　　)。

A. 实地盘存制　B. 永续盘存制　C. 权责发生制　D. 收付实现制

16. 下列属于静态报表的是(　　)。

A. 资产负债表　B. 利润表　C. 现金流量表　D. 股东权益变动表

17. 实地盘存制,平时对存货的记录(　　)。

A. 只记收入数,不记发出数　B. 只记发出数,不记收入数

C. 先记发出数,后记收入数　D. 先记收入数,后记发出数

18. 编制利润表的主要依据是(　　)。

A. 资产负债及所有者权益各账户的本期发生额

B. 资产负债及所有者权益各账户的期末余额

C. 损益类各账户的本期发生额

D. 损益类各账户的期末余额

19. "库存商品"明细账一般应采用(　　)账本。

A. 三栏式　B. 订本式　C. 活页式　D. 卡片式

20. "应付账款"明细账一般应采用(　　)账页。

A. 三栏式　B. 多栏式　C. 数量金额式　D. 平行式

二、多项选择题(每小题2分,共10分,多选、少选、错选、不选,均不得分。)

1. 下列属于自制原始凭证的有(　　)。

A. 材料入库单　B. 工资结算单　C. 制造费用分配表　D. 收款凭证

2. 不会引起借贷不平衡的错误有(　　)。

A. 遗漏一张记账凭证未登计入账　B. 只登记借方科目

C. 某张记账凭证被重复登记　D. 某张记账凭证在记账时借贷颠倒

3. 财产清查按照清查的对象和范围可以分为(　　)。

A. 全面清查　B. 局部清查　C. 定期清查　D. 不定期清查

4. 以下有关明细分类科目的表述中,正确的有(　　)。

A. 明细分类科目也称一级会计科目

B. 明细分类科目是对总分类科目作进一步分类的科目

C. 明细分类科目是对会计要素具体内容进行总括分类的科目

D. 明细分类科目是能提供更加详细更加具体的会计信息的科目

5. 限额领料单属于(　　)。

A. 自制原始凭证　　B. 累计原始凭证　　C. 汇总原始凭证　　D. 记账凭证

三、判断题(每小题1分,共10分,正确的填"√"、错误的填"×"。)

1. 总分类账户期末余额应与所属明细账户期末余额合计数相等。(　　)
2. 在企业撤销或兼并时,要对企业的部分库存品进行重点清查。(　　)
3. 按用途结构分类,坏账准备账户属于备抵账户。(　　)
4. 在平行登记法下,总分类账户和所属明细分类账户记账方向要一致。(　　)
5. "主营业务成本"账户属于成本类账户。(　　)
6. 企业管理部门消耗的材料也应计入商品生产成本。(　　)
7. 已销商品的成本应包含商品生产成本、销售费用和税金。(　　)
8. 记账凭证按其所反映的经济业务内容不同,可以分为原始凭证、汇总凭证和累计凭证。(　　)
9. 登记账簿要用蓝黑墨水钢笔或蓝黑圆珠笔书写,不得使用铅笔书和其他颜色的墨水。(　　)
10. 账簿是重要的经济档案和历史资料,必须予以保存,但是达到保管年限后,应按规定程序予以销毁。(　　)

四、分录题(每小题10分,共40分。)

1. 甲公司本月发生有关业务如下:

(1) 采购员张三出差预借差旅费2 000元,以现金付讫。

(2) 公司购入A、B、C三种材料,材料尚未验收入库,货款未付。

材料类型	重量(千克)	单价(元)	合计(元)	增值税税额(元)
A材料	1 500	20	30 000	3 900
B材料	1 000	16	16 000	2 080
C材料	500	8	4 000	520

(3) 以银行存款支付上述材料运费600元,运费按材料重量比例分配。

(4) 采购员张三出差归来,报销差旅费2 200元,补足现金200元。

(5) 本月购入的A、B、C材料已到货,验收入库,结转其成本。

要求:根据上述业务编制会计分录。(10分)

2. 甲公司本月发生有关业务如下:

(1) 结算本月应付的职工工资,其中生产甲产品工人工资为280 000元,车间一般人员工资为80 000元,厂部行政管理部门人员工资58 000元。

(2) 计提应由本月负担的短期借款利息5 000元。

(3) 计提本月折旧,其中生产车间提折旧16 000元,厂部行政管理部门提折旧4 000元。

(4) 结转本月发生的制造费用120 000元,均为甲产品负担。

(5) 结转本月完工甲产品 250 件的生产成本 160 000 元。

要求:根据上述业务编制会计分录。(10 分)

3. 甲公司本月发生相关业务如下:

(1) 以现金支付包装费、装卸费等销售费用 1 200 元。

(2) 以银行存款支付上月应交税金 12 000 元。

(3) 出售商品给大方厂,A 商品销售单价为 50 元,售出 800 件,B 商品销售单价为 80 元,共售出 750 件,增值税税率为 13%,结转已预收的 20 000 元,余款收到存入银行。

(4) 结转上述商品的销售成本,A 商品单位成本 33 元,B 商品单位成本 68 元。

(5) 以银行存款支付短期借款利息 5 000 元,前二个月已经计提 3 500 元。

要求:根据上述业务编制会计分录。(10 分)

4. 甲公司本月发生相关业务如下:

(1) 开出现金支票 600 元,支付车间日常零星开支。原编记账凭证为:

借:管理费用 600

贷:库存现金 600

上述凭证已入账。

(2) 期末存货清查时,发现盘亏原材料一批,价值 500 元,经查系管理不善造成。

要求:根据第一笔业务指出用什么错账更正方法,并编制更正分录;根据第二笔业务编制批准前后的会计分录。(10 分)

五、计算分析题(每小题 10 分,共 20 分。)

1. 某公司 2020 年 6 月 30 日银行存款日记账的账面余额为 22 000 元,银行对账单的余额为 18 000 元,经逐项核对,发现存在以下未达账项:

(1) 28 日,企业开出支付购料货款的转账支票 4 000 元,银行尚未入账。

(2) 29 日,企业存入购货单位开来的转账支票 8 000 元,银行尚未入账。

(3) 29 日,银行为企业代付电费 4 500 元,企业尚未入账。

(4) 30 日,银行为企业代收销售产品的货款 5 000 元,企业尚未入账。

(5) 30 日,企业开出预付房租的现金支票 1 500 元,银行尚未入账。

(6) 30 日,银行为企业代付水费 2 000 元,企业尚未入账。

要求:根据以上资料编制银行存款余额调节表。

2. 甲公司 2020 年 1 月发生如下经济业务:

(1) 1 月 10 日,出售 A 产品,货款 14 000 元,货款收到存入银行。(销售产品不考虑增值税)

(2) 1 月 18 日,出售 B 产品,货款 18 000 元,货款尚未收到。(销售产品不考虑增值税)

(3) 1 月 20 日,用银行存款支付 1 月至 12 月的财产保险费 120 000 元。

(4) 1 月 30 日,确认本月银行借款利息 1 000 元。(企业年初向银行借款 100 000 元,与银行约定年末归还并支付借款利息 12 000 元。)

(5) 1月31日,收到上月销货款25 000元,款项存入银行。

要求:根据上述经济业务按照收付实现制和权责发生制分别确认甲公司2020年1月的收入和费用。

模拟试卷(A)标准答案和评分标准

一、单项选择题(共 20 小题,每小题 1 分,共 20 分,将答案写在下面的表格内。)

题号	1	2	3	4	5	6	7	8	9	10
答案	C	D	C	B	C	A	B	C	A	C
题号	11	12	13	14	15	16	17	18	19	20
答案	D	D	B	B	C	C	D	D	D	D

二、多项选择题(共 10 小题,每小题 2 分,共 20 分。多选、少选、错选、不选,均不得分,将答案写在下面的表格内。)

题号	1	2	3	4	5
答案	ABCD	AC	AB	AD	BCD
题号	6	7	8	9	10
答案	ABD	BC	ABD	ACD	ABCD

三、判断题(共 10 小题,每小题 1 分,共 10 分。将答案写在下面的表格内,正确的填"√"、错误的填"×"。)

题号	1	2	3	4	5	6	7	8	9	10
答案	×	×	×	√	×	×	×	×	√	×

四、业务题

(一) 业务题(每空 1 分,共 8 分。)

请核对查出未达账项,编制银行存款余额调节表,检查双方银行存款账目记录的正确性。

单位:元

项　目	金额	项　目	金额
企业银行存款日记账余额	20 000	银行对账单余额	22 000
加:银行已入账、企业未入账的收入	400	加:企业已入账、银行未入账的收入	300
减:银行已入账、企业未入账的支出	200	减:企业已入账、银行未入账的支出	2 100
调节后的存款余额	20 200	调节后的存款余额	20 200

(二) 业务题(每一个会计分录2分,共36分。)

请编制会计分录,要求列出细目。

(1) 借:银行存款 500 000
  贷:长期借款 500 000

(2) 借:在途物资——甲材料 60 000
    ——乙材料 90 000
  应交税费——应交增值税(进项税额) 19 500
  贷:应付账款 169 500

(3) 借:在途物资——甲材料 1 000
    ——乙材料 3 000
  贷:银行存款 4 000

(4) 借:原材料——甲材料 61 000
    ——乙材料 93 000
  贷:在途物资——甲材料 61 000
    ——乙材料 93 000

(5) 借:生产成本——A产品 100 000
    ——B产品 70 000
  制造费用 10 000
  管理费用 5 000
  贷:原材料——甲材料 140 000
    ——乙材料 45 000

(6) 借:生产成本——A产品 180 000
    ——B产品 120 000
  制造费用 15 000
  管理费用 25 000
  贷:应付职工薪酬——工资 340 000

(7) 借:制造费用——折旧费 20 000
  管理费用——折旧费 5 000
  贷:累计折旧 25 000

(8) 借:生产成本——A产品 27 000
    ——B产品 18 000
  贷:制造费用 45 000

分配率=45 000÷(180 000×120 000)=0.15

A产品分配的制造费用=180 000×分配率=27 000(元)

B产品分配的制造费用=120 000×分配率=18 000(元)

(9) 借:库存商品——A产品 307 000
  贷:生产成本——A产品 307 000

(10)	借：银行存款	452 000	
	贷：主营业务收入——A产品		400 000
	应交税费——应交增值税(销项税额)		52 000
(11)	借：主营业务成本——A产品	250 000	
	贷：库存商品——A产品		250 000
(12)	借：财务费用——利息	15 000	
	贷：银行存款		15 000
(13)	借：管理费用——差旅费	900	
	库存现金	100	
	贷：其他应收款——陈华		1 000
(14)	借：营业外支出	20 000	
	贷：银行存款		20 000
(15)	借：待处理财产损溢——待处理固定资产损溢	21 000	
	累计折旧	9 000	
	贷：固定资产		30 000
(16)	借：营业外支出	21 000	
	贷：待处理财产损溢——待处理固定资产损溢		21 000
(17)	借：银行存款	3 000	
	贷：营业外收入——罚款收入		3 000
(18)	借：所得税费用	15 275	
	贷：应交税费——应交所得税		15 275

五、问答题

1. 设置账户、复式记账、企业主要经济业务核算、填制审核凭证、登记账簿、成本计算、财产清查、编制会计报表。(4分)

2. 根据学生总结情况适当评分。(2分)

模拟试卷(B)标准答案和评分标准

一、单项选择题(本类题共20题,每小题1分,共20分,每小题备选答案中只有一个是符合题意的正确答案。)

题号	1	2	3	4	5	6	7	8	9	10
答案	D	C	B	B	B	B	B	B	C	B
题号	11	12	13	14	15	16	17	18	19	20
答案	C	A	C	C	B	A	D	C	C	A

二、多项选择题(本类题共10题,每小题1分,共10分。每小题备选答案中,有两或者两个以上是符合题意的正确答案。多选、少选、错选、不选,均不得分)

题号	1	2	3	4	5
答案	AD	AC	ABD	BC	ABC
题号	6	7	8	9	10
答案	CD	CD	ABD	BD	ACD

三、判断题(本类题共10题,每小题1分,共10分。每小题判断结果正确的得1分,全选正确或错误本题不得分,不判断的不得分也不扣分,将答案填在答题纸题号对应空格内,正确的填"√"、错误的填"×"。)

题号	1	2	3	4	5	6	7	8	9	10
答案	√	×	√	×	×	×	×	√	×	√

四、计算题(本类题共3题,共30分。需要计算的列出计算过程,计算过程及最后结果的金额有小数的,均保留两位小数,小数后面四舍五入。)

1.(10分,要求列出计算过程。)

发出存货的成本=1 500×43+500×42=85 500(元)　(3分)

月末结存存货的成本=1 500×43=64 500(元)　(3分)

加权平均单价=(2 000×40+1 000×42+3 000×43)÷(2 000+1 000+3 000)

=41.83(元/千克)　(4分)

2.(每问2分,计12分,要求列出计算过程。)

货币资金=8 000+12 000+3 000=23 000(元)　(2分)

应收账款=2 000+4 900=6 900(元)　(2分)

预收款项=1 000+4 200=5 200(元)　(2分)

应付账款＝6 600＋1 680＝8 280(元)　(2分)

固定资产净值＝300 000—210 000＝90 000(元)　(2分)

存货＝3 000＋4 600＋18 000＋2 200＝27 800(元)　(2分)

3.(本题共8分)

银行存款余额调节表

单位:元

项　目	金　额	项　目	金　额
企业银行存款日记账余	440 000	银行对账单余额	730 000
加:银行已收企业未收	480 000	加:企业已收应行未收	600 000
减:银行已付企业未付	440 000	减:企业已付银行未付	450 000
调节后的存款余额	880 000	调节后的存款余额	880 000

五、综合业务题(本类题共13题,每个会计分录2分、第8题中每步计算2分,共30分。)

(1) 借：管理费用　15 000
　　制造费用　20 000
　　贷：银行存款　35 000

(2) 借：在建工程　400 000
　　应交税费——应交增值税(进项税额)　52 000
　　贷：银行存款　452 000

(3) 借：在途物资——W材料　40 500
　　应交税费——应交增值税(进项税额)　5 200
　　贷：应付票据——北桥公司　45 700

(4) 借：原材料——W材料　40 500
　　贷：在途物资——W材料　40 500

(5) 借：其他应收款——王强　7 000
　　贷：库存现金　7 000

(6) 借：其他货币资金——银行汇票存款　300 000
　　贷：银行存款　300 000

(7) 借：生产成本——甲产品　30 000
　　　　——乙产品　20 000
　　制造费用　5 000
　　管理费用　3 000
　　贷：原材料——W材料　58 000

(8) 甲产品生产成本＝3 300＋30 300－2 100＝31 500(元)

乙产品生产成本＝2 200＋20 200＝22 400(元)

借：库存商品——甲产品　31 500
　　　　——乙产品　22 400
　　贷：生产成本——甲产品　31 500
　　　　——乙产品　22 400

(9) 借：银行存款　56 500
　贷：主营业务收入　50 000
　　应交税费——应交增值税(销项税额)　6 500

(10) 借：应收票据——长江公司　14 012
　贷：主营业务收入　12 400
　　应交税费——应交增值税(销项税额)　1 612

(11) 借：主营业务成本　432 000
　贷：库存商品——A产品　4 320 000

(12) 借：应付利息　14 000
　财务费用　7 000
　贷：银行存款　21 000

(13) 借：银行存款　2 800 000
　贷：实收资本——甲公司　2 400 000
　　资本公积　400 000

模拟试卷(C)标准答案和评分标准

一、单项选择题(请将正确选项填入对应题号下。每小题 1 分,共 20 分。)

题号	1	2	3	4	5	6	7	8	9	10
答案	C	B	B	A	C	A	A	B	C	C
题号	11	12	13	14	15	16	17	18	19	20
答案	C	A	A	D	B	C	D	A	B	D

二、多项选择题(请将正确选项填入对应题号下,多选、少选、错选均不得分。每小题 2 分,共 10 分。)

题号	1	2	3	4	5
答案	AC	BD	AB	CD	ABC

三、判断题(用"×"表示错误,用"√"表示正确,填入对应题号下。每小题 1 分,共 10 分)

题号	1	2	3	4	5	6	7	8	9	10
答案	√	×	×	×	√	√	×	×	×	×

四、分录题 (共 40 分)

1.(本题 8 分,每笔分录 2 分。)

(1) 借:在途物资——A 材料　　15 000
　　　　　　　——B 材料　　12 000
　　应交税费——应交增值税(进项税额)　　3 510
　　贷:银行存款　　　　30 510

(2) 借:在途物资——A 材料　　300
　　　　　　　——B 材料　　400
　　贷:库存现金　　　　700

(3) 借:原材料——A 材料　　15 300
　　　　　　——B 材料　　12 400
　　贷:在途物资——A 材料　　　　15 300
　　　　　　　——B 材料　　　　12 400

(4) 借:原材料——A 材料　　10 000
　　应交税费——应交增值税(进项税额)　　1 300
　　贷:银行存款　　　　11 300

2.(本题共 12 分,每笔分录 2 分。)

(1) 借:银行存款　　90 400
　　贷:主营业务收入　　80 000
　　　应交税费——应交增值税(销项税额)　　10 400

(2) 借:主营业务成本　　61 400
　　贷:库存商品　　61 400

(3) 借:销售费用　　1 520
　　贷:银行存款　　1 520

(4) 借:税金及附加　　8 750
　　贷:应交税费　　8 750

(5) 借:管理费用　　350
　　库存现金　　50
　　贷:其他应收款　　400

(6) 借:管理费用　　820
　　贷:库存现金　　820

3.(本题共 10 分,每笔分录 2 分。)

(1) 借:生产成本——甲产品　　120 000
　　　　——乙产品　　80 000
　　制造费用　　12 000
　　管理费用　　5 000
　　贷:原材料　　217 000

(2) 借:生产成本——甲产品　　200 000
　　　　——乙产品　　150 000
　　制造费用　　58 000
　　管理费用　　65 000
　　贷:应付职工薪酬　　473 000

(3) 借:制造费用　　5 600
　　管理费用　　2 300
　　贷:累计折旧　　7 900

(4) 借:生产成本——甲产品　　80 000
　　　　——乙产品　　60 000
　　贷:制造费用　　140 000

(5) 借:库存商品　　180 000
　　贷:生产成本　　180 000

4.(本题共 10 分。)

(1) 借:原材料　　2 000
　　贷:待处理财产损益　　2 000(2 分)

借:待处理财产损益　　2 000

　贷:管理费用　　2 000(2分)

(2) 用红字更正法更正　　(2分)

借:其他应付款　　−2 000

　贷:库存现金　　−2 000(2分)

借:其他应收款　　2 000

　贷:库存现金　　2 000(2分)

五、计算分析题(每小题10分,共计20分。)

1.

业务序号	权责发生制		收付实现制	
	收入	费用	收入	费用
(1)	4 000		4 000	
(2)	10 000			
(3)		1 000		6 000
(4)		1 000		
(5)			5 000	

(每笔业务2分)

2.

(1) 加权平均单价=(68+116+498)÷(100+200+800)=0.62(元)

本月销售商品成本=800×0.62=496(元)　　(2.5分)

月末结存商品成本=300×0.62=186(元)　　(2.5分)

(2) 销售商品成本=100×0.68+100×0.58+100×0.58+500×0.6225

=495.25(元)　　(2.5分)

月末结存商品成本=300×0.6225=186.75(元)　　(2.5分)

模拟试卷(D)标准答案和评分标准

一、单项选择题(请将正确选项填入对应题号下。每小题 1 分,共 20 分。)

题号	1	2	3	4	5	6	7	8	9	10
答案	B	D	A	D	B	A	D	C	A	B
题号	11	12	13	14	15	16	17	18	19	20
答案	D	C	B	A	D	A	A	C	C	A

二、多项选择题(请将正确选项填入对应题号下,多选、少选、错选均不得分。每小题 2 分,共 10 分。)

题号	1	2	3	4	5
答案	ABC	ACD	AB	BD	AB

三、判断题(用"×"表示错误,用"√"表示正确,填入对应题号下。每小题 1 分,共 10 分。)

题号	1	2	3	4	5	6	7	8	9	10
答案	√	×	√	√	×	×	×	×	×	√

四、分录题(共 40 分)

1.(本题共 10 分,每笔分录 2 分。)

(1) 借:其他应收款	2 000	
贷:库存现金		2 000
(2) 借:在途物资——A 材料	30 000	
——B 材料	16 000	
——C 材料	4 000	
应交税费——应交增值税(进项税额)	6 500	
贷:应付账款		56 500
(3) 借:在途物资——A 材料	300	
——B 材料	200	
——C 材料	100	
贷:银行存款		600
(4) 借:管理费用	2 200	
贷:其他应收款		2 000
库存现金		200

(5) 借：原材料——A材料	30 300	
——B材料	16 200	
——C材料	4 100	
贷：在途物资——A材料		30 300
——B材料		16 200
——C材料		4 100

2.(本题共10分,每笔分录2分。)

(1) 借：生产成本——甲	280 000	
制造费用	80 000	
管理费用	58 000	
贷：应付职工薪酬		418 000
(2) 借：财务费用	5 000	
贷：应付利息		5 000
(3) 借：制造费用	16 000	
管理费用	4 000	
贷：累计折旧		20 000
(4) 借：生产成本——甲	120 000	
贷：制造费用		120 000
(5) 借：库存商品	160 000	
贷：生产成本		160 000

3.(本题共10分,每笔分录2分。)

(1) 借：销售费用	1 200	
贷：库存现金		1 200
(2) 借：应交税费	12 000	
贷：银行存款		12 000
(3) 借：银行存款	93 000	
预收款项	20 000	
贷：主营业务收入		100 000
应交税费——应交增值税(销项税额)		13 000
(4) 借：主营业务成本	77 400	
贷：库存商品		77 400
(5) 借：应付利息	3 500	
财务费用	1 500	
贷：银行存款		5 000

4.(本题共10分,每笔分录2分。)

(1) 红字更正法(2分)

借：管理费用　　600

　贷：库存现金　　600(2分)

借:制造费用　　600

　贷：银行存款　　600(2分)

(2) 借：待处理财产损益　　500

　　贷：原材料　　500(2分)

借：管理费用　　500

　贷：待处理财产损益　　500(2分)

五、计算分析题(每小题10分,共计20分)

1.

银行存款余额调节表　　单位:元

项目	金额	项目	金额
银行存款日记账余额	22 000	银行对账单余额	18 000
加:银行已收企业未收 减:银行已付企业未付	5 000 4 500 2 000	加:企业已收银行未收 减:企业已付银行未付	8 000 4 000 1 500
调整以后的余额	20 500	调整以后的余额	20 500

(每个数字1分)

2.

单位:元

业务序号	权责发生制		收付实现制	
	收入	费用	收入	费用
(1)	14 000		14 000	
(2)	18 000			
(3)		10 000		120 000
(4)		1 000		
(5)			25 000	

(每笔业务2分)

附录一

中华人民共和国会计法

(1985年1月21日第六届全国人民代表大会常务委员会第九次会议通过,根据1993年12月29日第八届全国人民代表大会常务委员会第五次会议《关于修改〈中华人民共和国会计法〉的决定》修正,1999年10月31日第九届全国人民代表大会常务委员会第十二次会议修订。)

目　录

第一章　总　则

第一条　为了规范会计行为,保证会计资料真实、完整,加强经济管理和财务管理,提高经济效益,维护社会主义市场经济秩序,制定本法。

第二条　国家机关、社会团体、公司、企业、事业单位和其他组织(以下统称单位)必须依照本法办理会计事务。

第三条　各单位必须依法设置会计账簿,并保证其真实、完整。

第四条　单位负责人对本单位的会计工作和会计资料的真实性、完整性负责。

第五条　会计机构、会计人员依照本法规定进行会计核算,实行会计监督。

任何单位或者个人不得以任何方式授意、指使、强令会计机构、会计人员伪造、变造会计凭证、会计账簿和其他会计资料,提供虚假财务会计报告。

任何单位或者个人不得对依法履行职责、抵制违反本法规定行为的会计人员实行打击报复。

第六条　对认真执行本法,忠于职守,坚持原则,作出显著成绩的会计人员,给予精神的或者物质的奖励。

第七条　国务院财政部门主管全国的会计工作。

县级以上地方各级人民政府财政部门管理本行政区域内的会计工作。

第八条　国家实行统一的会计制度。国家统一的会计制度由国务院财政部门根据本法制定并公布。

国务院有关部门可以依照本法和国家统一的会计制度制定对会计核算和会计监督有特殊要求的行业实施国家统一的会计制度的具体办法或者补充规定,报国务院财政部门审核批准。

中国人民解放军总后勤部可以依照本法和国家统一的会计制度制定军队实施国家统一的会计制度的具体办法,报国务院财政部门备案。

第二章　会计核算

第九条　各单位必须根据实际发生的经济业务事项进行会计核算,填制会计凭证,登记会计账簿，编制财务会计报告。

任何单位不得以虚假的经济业务事项或者资料进行会计核算。

第十条 下列经济业务事项，应当办理会计手续，进行会计核算：

（一）款项和有价证券的收付；

（二）财物的收发、增减和使用；

（三）债权债务的发生和结算；

（四）资本、基金的增减；

（五）收入、支出、费用、成本的计算；

（六）财务成果的计算和处理；

（七）需要办理会计手续、进行会计核算的其他事项。

第十一条 会计年度自公历1月1日起至12月31日止。

第十二条 会计核算以人民币为记账本位币。

业务收支以人民币以外的货币为主的单位，可以选定其中一种货币作为记账本位币，但是编报的财务会计报告应当折算为人民币。

第十三条 会计凭证、会计账簿、财务会计报告和其他会计资料，必须符合国家统一的会计制度的规定。

使用电子计算机进行会计核算的，其软件及其生成的会计凭证、会计账簿、财务会计报告和其他会计资料，也必须符合国家统一的会计制度的规定。

任何单位和个人不得伪造、变造会计凭证、会计账簿及其他会计资料，不得提供虚假的财务会计报告。

第十四条 会计凭证包括原始凭证和记账凭证。

办理本法第十条所列的经济业务事项，必须填制或者取得原始凭证并及时送交会计机构。

会计机构、会计人员必须按照国家统一的会计制度的规定对原始凭证进行审核，对不真实、不合法的原始凭证有权不予接受，并向单位负责人报告；对记载不准确、不完整的原始凭证予以退回，并要求按照国家统一的会计制度的规定更正、补充。

原始凭证记载的各项内容均不得涂改；原始凭证有错误的，应当由出具单位重开或者更正，更正处应当加盖出具单位印章。原始凭证金额有错误的，应当由出具单位重开，不得在原始凭证上更正。

记账凭证应当根据经过审核的原始凭证及有关资料编制。

第十五条 会计账簿登记，必须以经过审核的会计凭证为依据，并符合有关法律、行政法规和国家统一的会计制度的规定。会计账簿包括总账、明细账、日记账和其他辅助性账簿。

会计账簿应当按照连续编号的页码顺序登记。会计账簿记录发生错误或者隔页、缺号、跳行的，应当按照国家统一的会计制度规定的方法更正，并由会计人员和会计机构负责人（会计主管人员）在更正处盖章。

使用电子计算机进行会计核算的，其会计账簿的登记、更正，应当符合国家统一的会计制度的规定。

第十六条 各单位发生的各项经济业务事项应当在依法设置的会计账簿上统一登记、核算，不得违反本法和国家统一的会计制度的规定私设会计账簿登记、核算。

第十七条 各单位应当定期将会计账簿记录与实物、款项及有关资料相互核对，保证会计账簿记录与实物及款项的实有数额相符、会计账簿记录与会计凭证的有关内容相符、会计账簿之间相对应的记录相符、会计账簿记录与会计报表的有关内容相符。

第十八条 各单位采用的会计处理方法，前后各期应当一致，不得随意变更；确有必要变更的，应当按照国家统一的会计制度的规定变更，并将变更的原因、情况及影响在财务会计报告中说明。

第十九条 单位提供的担保、未决诉讼等或有事项，应当按照国家统一的会计制度的规定，在财务会计报告中予以说明。

第二十条 财务会计报告应当根据经过审核的会计账簿记录和有关资料编制，并符合本法和国家统一的会计制度关于财务会计报告的编制要求、提供对象和提供期限的规定；其他法律、行政法规另有规定的，从其规定。

财务会计报告由会计报表、会计报表附注和财务情况说明书组成。向不同的会计资料使用者提供的财务会计报告，其编制依据应当一致。有关法律、行政法规规定会计报表、会计报表附注和财务情况说明书须经注册会计师审计的，注册会计师及其所在的会计师事务所出具的审计报告应当随同财务会计报告一并提供。

第二十一条 财务会计报告应当由单位负责人和主管会计工作的负责人、会计机构负责人（会计主管人员）签名并盖章；设置总会计师的单位，还须由总会计师签名并盖章。

单位负责人应当保证财务会计报告真实、完整。

第二十二条 会计记录的文字应当使用中文。在民族自治地方，会计记录可以同时使用当地通用的一种民族文字。在中华人民共和国境内的外商投资企业、外国企业和其他外国组织的会计记录可以同时使用一种外国文字。

第二十三条 各单位对会计凭证、会计账簿、财务会计报告和其他会计资料应当建立档案，妥善保管。会计档案的保管期限和销毁办法，由国务院财政部门会同有关部门制定。

第三章　公司、企业会计核算的特别规定

第二十四条 公司、企业进行会计核算，除应当遵守本法第二章的规定外，还应当遵守本章规定。

第二十五条 公司、企业必须根据实际发生的经济业务事项，按照国家统一的会计制度的规定确认、计量和记录资产、负债、所有者权益、收入、费用、成本和利润。

第二十六条 公司、企业进行会计核算不得有下列行为：

（一）随意改变资产、负债、所有者权益的确认标准或者计量方法，虚列、多列、不列或者少列资产、负债、所有者权益；

（二）虚列或者隐瞒收入，推迟或者提前确认收入；

（三）随意改变费用、成本的确认标准或者计量方法，虚列、多列、不列或者少列费用、成本；

（四）随意调整利润的计算、分配方法，编造虚假利润或者隐瞒利润；

（五）违反国家统一的会计制度规定的其他行为。

第四章　会计监督

第二十七条 各单位应当建立、健全本单位内部会计监督制度。单位内部会计监督制度应当符合下列要求：

（一）记账人员与经济业务事项和会计事项的审批人员、经办人员、财物保管人员的职责权限应当明确，并相互分离、相互制约；

（二）重大对外投资、资产处置、资金调度和其他重要经济业务事项的决策和执行的相互监督、相互制约程序应当明确；

（三）财产清查的范围、期限和组织程序应当明确；

（四）对会计资料定期进行内部审计的办法和程序应当明确。

第二十八条 单位负责人应当保证会计机构、会计人员依法履行职责，不得授意、指使、强令会计机构、会计人员违法办理会计事项。

会计机构、会计人员对违反本法和国家统一的会计制度规定的会计事项，有权拒绝办理或者按照

职权予以纠正。

第二十九条 会计机构、会计人员发现会计账簿记录与实物、款项及有关资料不相符的，按照国家统一的会计制度的规定有权自行处理的，应当及时处理；无权处理的，应当立即向单位负责人报告，请求查明原因，作出处理。

第三十条 任何单位和个人对违反本法和国家统一的会计制度规定的行为，有权检举。收到检举的部门有权处理的，应当依法按照职责分工及时处理；无权处理的，应当及时移送有权处理的部门处理。收到检举的部门、负责处理的部门应当为检举人保密，不得将检举人姓名和检举材料转给被检举单位和被检举人个人。

第三十一条 有关法律、行政法规规定，须经注册会计师进行审计的单位，应当向受委托的会计师事务所如实提供会计凭证、会计账簿、财务会计报告和其他会计资料以及有关情况。

任何单位或者个人不得以任何方式要求或者示意注册会计师及其所在的会计师事务所出具不实或者不当的审计报告。

财政部门有权对会计师事务所出具审计报告的程序和内容进行监督。

第三十二条 财政部门对各单位的下列情况实施监督：

（一）是否依法设置会计账簿；

（二）会计凭证、会计账簿、财务会计报告和其他会计资料是否真实、完整；

（三）会计核算是否符合本法和国家统一的会计制度的规定；

（四）从事会计工作的人员是否具备从业资格。

在对前款第（二）项所列事项实施监督，发现重大违法嫌疑时，国务院财政部门及其派出机构可以向与被监督单位有经济业务往来的单位和被监督单位开立账户的金融机构查询有关情况，有关单位和金融机构应当给予支持。

第三十三条 财政、审计、税务、人民银行、证券监管、保险监管等部门应当依照有关法律、行政法规规定的职责，对有关单位的会计资料实施监督检查。

前款所列监督检查部门对有关单位的会计资料依法实施监督检查后，应当出具检查结论。有关监督检查部门已经作出的检查结论能够满足其他监督检查部门履行本部门职责需要的，其他监督检查部门应当加以利用，避免重复查账。

第三十四条 依法对有关单位的会计资料实施监督检查的部门及其工作人员对在监督检查中知悉的国家秘密和商业秘密负有保密义务。

第三十五条 各单位必须依照有关法律、行政法规的规定，接受有关监督检查部门依法实施的监督检查，如实提供会计凭证、会计账簿、财务会计报告和其他会计资料以及有关情况，不得拒绝、隐匿、谎报。

第五章 会计机构和会计人员

第三十六条 各单位应当根据会计业务的需要，设置会计机构，或者在有关机构中设置会计人员并指定会计主管人员；不具备设置条件的，应当委托经批准设立从事会计代理记账业务的中介机构代理记账。

国有的和国有资产占控股地位或者主导地位的大、中型企业必须设置总会计师。总会计师的任职资格、任免程序、职责权限由国务院规定。

第三十七条 会计机构内部应当建立稽核制度。

出纳人员不得兼任稽核、会计档案保管和收入、支出、费用、债权债务账目的登记工作。

第三十八条 从事会计工作的人员，必须取得会计从业资格证书。

担任单位会计机构负责人（会计主管人员）的，除取得会计从业资格证书外，还应当具备会计师以上专业技术职务资格或者从事会计工作三年以上经历。

会计人员从业资格管理办法由国务院财政部门规定。

第三十九条 会计人员应当遵守职业道德，提高业务素质。对会计人员的教育和培训工作应当加强。

第四十条 因有提供虚假财务会计报告，做假账，隐匿或者故意销毁会计凭证、会计账簿、财务会计报告，贪污，挪用公款，职务侵占等与会计职务有关的违法行为被依法追究刑事责任的人员，不得取得或者重新取得会计从业资格证书。

除前款规定的人员外，因违法违纪行为被吊销会计从业资格证书的人员，自被吊销会计从业资格证书之日起五年内，不得重新取得会计从业资格证书。

第四十一条 会计人员调动工作或者离职，必须与接管人员办清交接手续。

一般会计人员办理交接手续，由会计机构负责人（会计主管人员）监交；会计机构负责人（会计主管人员）办理交接手续，由单位负责人监交，必要时主管单位可以派人会同监交。

第六章　法律责任

第四十二条 违反本法规定，有下列行为之一的，由县级以上人民政府财政部门责令限期改正，可以对单位并处三千元以上五万元以下的罚款；对其直接负责的主管人员和其他直接责任人员，可以处二千元以上二万元以下的罚款；属于国家工作人员的，还应当由其所在单位或者有关单位依法给予行政处分：

（一）不依法设置会计账簿的；

（二）私设会计账簿的；

（三）未按照规定填制、取得原始凭证或者填制、取得的原始凭证不符合规定的；

（四）以未经审核的会计凭证为依据登记会计账簿或者登记会计账簿不符合规定的；

（五）随意变更会计处理方法的；

（六）向不同的会计资料使用者提供的财务会计报告编制依据不一致的；

（七）未按照规定使用会计记录文字或者记账本位币的；

（八）未按照规定保管会计资料，致使会计资料毁损、灭失的；

（九）未按照规定建立并实施单位内部会计监督制度或者拒绝依法实施的监督或者不如实提供有关会计资料及有关情况的；

（十）任用会计人员不符合本法规定的。

有前款所列行为之一，构成犯罪的，依法追究刑事责任。

会计人员有第一款所列行为之一，情节严重的，由县级以上人民政府财政部门吊销会计从业资格证书。

有关法律对第一款所列行为的处罚另有规定的，依照有关法律的规定办理。

第四十三条 伪造、变造会计凭证、会计账簿，编制虚假财务会计报告，构成犯罪的，依法追究刑事责任。

有前款行为，尚不构成犯罪的，由县级以上人民政府财政部门予以通报，可以对单位并处五千元以上十万元以下的罚款；对其直接负责的主管人员和其他直接责任人员，可以处三千元以上五万元以下的罚款；属于国家工作人员的，还应当由其所在单位或者有关单位依法给予撤职直至开除的行政处分；对其中的会计人员，并由县级以上人民政府财政部门吊销会计从业资格证书。

第四十四条 隐匿或者故意销毁依法应当保存的会计凭证、会计账簿、财务会计报告，构成犯罪的，依法追究刑事责任。

有前款行为，尚不构成犯罪的，由县级以上人民政府财政部门予以通报，可以对单位并处五千元以上十万元以下的罚款；对其直接负责的主管人员和其他直接责任人员，可以处三千元以上五万元以下的罚款；属于国家工作人员的，还应当由其所在单位或者有关单位依法给予撤职直至开除的行政处分；对其中的会计人员，并由县级以上人民政府财政部门吊销会计从业资格证书。

第四十五条 授意、指使、强令会计机构、会计人员及其他人员伪造、变造会计凭证、会计账簿，编制虚假财务会计报告或者隐匿、故意销毁依法应当保存的会计凭证、会计账簿、财务会计报告，构成犯罪的，依法追究刑事责任；尚不构成犯罪的，可以处五千元以上五万元以下的罚款；属于国家工作人员的，还应当由其所在单位或者有关单位依法给予降级、撤职、开除的行政处分。

第四十六条 单位负责人对依法履行职责、抵制违反本法规定行为的会计人员以降级、撤职、调离工作岗位、解聘或者开除等方式实行打击报复，构成犯罪的，依法追究刑事责任；尚不构成犯罪的，由其所在单位或者有关单位依法给予行政处分。对受打击报复的会计人员，应当恢复其名誉和原有职务、级别。

第四十七条 财政部门及有关行政部门的工作人员在实施监督管理中滥用职权、玩忽职守、徇私舞弊或者泄露国家秘密、商业秘密，构成犯罪的，依法追究刑事责任；尚不构成犯罪的，依法给予行政处分。

第四十八条 违反本法第三十条规定，将检举人姓名和检举材料转给被检举单位和被检举人个人的，由所在单位或者有关单位依法给予行政处分。

第四十九条 违反本法规定，同时违反其他法律规定的，由有关部门在各自职权范围内依法进行处罚。

第七章 附 则

第五十条 本法下列用语的含义：

单位负责人，是指单位法定代表人或者法律、行政法规规定代表单位行使职权的主要负责人。

国家统一的会计制度，是指国务院财政部门根据本法制定的关于会计核算、会计监督、会计机构和会计人员以及会计工作管理的制度。

第五十一条 个体工商户会计管理的具体办法，由国务院财政部门根据本法的原则另行规定。

第五十二条 本法自2000年7月1日起施行。

附录二

会计基础工作规范

（1996年6月17日财政部财会字19号发布）

第一章　总　则

第一条　为了加强会计基础工作，建立规范的会计工作秩序，提高会计工作水平，根据《中华人民共和国会计法》的有关规定，制定本规范。

第二条　国家机关、社会团体、企业、事业单位、个体工商户和其他组织的会计基础工作，应当符合本规范的规定。

第三条　各单位应当依据有关法律、法规和本规范的规定，加强会计基础工作，严格执行会计法规制度，保证会计工作依法有序地进行。

第四条　单位领导人对本单位的会计基础工作负有领导责任。

第五条　各省，自治区、直辖市财政厅（局）要加强对会计基础工作的管理和指导，通过政策引导、经验交流、监督检查等措施，促进基层单位加强会计基础工作，不断提高会计工作水平。国务院各业务主管部门根据职责权限管理本部门的会计基础工作。

第二章　会计机构和会计人员

第一节　会计机构设置和会计人员配备

第六条　各单位应当根据会计业务的需要设置会计机构；不具备单独设置会计机构条件的，应当在有关机构中配人员。事业行政单位会计机构的设置和会计人员的配备，应当符合国家统一事业行政单位会计制度的规定。设置会计机构，应当配备会计机构负责人；在有关机构中配备专职会计人员，应当在专职会计人员中指定会计主管人员。会计机构负责人、会计主管人员的任免，应当符合《中华人民共和国会计法》和有关法律的规定。

第七条　会计机构负责人、会计主管人员应当具备下列基本条件：

（一）坚持原则，廉洁奉公；

（二）具有会计专业技术资格；

（三）主管一个单位或者单位内一个重要方面的财务会计工作时间不少于2年；

（四）熟悉国家财经法律、法规、规章和方针、政策，掌握本行业业务管理的有关知识；

（五）有较强的组织能力；

（六）身体状况能够适应本职工作的要求。

第八条　没有设置会计机构和配备会计人员的单位，应当根据《代理记账管理暂行办法》委托会计师事务所或者持有代理记账许可证书的其他代理记账机构进行代理记账。

第九条　大、中型企业、事业单位、业务主管部门应当根据法律和国家有关规定设置总会计师。总会计师由具有会计师以上专业技术资格的人员担任。总会计师行使《总会计师条例》规定的职责、权限。总会计师的任命（聘任）、免职（解聘）依照《总会计师条例》和有关法律的规定办理。

第十条　各单位应当根据会计业务需要配备持有会计证的会计人员。未取得会计证的人员，不得从事会计工作。

第十一条　各单位应当根据会计业务需要设置会计工作岗位。会计工作岗位上般可分为：会计机构负责人或者会计主管人员，出纳，财产物资核算，工资核算，成本费用核算；财务成果核算，资金核算，往来结算，总账报表，稽核，档案管理等。开展会计电算化和管理会计的单位，可以根据需要设置相应工作岗位，也可以与其他工作岗位相结合。

第十二条　会计工作岗位，可以一人一岗、一人多岗或者一岗多人。但出纳人员不得兼管审核、会计档案保管和收入、费用、债权债务账目的登记工作。

第十三条　会计人员的工作岗位应当有计划地进行轮换。

第十四条　会计人员应当具备必要的专业知识和专业技能，熟悉国家有关法律、法规，规章和国家统一会计制度，遵守职业道德。会计人员应当按照国家有关规定参加会计业务的培训。各单位应当合理安排会计人员的培训，保证会计人员每年有一定时间用于学习和参加培训。

第十五条　各单位领导人应当支持会计机构、会计人员依法行使职权；对忠于职守，坚持原则，作出显著成绩的会计机构、会计人员，应当给予精神的和物质的奖励。

第十六条　国家机关、国有企业、事业单位任用会计人员应当实行回避制度。单位领导人的直系亲属不得担任本单位的会计机构负责人、会计主管人员。会计机构负责人，会计主管人员的直系亲属不得在本单位会计机构中担任出纳工作。需要回避的直系亲属为：夫妻关系、直系血亲关系、三代以内旁系血亲以及配偶亲关系。

第二节　会计人员职业道德

第十七条　会计人员在会计工作中应当遵守职业道德，树立良好的职业品质、严谨的工作作风，严守工作纪律，努力提高工作效率和工作质量。

第十八条　会计人员应当热爱本职工作，努力钻研业务，使自己的知识和技能适应所从事工作的要求。

第十九条　会计人员应当熟悉财经法律、法规、规章和国家统一会计制度，并结合会计工作进行广泛宣传。

第二十条　会计人员应当按照会计法律、法规和国家统一会计制度规定的程序和要求进行会计工作，保证所提供的会计信息合法、真实、准确、及时、完整。

第二十一条　会计人员办理会计事务应当实事求是、客观公正.

第二十二条　会计人员应当熟悉本单位的生产经营和业务管理情况，运用掌握的会计信息和会计方法，为改善单位内部管理、提高经济效益服务。

第二十三条　会计人员应当保守本单位的商业秘密。除法律规定和单位领导人同意外，不能私自向外界提供或者泄露单位的会计信息。

第二十四条　财政部门、业务主管部门和各单位应当定期检查会计人员遵守职业道德的情况，并作为会计人员晋升、晋级、聘任专业职务、表彰奖励的重要考核依据。会计人员违反职业道德的，由所在单位进行处罚；情节严重的，由会计证发证机关吊销其会计证。

第三节　会计工作交接

第二十五条　会计人员工作调动或者因故离职，必须将本人所经管的会计工作全部移交给接替人员。没有办清交接手续的，不得调动或者离职。

第二十六条　接替人员应当认真接管移交工作，并继续办理移交的未了事项。

第二十七条　会计人员办理移交手续前，必须及时做好以下工作：

（一）已经受理的经济业务尚未填制会计凭证的，应当填制完毕。

（二）尚未登记的账目，应当登记完毕，并在最后一笔余额后加盖经办人员印章。

（三）整理应该移交的各项资料，对未了事项写出书面材料。

（四）编制移交清册，列明应当移交的会计凭证、会计账簿、会计报表、印章、现金、有价证券、支票簿、发票、文件、其他会计资料和物品等内容；实行会计电算化的单位，从事该项工作的移交人员还应当在移交清册中列明会计软件及密码、会计软件数据磁盘(磁带等)及有关资料、实物等内容。

第二十八条 会计人员办理交接手续，必须有监交人负责监交。一般会计人员交接，由单位会计机构负责人、会计主管人员负责监交；会计机构负责人、会计主管人员交接，由单位领导人负责监交，必要时可由上级主管部门派人会同监交。

第二十九条 移交人员在办理移交时，要按移交清册逐项移交；接替人员要逐项核对点收。

(一) 现金、有价证券要根据会计账簿有关记录进行点交。库存现金、有价证券必须与会计账簿记录保持一致。不一致时，移交人员必须限期查清。

(二) 会计凭证、会计账簿、会计报表和其他会计资料必须完整无缺。如有短缺，必须 查清原因，并在移交清册中注明，由移交人员负责。

(三) 银行存款账户余额要与银行对账单核对，如不一致，应当编制银行存款余额调节表调节相符，各种财产物资和债权债务的明细账户余额要与总账有关账户余额核对相符；必要时，要抽查个别账户的余额，与实物核对相符，或者与往来单位、个人核对清楚。

(四) 移交人员经管的票据、印章和其他实物等，必须交接清楚；移交人员从事会计电算化工作的，要对有关电子数据在实际操作状态下进行交接。

第三十条 会计机构负责人、会计主管人员移交时，还必须将全部财务会计工作、重大财务收支和会计人员的情况等，向接替人员详细介绍。对需要移交的遗留问题，应当写出书面材料。

第三十一条 交接完毕后，交接双方和监交人员要在移交注册上签名或者盖章，并应在移交注册上注明：单位名称，交接日期，交接双方和监交人员的职务、姓名，移交清册页数以及需要说明的问题和意见等。移交清册一般应当填制一式三份，交接双方各执一份，存档一份。

第三十二条 接替人员应当继续使用移交的会计账簿，不得自行另立新账，以保持会计记录的连续性。

第三十三条 会计人员临时离职或者因病不能工作且需要接替或者代理的，会计机构负责人、会计主管人员或者单位领导人必须指定有关人员接替或者代理，并办理交接手续。临时离职或者因病不能工作的会计人员恢复工作的，应当与接替或者代理人员办理交接手续。移交人员因病或者其他特殊原因不能亲自办理移交的，经单位领导人批准，可由移交人员委托他人代办移交，但委托人应当承担本规范第三十五条规定的责任。

第三十四条 单位撤销时，必须留有必要的会计人员，会同有关人员办理清理工作，编制决算。未移交前，不得离职。接收单位和移交日期由主管部门确定。单位合并、分立的，其会计工作交接手续比照上述有关规定办理。

第三十五条 移交人员对所移交的会计凭证、会计账簿、会计报表和其他有关资料的合法性、真实性承担法律责任。

第三章　会计核算

第一节　会计核算一般要求

第三十六条 各单位应当按照《中华人民共和国会计法》和国家统一会计制度的规定建立会计账册，进行会计核算，及时提供合法、真实、准确、完整的会计信息。

第三十七条 各单位发生的下列事项，应当及时办理会计手续、进行会计核算：

(一) 款项和有价证券的收付；

(二) 财物的收发、增减和使用；

(三) 债权债务的发生和结算；

(四) 资本、基金的增减；

（五）收入、支出、费用、成本的计算；

（六）财务成果的计算和处理；

（七）其他需要办理会计手续、进行会计核算的事项。

第三十八条　各单位的会计核算应当以实际发生的经济业务为依据，按照规定的会计处理方法进行，保证会计指标的口径一致、相互可比和会计处理方法的前后各期相一致。

第三十九条　会计年度自公历1月1日起至12月31日止。

第四十条　会计核算以人民币为记账本位币。收支业务以外国货币为主的单位，也可以选定某种外国货币作为记账本位市，但是编制的会计报表应当折算为人民币反映。境外单位向国内有关部门编报的会计报表，应当折算为人民币反映。

第四十一条　各单位根据国家统一会计制度的要求，在不影响会计核算要求、会计报表指标汇总和对外统一会计报表的前提下，可以根据实际情况自行设置和使用会计科目。事业行政单位会计科目的设置和使用，应当符合国家统一事业行政单位会计制度的规定。

第四十二条　会计凭证、会计账簿、会计报表和其他会计资料的内容和要求必须符合国家统一会计制度的规定，不得伪造、变造会计凭证和会计账簿，不得设置账外账，不得报送虚假会计报表。

第四十三条　各单位对外报送的会计报表格式由财政部统一规定。

第四十四条　实行会计电算化的单位，对使用的会计软件及其生成的会计凭证、会计账簿。会计报表和其他会计资料的要求，应当符合财政部关于会计电算化的有关规定。

第四十五条　各单位的会计凭证、会计账簿、会计报表和其他会计资料，应当建立档案，妥善保管。会计档案建档要求、保管期限、销毁办法等依据《会计档案管理办法》的规定进行。实行会计电算化的单位，有关电子数据、会计软件资料等应当作为会计档案进行管理。

第四十六条　会计记录的文字应当使用中文，少数民族自治地区可以同时使用少数民族文字。中国境内的外商投资企业、外国企业和其他外国经济组织也可以同时使用某种外国文字。

第二节　填制会计凭证

第四十七条　各单位办理本规范第三十七条规定的事项，必须取得或者填制原始凭证，并及时送交会计机构。

第四十八条　原始凭证的基本要求是：

（一）原始凭证的内容必须具备：凭证的名称；填制凭证的日期；填制凭证单位名称 或者填制人姓名；经办人员的签名或者盖章；接受凭证单位名称；经济业务内容；数量、单价和金额。

（二）从外单位取得的原始凭证，必须盖有填制单位的公章；从个人取得的原始凭证，必须有填制人员的签名或者盖章。自制原始凭证必须有经办单位领导人或者其指定的人员签名或者盖章。对外开出的原始凭证，必须加盖本单位公章。

（三）凡填有大写和小写金额的原始凭证，大写与小写金额必须相符。购买实物的原始凭证，必须有验收证明。支付款项的原始凭证。必须有收款单位和收款人的收款证明。

（四）一式几联的原始凭证，应当注明各联的用途，只能以一联作为报销凭证。一式几联的发票和收据，必须用双面复写纸（发票和收据本身具备复写纸功能的除外）套写，并连续编号。作废时应当加盖“作废”戳记，连同存根一起保存，不得撕毁。

（五）发生销货退回的，除填制退货发票外，还必须有退货验收证明；退款时，必须取得对方的收款收据或者汇款银行的凭证，不得以退货发票代替收据。

（六）职工公出借款凭据，必须附在记账凭证之后。收回借款时，应当另开收据或者退还借据副本，不得退还原借款收据。

（七）经上级有关部门批准的经济业务，应当将批准文件作为原始凭证附件；如果批准文件需要单独归档的，应当在凭证上注明批准机关名称、日期和文件字号。

第四十九条 原始凭证不得涂改、挖补。发现原始凭证有错误的，应当由开出单位重开或者更正，更正处应当加盖开出单位的公章。

第五十条 会计机构、会计人员要根据审核无误的原始凭证填制记账凭证。记账凭证可以分为收款凭证、付款凭证和转账凭证，也可以使用通用记账凭证。

第五十一条 记账凭证的基本要求是：

（一）记账凭证的内容必须具备：填制凭证的日期；凭证编号；经济业务摘要；会计科目；金额；所附原始凭证张数；填制凭证人员、稽核人员、记账人员、会计机构负责人、会计主管人员签名或者盖章。收款和付款记账凭证还应当由出纳人员签名或者盖章。以自制的原始凭证或者原始凭证汇总表代替记账凭证的，也必须具备记账凭证应有的项目。

（二）填制记账凭证时，应当对记账凭证进行连续编号。一笔经济业务需要填制两张以上记账凭证的，可以采用分数编号法编号。

（三）记账凭证可以根据每一张原始凭证填制，或者根据若干张同类原始凭证汇总填制，也可以根据原始凭证汇总表填制。但不得将不同内容和类别的原始凭证汇总填制在一张记账凭证上。

（四）除结账和更正错误的记账凭证可以不附原始凭证外，其他记账凭证必须附有原始凭证。如果一张原始凭证涉及几张记账凭证，可以把原始凭证附在一张主要的记账凭证后面，并在其他记账凭证上注明附有该原始凭证的记账凭证的编号或者附原始凭证复印机。一张复始凭证所列支出需要几个单位共同负担的，应当将其他单位负担的部分，开给对方原始凭证分割单，进行结算。原始凭证分割单必须具备原始凭证的基本内容：凭证名称、填制凭证日期、填制凭证单位名称或者填制人姓名、经办人的签名或者盖章、接受凭证单位名称、经济业务内容、数量、单价、金额和费用分摊情况等。

（五）如果在填制记账凭证时发生错误，应当重新填制。已经登记入账的记账凭证，在当年内发现填写错误时，可以用红字填写一张与原内容相同的记账凭证，在摘要栏注明"注销某月某日某号凭证"字样，同时再用蓝字重新填制一张正确的记账凭证，注明"订正某月某日某号凭证"字样。如果会计科目没有错误，只是金额错误，也可以将正确数字与错误数字之间的差额，另编一张调整的记账凭证，调增金额用蓝字，调减金额用红字。发现以前年度记账凭证有错误的，应当用蓝字填制一张更正的记账凭证。

（六）记账凭证填制完经济业务事项后，如有空行，应当自金额栏最后一笔金额数字下的空行处至合计数上的空行处划线注销。

第五十二条 填制会计凭证，字迹必须清晰、工整，并符合下列要求：

（一）阿拉伯数字应当一个一个地写，不得连笔写。阿拉伯金额数字前面应当书写货币币种符号或者货币名称简写和市种符号。币种符号与阿拉伯金额数字之间不得留有空白。凡阿拉伯数字前写有市种符号的，数字后面不再写货币单位。

（二）所有以元为单位（其他货币种类为货币基本单位，下同）的阿拉伯数字，除表示单价等情况外，一律填写到角分；元角分的，角位和分位可写"00"，或者符号"一"；有角无分的，分位应当写"0"，不得用符号"一"代替。

（三）汉字大写数字金额如零、壹、贰、叁、肆、伍、陆、柒、捌、玖、拾、佰、仟、万、亿等，一律用正楷或者行书体书写，不得用0、一、二、三、四、五、六、七、八、九、十等简化字代替，不得任意自造简化字。大写金额数字到元或者角为止的，在"元"或者"角"字之后应当写"整"字或者"正"字；大写金额数字有分的，分字后面不写"整"或者"正"字。

（四）大写金额数字前未印有货币名称的，应当加填货币名称，货币名称与金额数字之间不得留有空白。

（五）阿拉伯金额数字中间有"0"时，汉字大写金额要写"零"字；阿拉伯数字金额中间连续有几个"0"时，汉字大写金额中可以只写一个"零"字；阿拉伯金额数字元位是"0"，或者数字中间连续有几个

“0”、元位也是“0”但角位不是“0”时，汉字大写金额可以只写一个“零”字，也可以不写“零”字。

第五十三条 实行会计电算化的单位，对于机制记账凭证，要认真审核，做到会计科目使用正确，数字准确无误。打印出的机制记账凭证要加盖制单人员、审核人员、记账人员及会计机构负责人、会计主管人员印章或者签字。

第五十四条 各单位会计凭证的传递程序应当科学、合理，具体办法由各单位根据会计业务需要自行规定。

第五十五条 会计机构、会计人员要妥善保管会计凭证。

（一）会计凭证应当及时传递，不得积压。

（二）会计凭证登记完毕后，应当按照分类和编号顺序保管，不得散乱丢失。

（三）记账凭证应当连同所附的原始凭证或者原始凭证汇总表，按照编号顺序，折叠整齐，按期装订成册，并加具封面，注明单位名称、年度、月份和起讫日期、凭证种类、起讫号码，由装订人在装订线封签外签名或者盖章。对于数量过多的原始凭证，可以单独装订保管，在封面上注明记账凭证日期、编号、种类，同时在记账凭证上注明“附件另订”和原始凭证名称及编号。各种经济合同、存出保证金收据以及涉外文件等重要原始凭证，应当另编目录，单独登记保管，并在有关的记账凭证和原始凭证上相互注明日期和编号。

（四）原始凭证不得外借，其他单位如因特殊原因需要使用原始凭证时，经本单位会计机构负责人、会计主管人员批准，可以复制。向外单位提供的原始凭证复制件，应当在专设的登记簿上登记，并由提供人员和收取人员共同签名或者盖章。

（五）从外单位取得的原始凭证如有遗失，应当取得原开出单位盖有公章的证明，并注明原来凭证的号码、金额和内容等，由经办单位会计机构负责人、会计主管人员和单位领导人批准后，才能代作原始凭证。如果确实无法取得证明的，如火车、轮船、飞机票等凭证，由当事人写出详细情况，由经办单位会计机构负责人、会计主管人员和单位领导人批准后，代作原始凭证。

第三节 登记会计账簿

第五十六条 各单位应当按照国家统一会计制度的规定和会计业务的需要设置会计账簿。会计账簿包括总账、明细账、日记账和其他辅助性账簿。

第五十七条 现金日记账和银行存款日记账必须采用订本式账簿。不得用银行对账单或者其他方法代替日记账。

第五十八条 实行会计电算化的单位，用计算机打印的会计账簿必须连续编号，经审核无误后装订成册，并由记账人员和会计机构负责人、会计主管人员签字或者盖章。

第五十九条 启用会计账簿时，应当在账簿封面上写明单位名称和账簿名称。在账簿扉页上应当附启用表，内容包括：启用日期、账簿页数、记账人员和会计机构负责人、会计主管人员姓名，并加盖名章和单位公章。记账人员或者会计机构负责人、会计主管人员调动工作时，应当注明交接日期、接办人员或者监交人员姓名，并由交接双方人员签名或者盖章。启用订本式账簿，应当从第一页到最后一页顺序编定页数，不得跳页、缺号。使用活页式账页，应当按账户顺序编号，并须定期装订成册。装订后再接实际使用的账页顺序编定页码。另加目录，记明每个账户的名称和页次。

第六十条 会计人员应当根据审核无误的会计凭证登记会计账簿。登记账簿的基本要求是：

（一）登记会计账簿时，应当将会计凭证日期、编号、业务内容摘要、金额和其他有关资料逐项记入账内；做到数字准确、摘要清楚、登记及时、字迹工整。

（二）登记完毕后，要在记账凭证上签名或者盖章，并注明已经登账的符号，表示已经记账。

（三）账簿中书写的文字和数字上面要留有适当空格，不要写满格；一般应占格距的二分之一。

（四）登记账簿要用蓝黑墨水或者碳素墨水书写，不得使用圆珠笔（银行的复写账簿除外）或者铅笔书写。

（五）下列情况，可以用红色墨水记账：

1. 按照红字冲账的记账凭证，冲销错误记录；

2. 在不设借贷等栏的多栏式账页中，登记减少数；

3. 在三栏式账户的余额栏前，如未印明余额方面的，在余额栏内登记负数余额；

4. 根据国家统一会计制度的规定可以用红字登记的其他会计记录。

（六）各种账簿按页次顺序连续登记，不得跳行、隔页。如果发生跳行、隔页，应当将空行、空页划线注销，或者注明“此行空白”“此页空白”字样，并由记账人员签名或者盖章。

（七）凡需要结出余额的账户，结出余额后。应当在“借或贷”等栏内写明“借”或者“贷”，等字样。没有余额的账户，应当在“借或贷”等栏内写“平”字，并在余额栏内用“Q”表示。现金日记账和银行存款日记账必须逐日结出余额。

（八）每一账页登记完毕结转下页时，应当结出本页合计数及余额，写在本页最后一行和下页第一行有关栏内，并在摘要栏内注明“过次页”和“承前页”字样；也可以将本页合计数及金额只写在下页第一行有关栏内，并在摘要栏内注明“承前页”字样。对需要结计本月发生额的账户，结计“过次页”的本页合计数应当为自本月初起至本页未止的发生额合计数；对需要结计本年累计发生额的账户，结计“过次页”的本页合计数应当为自年初起至本页未止的累计数；对既不需要结计本月发生额也不需要结计本年累计发生额的账户，可以只将每页未的余额结转次页。

第六十一条　账簿记录发生错误，不准涂改、挖补、刮擦或者用药水消除字迹，不准重新抄写，必须按照下列方法进行更正：

（一）登记账簿时发生错误，应当将错误的文字或者数字划红线注销，但必须使原有字迹仍可辨认；然后在划线上方填写正确的文字或者数字，并由记账人员在更正处盖章。对于错误的数字，应当全部划红线更正，不得只更正其中的错误数字。对于文字错误，可只划去错误的部分。

（二）由于记账凭证错误而使账簿记录发生错误，应当按更正的记账凭证登记账簿。

第六十二条　各单位应当定期对会计账簿记录的有关数字与库存实物、货币资金、有价证券、往来单位或者个人等进行相互核对，保证账证相符、账账相符、账实相符。对账工作 每年至少进行一次。

（一）账证核对。核对会计账簿记录与原始凭证、记账凭证的时间、凭证字号、内容、金额是否一致，记账方向是否相符。

（二）账账核对。核对不同会计账簿之间的账簿记录是否相符，包括：总账有关账户的余额核对，总账与明细账核对，总账与日记账核对，会计部门的财产物资明细账与财产物资保管和使用部门的有关明细账核对等。

（三）账实核对。核对会计账簿记录与财产等实有数额是否相符。包括：现金日记账账面余额与现金实际库存数相核对；银行存款日记账账面余额定期与银行对账单相核对；各种财物明细账账面余额与财物实存数额相核对；各种应收、应付款明细账账面余额与有关债务、债权单位或者个人核对等。

第六十三条　各单位应当按照规定定期结账。

（一）结账前，必须将本期内所发生的各项经济业务全部登记入账。

（二）结账时，应当结出每个账户的期末余额。需要结出当月发生额的，应当在摘要栏内注明“本月合计”字样，并在下面通栏划单红线。需要结出本年累计发生额的，应当在摘要栏内注明“本年累计”字样，并在下面通栏划单红线；12 月末的“本年累计”就是全年累计发生额。全年累计发生额下面应当通栏划双红线。年度终了结账时，所有总账账户都应当结出全年发生额和年末余额。

（三）年度终了，要把各账户的余额结转到下一会计年度，并在摘要栏注明“结转下年”字样；在下一会计年度新建有关会计账簿的第一行余额栏内填写上年结转的余额，并在摘要栏注明“上年结转”字样。

第四节　编制财务报告

第六十四条　各单位必须按照国家统一会计制度的规定，定期编制财务报告。财务报告包括会计报表及其说明。会计报表包括会计报表主表、会计报表附表、会计报表附注。

第六十五条　各单位对外报送的财务报告应当根据国家统一会计制度规定的格式和要求编制。单位内部使用的财务报告，其格式和要求由各单位自行规定。

第六十六条　会计报表应当根据登记完整、核对无误的会计账簿记录和其他有关资料编制，做到数字真实、计算准确、内容完整、说明清楚。任何人不得篡改或者授意、指使、强令他人篡改会计报表的有关数字。

第六十七条　会计报表之间、会计报表各项目之间，凡有对应关系的数字，应当相互一致。本期会计报表与上期会计报表之间有关的数字应当相互衔接。如果不同会计年度会计报表中各项目的内容和核算方法有变更的，应当在年度会计报表中加以说明。

第六十八条　各单位应当按照国家统一会计制度的规定认真编写会计报表附注及其说明，做到项目齐全，内容完整。

第六十九条　各单位应当按照国家规定的期限对外报送财务报告。对外报送的财务报告，应当依次编定页码，加具封面，装订成册，加盖公章。封面上应当注明：单位名称，单位地址，财务报告所属年度、季度、月度，送出日期，并由单位领导人、总会计师、会计机构负责人、会计主管人员签名或者盖章。单位领导人对财务报告的合法性、真实性负法律责任。

第七十条　根据法律和国家有关规定应当对财务报告进行审计的，财务报告编制单位应当先行委托注册会计师进行审计，并将注册会计师出具的审计报告随同财务报告按照规定 的期限报送有关部门。

第七十一条　如果发现对外报送的财务报告有错误，应当及时办理更正手续。除更正本单位留存的财务报告外，并应同时通知接受财务报告的单位更正。错误较多的，应当重新编报。

第四章　会计监督

第七十二条　各单位的会计机构、会计人员对本单位的经济活动进行会计监督。

第七十三条　会计机构、会计人员进行会计监督的依据是：

（一）财经法律、法规、规章；

（二）会计法律、法规和国家统一会计制度；

（三）各省、自治区、直辖市财政厅（局）和国务院业务主管部门根据《中华人民共和国会计法》和国家统一会计制度制定的具体实施办法或者补充规定；

（四）各单位根据《中华人民共和国会计法》和国家统一会计制度制定的单位内部会计管理制度；

（五）各单位内部的预算、财务计划、经济计划、业务计划。

第七十四条　会计机构、会计人员应当对原始凭证进行审核和监督。对不真实、不合法的原始凭证，不予受理。对弄虚作假、严重违法的原始凭证，在不予受理的同时，应当予以扣留，并及时向单位领导人报告，请求查明原因，追究当事人的责任。对记载不明确、不完整的原始凭证，予以退回，要求经办人员更正、补充。

第七十五条　会计机构、会计人员对伪造、变造、故意毁灭会计账簿或者账外设账行为，应当制止和纠正；制止和纠正无效的，应当向上级主管单位报告，请求作出处理。

第七十六条　会计机构、会计人员应当对实物、款项进行监督，督促建立并严格执行财产清查制度。发现账簿记录与实物、款项不符时，应当按照国家有关规定进行处理。超出会计机构、会计人员职权范围的，应当立即向本单位领导报告，请求查明原因，作出处理。

第七十七条　会计机构、会计人员对指使、强令编造、篡改财务报告行为，应当制止和纠正；制止和纠正无效的，应当向上级主管单位报告，请求处理。

第七十八条　会计机构、会计人员应当对财务收支进行监督。

（一）对审批手续不全的财务收支，应当退回，要求补充、更正。

（二）对违反规定不纳入单位统一会计核算的财务收支，应当制止和纠正。

（三）对违反国家统一的财政、财务、会计制度规定的财务收支，不予办理。

（四）对认为是违反国家统一的财政、财务、会计制度规定的财务收支。应当制止和纠正；制止和纠正无效的，应当向单位领导人提出书面意见请求处理。单位领导人应当在接到书面意见起十日内作出书面决定，并对决定承担责任。

（五）对违反国家统一的财政、财务、会计制度规定的财务收支，不予制止和纠正，又不向单位领导人提出书面意见的；也应当承担责任。

（六）对严重违反国家利益和社会公众利益的财务收支，应当向主管单位或者财政、审计、税务机关报告。

第七十九条　会计机构、会计人员对违反单位内部会计管理制度的经济活动，应当制止和纠正；制止和纠正无效的，向单位领导人报告，请求处理。

第八十条　会计机构、会计人员应当对单位制定的预算、财务计划、经济计划、业务计划的执行情况进行监督。

第八十一条　各单位必须依照法律和国家有关规定接受财政、审计、税务等机关的监督，如实提供会计凭证、会计账簿、会计报表和其他会计资料以及有关情况、不得拒绝、隐匿、谎报。

第八十二条　按照法律规定应当委托注册会计师进行审计的单位，应当委托注册会计师 进行审计，并配合注册会计师的工作，如实提供会计凭证、会计账簿、会计报表和其他会计资料以及有关情况，不得拒绝、隐匿、谎报；不得示意注册会计师出具不当的审计报告。

第五章　内部会计管理制度

第八十三条　各单位应当根据《中华人民共和国会计法》和国家统一会计制度的规定，结合单位类型和内容管理的需要，建立健全相应的内部会计管理制度。

第八十四条　各单位制定内部会计管理制度应当遵循下列原则：

（一）应当执行法律、法规和国家统一的财务会计制度。

（二）应当体现本单位的生产经营、业务管理的特点和要求。

（三）应当全面规范本单位的各项会计工作，建立健全会计基础，保证会计工作的有序进行。

（四）应当科学、合理，便于操作和执行。

（五）应当定期检查执行情况。

（六）应当根据管理需要和执行中的问题不断完善。

第八十五条　各单位应当建立内部会计管理体系。主要内容包括：单位领导人、总会计师对会计工作的领导职责；会计部门及其会计机构负责人、会计主管人员的职责、权限；会计部门与其他职能部门的关系；会计核算的组织形式等。

第八十六条　各单位应当建立会计人员岗位责任制度。主要内容包括：会计人员的工作岗位设置；备会计工作岗位的职责和标准；各会计工作岗位的人员和具体分工；会计工作位轮换办法；对各会计工作岗位的考核办法。

第八十七条　各单位应当建立账务处理程序制度。主要内容包括：会计科目及其明细科目的设置和使用；会计凭证的格式、审核要求和传递程序；会计核算方法；会计账簿的设置；编制会计报表的种类和要求；单位会计指标体系。

第八十八条　各单位应当建立内部牵制制度。主要内容包括：内部牵制制度的原则；组织分工；

出纳岗位的职责和限制条件；有关岗位的职责和权限。

第八十九条　各单位应当建立稽核制度。主要内容包括：稽核工作的组织形式和具体分工；稽核工作的职责、权限；审核会计凭证和复核会计账簿、会计报表的方法。

第九十条　各单位应当建立原始记录管理制度。主要内容包括：原始记录的内容和填制方法；原始记录的格式；原始记录的审核；原始记录填制人的责任；原始记录签署；传递、汇集要求。

第九十一条　各单位应当建立定额管理制度。主要内容包括：定额管理的范围；制定和修订定额的依据、程序和方法；定额的执行；定额考核和奖惩办法等。

第九十二条　各单位应当建立计量验收制度。主要内容包括：计量检测手段和方法；计量验收管理的要求；计量验收人员的责任和奖惩办法。

第九十三条　各单位应当建立财产清查制度。主要内容包括：财产清查的范围；财产清查的组织；时产清查的期限和方法；对财产清查中发现问题的处理办法；对财产管理人员的奖惩办法。

第九十四条　各单位应当建立财务收支审批制度。主要内容包括：财务收支审批人员审批权限；财务收支审批程序；财务收支审批人员的责任。

第九十五条　实行成本核算的单位应当建立成本核算制度。主要内容包括：成本核算的对象；成本核算的方法和程序；成本、分析等。

第九十六条　各单位应当建立财务会计分析制度。主要内容包括：财务会计分析的主要内容；财务会计分析的基本要求和组织程序；财务会计分析的具体方法；财务会计分析报告的编写要求等。

第六章　附　则

第九十七条　本规范所称国家统一会计制度，是指由财政部制定、或者财政部与国务院有关部门联合制定、或者经财政部审核批准的在全国范围内统一执行的会计规章、准则、办法等规范性文件。本规范所称会计主管人员，是指不设置会计机构、只在其他机构中设置专职会计人员的单位行使会计机构负责人职权的人员。本规范第三章第二节和第三节关于填制会计凭证、登记会计账簿的规定，除特别指出外，一般适用于手工记账。实行会计电算化的单位，填制会计凭证和登记会计账簿的有关要求，应当符合财政部关于会计电算化的有关规定。

第九十八条　各省、自治区、直辖市财政厅(局)、国务院各业务主管部门可以根据本规范的原则，结合本地区、本部门的具体情况，制定具体实施办法，报财政部备案。

第九十九条　本规范由财政部负责解释、修改。

第一百条　本规范自公布之日起实施。1984 年 4 月 24 日财政部发布的《会计人员工作规则》同时废止。

附录三

会计档案管理办法

（2015年12月11日中华人民共和国财政部　国家档案局令第79号发布）

第一条　为了加强会计档案管理，有效保护和利用会计档案，根据《中华人民共和国会计法》《中华人民共和国档案法》等有关法律和行政法规，制定本办法。

第二条　国家机关、社会团体、企业、事业单位和其他组织（以下统称单位）管理会计档案适用本办法。

第三条　本办法所称会计档案是指单位在进行会计核算等过程中接收或形成的，记录和反映单位经济业务事项的，具有保存价值的文字、图表等各种形式的会计资料，包括通过计算机等电子设备形成、传输和存储的电子会计档案。

第四条　财政部和国家档案局主管全国会计档案工作，共同制定全国统一的会计档案工作制度，对全国会计档案工作实行监督和指导。

县级以上地方人民政府财政部门和档案行政管理部门管理本行政区域内的会计档案工作，并对本行政区域内会计档案工作实行监督和指导。

第五条　单位应当加强会计档案管理工作，建立和完善会计档案的收集、整理、保管、利用和鉴定销毁等管理制度，采取可靠的安全防护技术和措施，保证会计档案的真实、完整、可用、安全。

单位的档案机构或者档案工作人员所属机构（以下统称单位档案管理机构）负责管理本单位的会计档案。单位也可以委托具备档案管理条件的机构代为管理会计档案。

第六条　下列会计资料应当进行归档：

（一）会计凭证，包括原始凭证、记账凭证；

（二）会计账簿，包括总账、明细账、日记账、固定资产卡片及其他辅助性账簿；

（三）财务会计报告，包括月度、季度、半年度、年度财务会计报告；

（四）其他会计资料，包括银行存款余额调节表、银行对账单、纳税申报表、会计档案移交清册、会计档案保管清册、会计档案销毁清册、会计档案鉴定意见书及其他具有保存价值的会计资料。

第七条　单位可以利用计算机、网络通信等信息技术手段管理会计档案。

第八条　同时满足下列条件的，单位内部形成的属于归档范围的电子会计资料可仅以电子形式保存，形成电子会计档案：

（一）形成的电子会计资料来源真实有效，由计算机等电子设备形成和传输；

（二）使用的会计核算系统能够准确、完整、有效接收和读取电子会计资料，能够输出符合国家标准归档格式的会计凭证、会计账簿、财务会计报表等会计资料，设定了经办、审核、审批等必要的审签程序；

（三）使用的电子档案管理系统能够有效接收、管理、利用电子会计档案，符合电子档案的长期保管要求，并建立了电子会计档案与相关联的其他纸质会计档案的检索关系；

（四）采取有效措施，防止电子会计档案被篡改；

（五）建立电子会计档案备份制度，能够有效防范自然灾害、意外事故和人为破坏的影响；

（六）形成的电子会计资料不属于具有永久保存价值或者其他重要保存价值的会计档案。

第九条　满足本办法第八条规定条件，单位从外部接收的电子会计资料附有符合《中华人民共和国电子签名法》规定的电子签名的，可仅以电子形式归档保存，形成电子会计档案。

第十条　单位的会计机构或会计人员所属机构（以下统称单位会计管理机构）按照归档范围和归档要求，负责定期将应当归档的会计资料整理立卷，编制会计档案保管清册。

第十一条　当年形成的会计档案，在会计年度终了后，可由单位会计管理机构临时保管一年，再移交单位档案管理机构保管。因工作需要确需推迟移交的，应当经单位档案管理机构同意。

单位会计管理机构临时保管会计档案最长不超过三年。临时保管期间，会计档案的保管应当符合国家档案管理的有关规定，且出纳人员不得兼管会计档案。

第十二条　单位会计管理机构在办理会计档案移交时，应当编制会计档案移交清册，并按照国家档案管理的有关规定办理移交手续。

纸质会计档案移交时应当保持原卷的封装。电子会计档案移交时应当将电子会计档案及其元数据一并移交，且文件格式应当符合国家档案管理的有关规定。特殊格式的电子会计档案应当与其读取平台一并移交。

单位档案管理机构接收电子会计档案时，应当对电子会计档案的准确性、完整性、可用性、安全性进行检测，符合要求的才能接收。

第十三条　单位应当严格按照相关制度利用会计档案，在进行会计档案查阅、复制、借出时履行登记手续，严禁篡改和损坏。

单位保存的会计档案一般不得对外借出。确因工作需要且根据国家有关规定必须借出的，应当严格按照规定办理相关手续。

会计档案借用单位应当妥善保管和利用借入的会计档案，确保借入会计档案的安全完整，并在规定时间内归还。

第十四条　会计档案的保管期限分为永久、定期两类。定期保管期限一般分为10年和30年。

会计档案的保管期限，从会计年度终了后的第一天算起。

第十五条　各类会计档案的保管期限原则上应当按照本办法附表执行，本办法规定的会计档案保管期限为最低保管期限。

单位会计档案的具体名称如有同本办法附表所列档案名称不相符的，应当比照类似档案的保管期限办理。

第十六条　单位应当定期对已到保管期限的会计档案进行鉴定，并形成会计档案鉴定意见书。经鉴定，仍需继续保存的会计档案，应当重新划定保管期限；对保管期满，确无保存价值的会计档案，可以销毁。

第十七条　会计档案鉴定工作应当由单位档案管理机构牵头，组织单位会计、审计、纪检监察等机构或人员共同进行。

第十八条　经鉴定可以销毁的会计档案，应当按照以下程序销毁：

（一）单位档案管理机构编制会计档案销毁清册，列明拟销毁会计档案的名称、卷号、册数、起止年度、档案编号、应保管期限、已保管期限和销毁时间等内容。

（二）单位负责人、档案管理机构负责人、会计管理机构负责人、档案管理机构经办人、会计管理机构经办人在会计档案销毁清册上签署意见。

（三）单位档案管理机构负责组织会计档案销毁工作，并与会计管理机构共同派员监销。监销人在会计档案销毁前，应当按照会计档案销毁清册所列内容进行清点核对；在会计档案销毁后，应当在会计档案销毁清册上签名或盖章。

电子会计档案的销毁还应当符合国家有关电子档案的规定，并由单位档案管理机构、会计管理机构和信息系统管理机构共同派员监销。

第十九条　保管期满但未结清的债权债务会计凭证和涉及其他未了事项的会计凭证不得销毁，

纸质会计档案应当单独抽出立卷，电子会计档案单独转存，保管到未了事项完结时为止。

单独抽出立卷或转存的会计档案，应当在会计档案鉴定意见书、会计档案销毁清册和会计档案保管清册中列明。

第二十条 单位因撤销、解散、破产或其他原因而终止的，在终止或办理注销登记手续之前形成的会计档案，按照国家档案管理的有关规定处置。

第二十一条 单位分立后原单位存续的，其会计档案应当由分立后的存续方统一保管，其他方可以查阅、复制与其业务相关的会计档案。

单位分立后原单位解散的，其会计档案应当经各方协商后由其中一方代管或按照国家档案管理的有关规定处置，各方可以查阅、复制与其业务相关的会计档案。

单位分立中未结清的会计事项所涉及的会计凭证，应当单独抽出由业务相关方保存，并按照规定办理交接手续。

单位因业务移交其他单位办理所涉及的会计档案，应当由原单位保管，承接业务单位可以查阅、复制与其业务相关的会计档案。对其中未结清的会计事项所涉及的会计凭证，应当单独抽出由承接业务单位保存，并按照规定办理交接手续。

第二十二条 单位合并后原各单位解散或者一方存续其他方解散的，原各单位的会计档案应当由合并后的单位统一保管。单位合并后原各单位仍存续的，其会计档案仍应当由原各单位保管。

第二十三条 建设单位在项目建设期间形成的会计档案，需要移交给建设项目接受单位的，应当在办理竣工财务决算后及时移交，并按照规定办理交接手续。

第二十四条 单位之间交接会计档案时，交接双方应当办理会计档案交接手续。

移交会计档案的单位，应当编制会计档案移交清册，列明应当移交的会计档案名称、卷号、册数、起止年度、档案编号、应保管期限和已保管期限等内容。

交接会计档案时，交接双方应当按照会计档案移交清册所列内容逐项交接，并由交接双方的单位有关负责人负责监督。交接完毕后，交接双方经办人和监督人应当在会计档案移交清册上签名或盖章。

电子会计档案应当与其元数据一并移交，特殊格式的电子会计档案应当与其读取平台一并移交。档案接受单位应当对保存电子会计档案的载体及其技术环境进行检验，确保所接收电子会计档案的准确、完整、可用和安全。

第二十五条 单位的会计档案及其复制件需要携带、寄运或者传输至境外的，应当按照国家有关规定执行。

第二十六条 单位委托中介机构代理记账的，应当在签订的书面委托合同中，明确会计档案的管理要求及相应责任。

第二十七条 违反本办法规定的单位和个人，由县级以上人民政府财政部门、档案行政管理部门依据《中华人民共和国会计法》《中华人民共和国档案法》等法律法规处理处罚。

第二十八条 预算、计划、制度等文件材料，应当执行文书档案管理规定，不适用本办法。

第二十九条 不具备设立档案机构或配备档案工作人员条件的单位和依法建账的个体工商户，其会计档案的收集、整理、保管、利用和鉴定销毁等参照本办法执行。

第三十条 各省、自治区、直辖市、计划单列市人民政府财政部门、档案行政管理部门，新疆生产建设兵团财务局、档案局，国务院各业务主管部门，中国人民解放军总后勤部，可以根据本办法制定具体实施办法。

第三十一条 本办法由财政部、国家档案局负责解释，自 2016 年 1 月 1 日起施行。1998 年 8 月 21 日财政部、国家档案局发布的《会计档案管理办法》(财会字〔1998〕32 号)同时废止。

附表：1. 企业和其他组织会计档案保管期限表。

2. 财政总预算、行政单位、事业单位和税收会计档案保管期限表。

附表1　企业和其他组织会计档案保管期限表

序号	档案名称	保管期限	备注
一	会计凭证		
1	原始凭证	30年	
2	记账凭证	30年	
二	会计账簿		
3	总账	30年	
4	明细账	30年	
5	日记账	30年	
6	固定资产卡片		固定资产报废清理后保管5年
7	其他辅助性账簿	30年	
三	财务会计报告		
8	月度、季度、半年度财务会计报告	10年	
9	年度财务会计报告	永久	
四	其他会计资料		
10	银行存款余额调节表	10年	
11	银行对账单	10年	
12	纳税申报表	10年	
13	会计档案移交清册	30年	
14	会计档案保管清册	永久	
15	会计档案销毁清册	永久	
16	会计档案鉴定意见书	永久	

附表2　财政总预算、行政单位、事业单位和税收会计档案保管期限表

序号	档案名称	保管期限			备注
		财政总预算	行政单位事业单位	税收会计	
一	会计凭证				
1	国家金库编送的各种报表及缴库退库凭证	10年		10年	
2	各收入机关编送的报表	10年			

（续表）

序号	档案名称	保管期限			备注
		财政总预算	行政单位事业单位	税收会计	
3	行政单位和事业单位的各种会计凭证		30年		包括：原始凭证、记账凭证和传票汇总表
4	财政总预算拨款凭证和其他会计凭证	30年			包括：拨款凭证和其他会计凭证
二	会计账簿				
5	日记账		30年	30年	
6	总账	30年	30年	30年	
7	税收日记账（总账）			30年	
8	明细分类、分户账或登记簿	30年	30年	30年	
9	行政单位和事业单位固定资产卡片				固定资产报废清理后保管5年
三	财务会计报告				
10	政府综合财务报告	永久			下级财政、本级部门和单位报送的保管2年
11	部门财务报告		永久		所属单位报送的保管2年
12	财政总决算	永久			下级财政、本级部门和单位报送的保管2年
13	部门决算		永久		所属单位报送的保管2年
14	税收年报（决算）			永久	
15	国家金库年报（决算）	10年			
16	基本建设拨、贷款年报（决算）	10年			
17	行政单位和事业单位会计月、季度报表		10年		所属单位报送的保管2年
18	税收会计报表			10年	所属税务机关报送的保管2年
四	其他会计资料				
19	银行存款余额调节表	10年	10年		
20	银行对账单	10年	10年	10年	
21	会计档案移交清册	30年	30年	30年	
22	会计档案保管清册	永久	永久	永久	
23	会计档案销毁清册	永久	永久	永久	
24	会计档案鉴定意见书	永久	永久	永久	

注：税务机关的税务经费会计档案保管期限，按行政单位会计档案保管期限规定办理。